LE PUY. — IMPRIMERIE MARCHESSOU FILS

LES
ÉTATS PROVINCIAUX
DE LA FRANCE CENTRALE
SOUS CHARLES VII

PAR

ANTOINE THOMAS

ARCHIVISTE-PALÉOGRAPHE, ÉLÈVE DE L'ÉCOLE DE ROME

TOME II

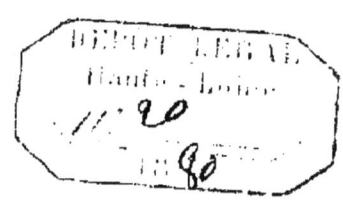

PARIS
CHAMPION, LIBRAIRE
15, QUAI MALAQUAIS, 15

1879

LES
ÉTATS PROVINCIAUX
DE LA
FRANCE CENTRALE SOUS CHARLES VII

PIÈCES JUSTIFICATIVES

I

1419, 4-6 SEPTEMBRE, TULLE.

Procès-verbal d'une session des États du Limousin pour voter 24,000 liv. afin d'assiéger la place anglaise d'Auberoche.

1. — In nomine Domini, amen. Noverint universi et singuli hoc presens publicum instrumentum visuri et audituri quod anno Incarnationis Domini M° cccc° x° ix°, die vero quarta mensis septembris post prandium, serenissimo principe et domino nostro domino Karolo Dei gratia Francorum rege regnante, in mei notarii publici et testium infrascriptorum presencia personaliter constitutis nobili-

bus viris domino Johanne de Bonnevau, milite, domino
de Blanchafort, ac Guolferio Helie, domino de Villaco,
Lemovicensis diocesis, ex una parte, et Johanne Reginaldi
ac Raymundo Melier, ville Brive, dicte diocesis, ex altera :

2. — Quia cum magniffici et potentes domini Jacobus,
comes Venthodorensis, Johannes, vicecomes de Combornio,
et Guillermus Beaupoyl, ut commissarius et ut procurator
domini vicecomitis Lemovicensis, Audoynus de Peyrussia,
dominus de Quadris, Petrus Focherii, dominus Sancte
Fortunate, Nicholaus, dominus de Malomonte, Johannes,
dominus de Mirabello, Hector d'Anglars, Guido de Sancto
Amancio, Frenotus de Rochafort, Guillelmus du Saillant et Hugonetus de Melhars et plures persone ecclesiastice et alii nobiles inspexissent et avisassent pro bono,
utilitate et commodo patrie et pro obviando magnis et
infinitis malis, dampnis et actibus detestabilibus et irreparabilibus quos et que Anglici, domini nostri summi
Francie regis inimici, faciunt, perpetrant et committunt
ac facere, perpetrare et committere consueverunt in patriis et provinciis Lemovicensi et Petragoricensi ; porro
cum eciam prefati domini nobiles, auxiliante Domino,
forent et sint intencionis eundi et se ponendi modo et
via obsidionis ante locum et stabilitam d'Alberoche, patrie
Petragoricensis, diucius per quemdam dictum Beauchamps, Anglicum, et dicti domini nostri Francie regis
inimicum, occupatam, multum nocivam dictis patriis et
provinciis Lemovicensi et Petragoricensi et eandem plateam et stabilitam et subsequenter alias stabilitas Anglicorum re-lucendi seu ponendi sub obediencia dicti domini

nostri regis et eas evacuandi, pro quibus fortaliciis sic obsidendis et evacuandis prefati domini nobiles sunt et erant intencionis exponendi personas suas primo pro obsedio et evacuacione dicte stabilite d'Alberoche et subsequenter aliarum stabilitarum et fortaliciarum dictorum Anglicorum, et quoniam supradicta non poterant fieri neque adimpleri seu ad effectum deduci sine magna milicia et sine infinitis expensis, presertim sine copiosa acie gentium armorum *et de treyt* et manoperarum necessariarum in talibus, deliberaverant et post plura colloquia et maturas habitas deliberaciones ad invicem concluserant omnes insimul dicti domini nobiles et de mutuo eorum consensu et assensu ponere et indicere super tota patria Lemovicensi summam viginti quatuor mille librarum Turonensium in et super episcopatibus Lemovicensi et Tutellensi, quam summam pecuniarum ordinaverant et commiserant recipi et de et pro qua recipienda ordinaverant receptores generales, videlicet dictum Guillelmum Beaupoyl in bayliatgio Lemovicensi et Martinum de Sorriis in bayliatgiis Brive et Userchie, quibus receptoribus deputatis donaverant et concesserant plenimodam potestatem et speciale mandatum omnes domini nobiles prenominati et plures alii nobiles et persone ecclesiastice habendi, colligendi et recipiendi summam pecuniarum predictam, et juraverant ipsi domini nobiles de faciendo haberi, prout ad quemlibet tangit, quotas dicte summe que fuerint taxate hominibus et terris ipsorum et portari in manibus dictorum receptorum, absque hoc quod non recipient aliquam particulam de ipsis hominibus et terris, sed voluerant ut dicta summa distribueretur et regeretur et administra-

retur tam pro satisfaciendo gentibus armorum *et de treyt*
quam in aliis circa premissa necessariis, et pro eadem distribuenda, regenda et administranda, ipsi domini nobiles
insimul commiserant et ordinaverant videlicet dictos dominum Johannem de Bonnevaut, militem, et nobilem
Guolferium Helic, necnon nobilem Johannem La Peyssaria et Bertrandum Arramit, quibus dederant plenissimam
potestatem et speciale mandatum distribuendi dictam summam, prout superius declaratur, et premissa promiserant
et juraverant servare et contra non venire, et hec et plura
alia prefati domini nobiles deliberaverant insimul pro
bono et utilitate dictarum patriarum, modo et forma contentis in quibusdam litteris septem sigillis dictorum dominorum nobilium seu aliquorum ipsorum cera rubea sigillatis, non rasis nec in aliqua sui parte suspectis, ut earum
prima facie liquidum est videre, quarum tenor talis est:

3. — Nous, Jaques, conte de Ventedorn, Jehan, vicomte
de Comborn, et Guillaume Beaupoil, commis et procureur
de monseigneur le vicomte de Limoges, Audoyn de Peyrusse, s^r des Cars, Pierre Fouchier, s^r de Ste Fortunade,
Nicolas, s^r de Malmont, Jehan, s^r de Mirabel, Hector
d'Anglars, Guinot, s^r de St Chamans, Frenot de Rochefort, s^r de St Angel, Guillaume du Saillant, Hugonot de
Melhars et plusieurs autres gens de esglise et nobles avons
avisé pour le bien, utilité et profit du pays et pour obvier
aux grans maux et dommages que les enemis du roy nostre
souverain seigneur font es pays de Limosin et de Pierregort,
et pour ce que au plesir de nostre seigneur est nostre entencion de nous aler mettre devant la place de Auberoche

par voye de siege, laquelle place est moult nuysable esdiz pays et aussy par plusieurs autres places qui sont occupées par les ennemis de nostre souverain seigneur, esquelles nous nous esploiterons au plesir de Dieu après la deslivrance de ladite place d'Auberoche, et pour ce que les choses dessus dites ne se puevent faire sans grant mise et despens, comme de grant somme de gens d'armes et de treyt et de manneuvres necessaires à tieux cas, avons deliberé tous ensemble et de commun assentement de mettre sus la somme xxiiii^m livres tournois sur ledit pays de Limosin, es eveschiez de Limoges et de Tuelle, de laquelle somme de deniers avons ordonné et commis à estre receveurs generaux, c'est assavoir : Guillaume Beaupoil ou bailliatge de Limoges et Martin de Sorrias, de la ville de Tuelle, ou bailliatge de Brive et de Userche, esquielx receveurs dessus diz avons donné et donnons par ces presentes plein povoir et special mandement, nous tous dessus nommez et plusieurs autres, comme dessus est dit, de cueillir et recevoir ladite somme des deniers dessus nommez, et avons juré es sainz Dieu euvangiles de faire venir, chascun endroit soy, en la main desdiz receveurs l'argent que nos dites terres seront tauxées sans en prendre un denier ; et pour distribuer et gouverner la somme dessus dite des dites vingt et quatre milles livres tant pour payer les gens d'armes et de treyt et autres choses necessaires tel comme bon leur semblera, avons commis et ordonné nous tous dessus nommez, c'est assavoir messire Jehan, s^r de Bonnevau, Gouffier Helias, s^r de Villac, Jehan Peyssiera et Bertrant Arramit, esquielx donnons plein povoir et especial mandement a distribuer ladite somme ainsi que dessus est dit ;

et les choses dessus dites avons juré et promis de non venir
encontre, et mandons et commandons aux receveurs dessus
nommez qu'ilz respondent et rendent compte aux commissaires dessus nommez et non à nul autre, et donnons plein
povoir et special mandement tant comme nous povons
ausdiz commissaires de les contraindre à payer et de leur
fere rendre compte, et qu'ilz ne soient deschargés par nulle
manieyre sinon qu'eux ayent descharge des commissaires
tous ensemble, ou par les troys en deffault du quart, et autrement non ; et lesdiz commissaires ont juré et promis de
ce faire bien et loyaument au proffit du pays et de nous, et
au cas ou ladite taille dessus dicte ne se leveroit ou quelque empeschement y survenoit que les commissaires ou receveurs cy dessus nommez ne peussent avoir eu la mise et
despense qu'eux ont fait et font tous les jours en plusieurs
manieres pour la besogne dessus dicte, nous tous dessus
nommez promettons la foy et serement de nostre corps et
nous obligeons dessus nos biens meubles et immeubles de
leur payer reaument et de fait tous ce qu'eux auront mis et
despendu pour ladicte cause. En tesmoing de ce nous avons
mis nos siaux en ceste present cedule, le xviii^e jour d'aoust
l'an mil cccc xix.

4. — Et quia pro premissis fuerant, ut dicebatur, man-
dati Tres Status dicte patrie Lemovicensis ut tercia die dicti
mensis septembris venirent in civitate Tutelle coram
dictis dominis de Blanchaforti et de Vilhaco ad hec per
predictos dominos nobiles commissis et deputatis pro eis
explicando premissa et ut consentirent in summa predicta
dictorum viginti quatuor [millium] librarum convertenda

ad usus predictos, dictaque die quarta mensis septembris quamplures pro dictis tribus statibus venerint et comparuissent coram dictis dominis de Blanchaforti et de Villaco de mane Tutelle, in refectuario ecclesie Tutellensis et inter alios comparuerint dicti Johannes Reginaldi et Raymundus Melier missi, ut dicebant, pro dicta villa Brive super premissis, et premissa seu major pars eorumdem fuerint tam ipsis de Briva quam aliis comparentibus dicta, aperta et reserata tam per dictum dominum de Blanchaforti quam per prefatum dominum de Villaco in ipso refectuario, et ipsi de Briva respondissent ibidem quod eorum responsionem super premissis facerent ipsis dominis dicta die post prandium :

5. — Propterea eadem die, Tutelle, post prandium, juxta seu prope pontem de Chousini venientes dicti Johannes Reynal et Raymundus Melier pro dicta villa Brive ad presenciam ipsorum dominorum de Blanchaforti et de Vilhaco eisdem dominis responderunt ibidem sponte quod ipsi volebant et consentiebant quod dicta summa xxiii^m lib. seu compar tallia novissime domino Regenti regnum Francie in presenti patria concessa indicatur et imponatur super tota patria predicta Lemovicensi ex causis et racionibus predictis, et de eadem summa gratis susceperunt quotam et porcionem contingentem manentes et habitanes ville predicte Brive secundum eorum paupertatem et facultatem cum tali condicione quod dicta stabilita d'Albarocha obsedietur per dictos dominos et evacuetur ; alias non consentierunt. De quibus premissis per ipsos Johannem Reynal et Raymundum Melier nomine dicte ville

Brive actis et gestis dicti domini de Blanchaforti et de Vilhaco petierunt a me notario infrascripto instrumentum et instrumenta unum et plura, quod et que sibi concessi agenda. Acta vero fuerunt hec Tutelle juxta seu prope dictum pontem Chousini dicta quarta die septembris post prandium anno et regnante predictis, presentibus et audientibus nobilibus viris Jacobo de Molceone, domino de Barro, et Bertrando de Aramit, domicellis senescallie Lemovicensis testibus ad hec vocatis et rogatis.

6. — Postque, die quinta mensis predicti septembris, Tutelle, in ecclesia cathedrali, presentibus et audientibus dicto domino de Barro et magistro Johanne de Valle, notario publico Lemovicensis diocesis, testibus ad infrascripta vocatis et rogatis, venerunt et comparuerunt coram dictis dominis de Blanchaforti et de Vilhaco discreti viri Johannes Fumati et magister Bertrandus Guilhonis ad dictum concilium missi, ut dixerunt, pro villa de Donzenaco, et predicte summe petite .xxiii.m. lib. indicende et taxande in et super dicta tota patria Lemovicensi ac levande causis et racionibus predictis sponte consentierunt et eorum quotam sibi et dicte ville de Donzenaco contingentem de dicta summa in se assumpserunt et solvere et supportare voluerunt, cum protestacione et sub tali condicione quod dicta stabilita d'Albarocha evacuetur, alias non. De quibus premissis prefati domini de Blanchaforti et de Vilhaco petierunt a me notario instrumentum et instrumenta unum et plura, quod et que sibi concessi agenda.

7. — Subsequenter vero in ecclesia predicta Tutellensi,

die sexta mensis predicti septembris, anno et regnante predictis, comparuerunt coram dictis dominis de Blanchaforti et de Vilhaco reverendus in Christo pater et dominus Guido Dei gracia abbas Userchie, tam pro se quam nomine reverendorum patrum et dominorum abbatum Obasine, Belliloci et Vosiensis ex una parte, et venerabilis et religiosus vir frater Jacobus de Campis, prepositus prepositatus de Navis, dicte ecclesie Tutellensis, pro se quantum eum tangit ac ut vicarius generalis in spiritualibus auctoritate regia deputatus in toto episcopatu Tutellensi, et eciam religiosus vir frater Johannes Arnaldi, prepositus de Valleta, dicte ecclesie Tutellensis, pro se quantum eum tangit, ex alia parte, et nobilis vir Johannes La Peyssaria pro se quantum eum tangit et nomine reverendorum patrum in Christo dominorum abbatum de Meymaco, Bone Aque et Vallete ac dominorum priorum Portus Dei et Sancti Angeli ac domine priorisse de Bonasanha ex alia parte, et nobilis Bertrandus Arramit nomine domini de Gimello ex altera parte :

8. — Quibus factis comparicionibus prefatus dominus abbas Userche sub et cum protestacionibus et condicionibus subsequentibus, videlicet quod dicta stabilita d'Albarocha capiatur et diruatur et quod dicta summa .xxiiii. millium librarum exponatur pro evacuacione et dirucione ipsius stabilite, et si que alie supersunt pecunie dicte summe in et pro evacuacione et pro dirucione aliarum stabilitarum anglicarum, necnon sub et cum protestacione et condicione quod dicta summa pecuniarum non dividatur in patria Lemovicensi per dominia et per terras nec alias

nisi prout est consuetum a quinque vel sex annis citra et quod levetur per collectores ut est consuetum levari a dictis quinque vel sex annis citra, cum hoc quod nullus dominus nobilis habeat aliquam venam seu quotam dicte pecunie levare seu habere per terras sive marchias patrie, ita quod nulla fiat divisio nisi prout est fieri consuetum ut proxime dicitur et reperietur in registris aliarum talliarum, et quod eciam dicti nobiles dum ad propria remeabunt de evacuacione dictarum stabilitarum non habeant pilhare nec ransonare neque consumere patriam, et cum hoc quod dicti domini de Blanchaforti et de Vilhaco ac nobilis Bertrandus Arramit et Johannes Peyssaria ibi existentes promittant (et ideo promiserunt) sub eorum fide servare et facere servari et jurari de servando premissa dictis dominis omnibus nobilibus et maxime superius nominatis pro posse eorum : cum his protestacionibus et condicionibus, alias non, ipsi dominus abbas Userchie, prepositus de Navis et vicarius ac prepositus de Valleta, Johannes La Peyssaria et Bertrandus Arramit pro se et nominibus predictis consentierunt et voluerunt quantum ad eos eisdem nominibus pertinet quod indicatur in dicta patria Lemovicensi dicta summa .xxiiij.^{m} lib. causis et racionibus contentis in litteris preinsertis, et contentis in eisdem litteris omnino consentierunt, et voluerunt quod casu quo premisse protestaciones et condiciones, ut premittitur, adjecte infringerentur, quod eorum consensus et voluntas hujusmodi pro infectis habeantur et nunc pro tunc et e contra revocaverunt casu hujusmodi contingente, sed protestati fuerunt de appellando. Et voluerunt insuper dicti domini abbas Userchie, prepositi et vicarius nominibus predictis et quantum est in eos quod dicta summa xxiiii^m lib. tallietur, coequetur et taxetur per eosdem quatuor nobiles dominos et modo et forma quibus est consuetum a quinque vel sex annis citra et prout reperietur in dictis registris et quod levetur seu incipiat levari, attento quod non possunt adimpleri premissa sine missionibus et expensis.

9. — Item retinuerunt amplius et protestati fuerunt iidem dominus abbas, prepositi et vicarius nominibus predictis quod casu quo esset aliqua marchia dicte patrie et maxime dictorum bayliatgiorum Brive et Userchie, que se vellet exemptare a contribucione ipsius summa pecuniarum, quod domini nobiles habeant insequi et compellere eandem marchiam et quoscunque rebelles ad solvendum si velint eorum quotam, taliter quod eorum quota non supportetur per alios obedientes dicte patrie et maxime dictorum bayliatgiorum Brive et Userchie et cum hujusmodi protestacionibus et retencionibus premissis consentierunt, alias non.

10. — Et ibidem dicti domini de Blanchafort et de Vilhac pro se quantum eos tangit ac vice et nomine dominorum preceptoris de Belachassagna ac quantum est necesse et superabundans, dominorum vicecomitis Lemovicensis, vicecomitis Venthedorensis, vicecomitisque Comborniensis, de Donzenaco, de Rupe in Lemovicino, de Malamorte, de Lestrangiis, de Malomonte, Sancte Fortunate, Castri viridis, Sancti Amancii, de Mirabello, de Aix ac Sancti Aredii, de Charlutz, d'Eyguiranda et de Montilio, quantum ad ipsos nobiles dominos pertinet, necnon vice

et nomine consulum de Ussello, de Meymaco et de Novovico, quantum ad ipsos pertinet, consentierunt in premissis, et dicta summa .xxiiii.^m lib. per prenominatos talliari, coequari et levari voluerunt causis et racionibus et modo et forma prout continetur in litteris preinsertis.

11. — Et de premissis omnibus prefati domini de Blanchafort et de Vilhaco potierunt a me notario infrascripto instrumentum et instrumenta unum et plura, quod et que sibi concessi agenda. Acta vero fuerunt hec in dicta ecclesia presentibus et audientibus venerabilibus viris magistris Petro de Borrelone in legibus baccalario et Johanne Arnaldi notariis publicis civibus Tutelle, testibus ad premissa vocatis et rogatis, et me Johanne de Cuelha clerico cive Tutelle auctoritate regia publico notario, qui premissis omnibus et singulis, dum sic ut premittitur agerentur et fierent, una cum prenominatis testibus presens fui eaque sic fieri vidi et audivi, et de eis presens publicum instrumentum seu presencia publica instrumenta, manu alterius scripta, dicta auctoritate recepi et facta prius collacione de litteris preinsertis hic manu mea propria subscripsi ac signo meo consueto signavi in testimonio præmissorum.

(B. N., *Baluze*, 393, pièce n° 634, original.)

II

1423, FÉVRIER.

Assiette sur le Haut-Limousin du premier terme de l'aide accordée au roi par les États de Bourges.

1. — C'est le papier de l'assiete faicte par nous Loys s^r d'Escoraille, senechal de Limosin, Nicholas de la Barre, conseiller et maistre des requestes de l'ostel du Roy, Martial Boyol, licentié en loys, et Guillaume Disuematin, bourgois de Limoges, commissaires en ceste partie, sur le haut païs de Limosin du premier terme de l'aide d'un million d'or ottroyé au Roy nostre s^r en l'assemblée faicte à Bourges au mois de janvier mil ccccxxii dont il avoit esté ordonné estre assis et imposé tant en haut que au bas païs de Limosin, hors la Marche et en ce non comprins le ressort de Montmorillon, xxxvii^m l. t. de laquelle somme a esté assis audit haut pays de Limosin pour le premier terme la somme de vi^m iii^c lvi l. t. par la forme et manière qu'il est contenu en ce present papier ad ce presens et appelés plusieurs des gens des Trois Estaz dudit pays.

2. — C'est assavoir qu'il n'a esté assis presentement que le premier terme, pour ce que les gens des Trois Estas vouloient qu'il se fist reformation de feux avant que nulle assiette fust faicte, et pour consentir ladicte assiette, leur

fut accordé que se dedans le second terme ladicte reformation estoit faicte, l'en feroit l'assiette pour les second et et tiers termes selon ladicte reformation et se ainsy estoit que ladicte reformation ne peust estre faicte dedens ledit second terme, ils seroient appelés pour plus justement faire l'assiett.

Suit l'assiette. — Icelle assiette faicte au mois de février l'an IIII ᶜxxII ; tesmoings nos seings manuels cy mis. — *Signé :* — Loys. — N. de La Barre. — Boyol. — Dinematin.

(B. N., *Fr.* 23902, à la date.)

III

1423, JUIN?

*Assiette sur le Haut-Limousin des deux derniers termes
de l'aide de Bourges.*

1. — C'est le papier de l'assiete faicte par nous Nichole de la Barre, baillif de Meaux, Audoyn, seigneur des Cars, Marçal Boyol, licencié en lois, Guillaume Disnematin, bourgois de Limoges, commissaires ad ce ordonnés, des second et tiers termes sur le haut païs de Limosin de l'aide de un million d'or ottroyé a Bourges ou mois de janvier m.cccc.xxii., dont il avoit este ordonné estre assis ou haut et bas païs de Limosin xxxvii^M· l. t. de laquelle somme a este assis pour lesd. deux termes sur ledit hault païs les villes, paroisses et sommes contenues en ce present papier montant la somme de xii^M· ccc. iiii^{xx}. l. t. présens ad ce et appellés plusieurs gens des Troys Estas d'icelui païs.

2. — C'est assavoir que combien que au premier terme eust esté dit par lesdites gens qu'il se feroit une reformation des feux laquelle n'a peu estre faicte, néantmoins pour aucunes corrections et reparations qui ont esté faictes sur plusieurs desdictes villes et paroisses tout par le conseil desdictes gens des Trois Estaz, ilz ont esté contens de ceste

present assiete. — *Suit l'assiette.* — *Signé :* N. DE LA BARRE. — AUDOYN. — BOYOL. — DINEMATIN.

(B. N., *Fr.* 23902.)

IV

1423, juin?

Assiette sur le Haut-Limousin de 1,473 liv. levées par ordr des États, outre le principal.

1. — C'est le papier de l'assiette qui a esté faite ou haut païs de Limozin par le conseil et octroy des gens des Trois Estaz dudit haut païs en la presence de nous maistre Nicole de la Barre, conseiller et maistre des requestes de l'ostel du Roy, maistre Marsal Boyol, licentié en loix, et Guillaume Disnematin, commissaires ordonnez par le Roy nostredit s^r pour asseoir ou haut et bas païs de Limozin la somme de trente sept mil livres tournois pour leur part et portion de l'aide d'un milion octroié au Roy nostredit s^r à l'assemblée faicte a Bourges ou mois de janvier mil IIII^c XXII, laquelle assiette monte VII^c XXXVI liv. x s. qui se levera avec le second terme dudit aide ; item et pareillement en sera levée autant avec le tiers terme; ainsi sera XIIII^c LXXIII liv. t. qui ont esté mis et assis oultre la somme du roy, laquelle somme sera cueillie et levée par Nicolas Henri, receveur dudit aide et par luy distribuée ainsi et par la manière qu'il est contenu en certaines informations signées de nous commissaires dessus nom-

mez. — Premièrement : *suit l'assiette*. — *Signé* : N. DE LA BARRE. — BOYOL. — DINEMATIN.

(B. N., *Fr.* 23902, à la date.)

V

1423, JUILLET?

Préambule de l'assiette sur le Bas-Limousin des deux derniers termes de l'aide d'un million accordée au roi à Bourges.

1. — C'est le papier de l'assiete faicte par nous Loys d'Escorailles, seneschal de Limosin, Jehan, vicomte de Combort et sire de Treignac, et maistre Nicolas de la Barre, conseiller et maistre des requestes de l'ostel du roy, commisseres en ceste partie, sur le bas païs de Limosin des second et tiers termes de l'aide d'un million d'or octroyé au roy nostredit seigneur à Bourges ou mois de janvier mil cccc. xxii, dont il avoit esté ordonné estre assiz esdiz hault et bas païs de Limosin trente sept mil livres t. pour toute leur porcion dudit aide, de laquelle somme a esté assiz seulement oudict bas païs pour lesdiz deux termes la somme de huit mil trois cens quarante sept livres t. [sur] les parroisses et sommes plus à plain cy après declarées, presens et appellés pluseurs des gens des Trois Estaz dudit bas païs.

2. — Et est assavoir que pour lesdiz deux termes devoit estres assiz en icelluy bas païs la somme de xii^m iii^c xlvii l. pour la part et porcion dudit aide, dont n'a esté assiz que ladicte somme dessus dicte pour iceulx deux derreniers

termes pour ce que les gens des Trois Estaz d'icellui bas païs vouldrent premier et avant tout que la moittié de la somme de huit mil livres à eulx donnée et ottroie par le roy nostre sire sur les deux derreniers termes leur feust deduite et rabatue de la somme à quoy lesdiz deux termes povoient monter, autrement ilz n'eussent souffert que aucune somme en eust esté levée : ainsi ne monte l'assiete dudit bas païs par nous faicte pour iceulx deux termes que ladite somme de .viii^m. iii^c. xvii l. — *Suit l'assiette.* — *Signé* : Combort. — Loys. — N. de La Barre.

(B. N., *Fr.* 23903.)

VI

1423, 15 juillet.

Traité d'alliance défensive conclu par les députés des États d'Auvergne avec les pays de Bourbonnais, Forez, Beaujolais et Combraille.

1. — Au jour d'uy .xve. jour de juillet l'an mil.cccc. xxiii, pour la conservacion du bien du Roy nostre sire, de sa seigneurie, resister à ses ennemis anciens et autres et pour garder la confederacion, amour et bonne union qui tousjours a esté entre le païs d'Auvergne, d'une part, les païs de Bourbonnois, Fourès, Beaujeulois et Combraille, d'autre part, et en especial pour obvier et resister és roberies, pilleries, murdres de personnes, ravissemens de femme et autres domnaiges, excès et inconveniens qui de jour en jour sont eu, faiz et perpetrez es pays dessusdiz et autres d'environ et en avanture de estre plus grans, tout par pluseurs rotiers, robeurs, pilleurs ou autres malfaicteurs qui se pourroient mettre sus pour grever et domnager les païs dessudiz ou aucuns d'iceulx, ont esté faictes et accordées les aliances, promesses, pactions, confederacions et convenances qui s'ensuivent ; c'est assavoir :

2. — De secourir et aidier l'un à l'autre desdiz pays

toutes et quantes foys sera necessaire pour resister à ceulx qui lesdiz païs vouldront grever, piller, rober et y fere domnaige, reservé, si le roi les mandoit, seront excusés en alant à son mandement, et que si ung desdiz païs avoit à fere pour soy et l'autre le mandoit, en ce cas ne sera tenus d'aler au secours de cellui qui mandera sinon que ledit païs qui sera mandé ait telle puissance que puisse secourir l'autre ;

3. — Et si l'un desdiz mande l'autre, cely qui mandera sera tenu de fournir et payer es gens que l'autre pays à son secours envoyera tieulx gaiges qu'il sera avisé, et ne prandront lesdictes gens aucuns vivres sur lesdiz pays sans en payer pris raisonnable ;

4. — Et si lesdiz païs de Bourbonnoys, Fourès, Beaujeuloys et Combraille ont besoing dudit secours d'Auvergne, le feront savoir à Monsr de La Fayette, mareschal de France, à Monsr de La Tour, à Monsr de Lanjac, seneschal d'Auvergne ou à l'un d'eux, et s'aucun d'eux n'estoit ou païs, le feront savoir en l'ostel où ledit seneschal fera sa demourance, et en samblable cas ceulx d'Auvergne le feront savoir à madame de Bourbon ou à Charles Monsr, s'ilz estoient en aucun desdiz pays, sy ce non, au seneschal de Bourbonnoys en son hostel auquel il fera demourance, et lesdictes notifficacions faictes, les gens desdiz païs seront tenus de secourir l'un à l'autre en la maniere dessusdicte ;

5. — Et pour tenir et attendre les choses dessus dictes,

ladicte dame de Bourbon et Charles Monsr ont prins en main pour lesdiz pays de Bourbonnoys, Forès, Beaujeuloys et Combraille et ont promis en donner lettres soubz leurs seaulx telles qu'il appartient en tel cas, et samblablement ont pris en main pour ledit païs d'Auvergne nobles et puissans Messrs. Robbert Daulphin, evesque de Chartres, Gilbert s^r de La Fayete, mareschal de France, Bertrand s^r de La Tour, Jehan s^r de Lanjac, seneschal d'Auvergne, Jehan de Tiniere, s^r du Val, Dalmas de Vissac, s^r de Marssac, à ce commis et ordonnés par les gens des Trois Estaz dudit païs d'Auvergne, lesquelx donront sur ce pareilles lettres seellées de leurs seaulx. — *Signé* : DAUPHIN. — FAYETE. — BERTRANT. — LANGHAT. — DALMAS DE VISSAC. — TINEYRE.

(Arch. Nat., P 1358², cote 550.)

VII

1423, décembre, Tours.

Nomination de commissaires par le roi contenant pleins pouvoirs de traiter avec les États d'Auvergne l'octroi d'une taille équivalente aux aides pour trois ans.

1. — Charles par la grace de Dieu roy de France à tous etc. Comme à l'assemblée que ou mois d'aoust derrenier passé fut faicte par nostre ordonnance en la ville de Selles en Berry de plusieurs de nostre sang et lignaige, des gens d'esglise, nobles et bourgois des bonnes villes des païs de Languedoil à nous obeissans, representans les gens des Trois Estaz, après ce que en nostre presence leur eusmes fait exposer et bien particulièrement remonstrer les très grandes charges et importables que continuelment nous survenoient et de jour en jour multiplioient pour la deffense de noz royaume et subgetz et pour les preserver, comme faire devons, de la subgeccion de noz anciens ennemis et de ceste seigneurie, qui comme il est assés notoire se sont si avant efforcez et de plus en plus s'efforcent violentement et inhumainnement de usurper ceste dicte seigneurie, que Dieu ne vueille, ausquelles charges pour la grant diminucion du prouffit et seigneuriage de noz monnoiez qui sont de present, et generalment toutes noz autres revenues

et dommaines comme de nulle valeur, [ne] nous estoit possible de parfournir de nous-mesmes sans le bon secours et aide de noz loyaulx vassaulx et subgetz ;

2. — Nous par l'advis et assentement d'iceulx gens desdiz Trois Estaz illecques assistans eussions ordonné pour subvenir aucunement ausdictes charges que jusques à trois ans prouchains à venir, à commencier du premier jour d'octobre naguieres passé, seroient de rechief mis sus, cueilliz et levez en nostredit royaume les aides qui ou temps passé furent ordonnez et y souloient avoir cours pour le fait de la guerre, et sur ce eussions fait fere et envoyer noz lettres pattentes pour chascun desdiz païs; et depuis soit venu à nostre congnoissance par ce que nous ont fait dire et exposer pluseurs nobles et autres notables personnes d'iceulx païs, mesmement le païs d'Auvergne, que le peuple commun et grant partie des habitans desdiz païs seroient trop [plus contens], se s'estoit nostre bon gré et plaisir, de nous faire aide chascun an de certaine et competant somme de deniers par chascun desdiz trois ans à paier à aucun termes porporcionnez, que de paier iceulx aides en la forme et maniere que cueillir et paier se soloient, et le reputoient¹ à maindre charge pour eulx, tant pour les travaulx que leur ont aucunes fois donnez et pourroient encores faire et donner les officiers d'iceulx aides que pour pluseurs autres consideracions :

3. — Savoir faisons que nous, qui tousjours avons

1. Manuscrit, *reputer*.

desiré de toute affeccion solager et descharger nostredit peuple, et qui par toutes voyes favorables le voulons en leur faveur ainsi faire, et nous eslargir envers eulx ainsi que le pourrons mieulx porter et souffrir pour cause de la bonne et recommandable voulenté que, comme par effect bien congnoissons, ilz ont tousdiz eue et ont envers nous et à nous secourir cordialment selon leur possibilité en toutes noz neccessitez et affaires, confians à plain des grans sens, preudommie, loyaulté et louable discrettion de nostre amé et feal conseillier l'arcevesque de Thoulouse, icellui de nostre certainne science et par la grant deliberacion de [nostre] conseil avons commis, ordonné et depupté, commettons, ordonnons et depputons et en sa compagnie nostre amé et feal conseiller maistre Jehan de Troissy, bailli de Senliz, et par ces presentes leur donnons auctorité et mandement de eulx transporter oudit païs d'Auvergne et de ceste cause faire assembler en aucune des villes dudit païs les gens des Trois Estaz d'icellui païs affin de sur les choses [dessus dictes] sentir et savoir plus à plain leur entencion et voulenté, et après (que) les remonstrances que sur ce leur avons chargié leur faire de par nous, [s'ilz] se condescendront à nous aidier d'aucune somme raisonnable par chascun desdiz trois ans, soit à deux, à trois ou à quatre termes, laquelle soit telle que raisonnablement nous en doyons contenter, et laquelle doye souffire pour leur quotte et porcion en regart tant à la valeur desdiz aides, s'ilz avoient leur plain cours oudit païs, que aussi à la grandeur de noz presentes affaires et besoingnes : nous à nosdiz conseilliers, tant ensemble que aussi audit

arcevesque seul et pour le tout, avons donné et donnons
plain povoir de sur ce traicter, composer et appointer
avecques icelles gens des Trois Estaz, de accepter lesdictes sommes en recompensacion desdiz aides et en
ces choses prendre final appoinctement avecques eulx et
tout selon les instruccions que leur avons sur ce baillées,
de faire cesser en ce cas le fait desdiz aides en icellui païs,
non obstant toutes lettres et commissions que aurions
pour ce faictes et données, de mettre sus, diviser, tauxer
et imposer la somme ou sommes qui à ceste cause nous
seront ainsi octroyées avecques telle autre somme moderée que besoing sera pour les fraiz pour ce neccessaires,
en maniere que lesdictes sommes qui ainsi nous seront
octroyées viengnent ens franchement, lesquelz commissaires auront la congnoissance, jurisdicion et contraincte
de tous les debaz et opposicions qui souldre pourroient
à cause desdiz impostz, de mettre aussi un ou pluseurs
receveurs à cueillir et lever icelles sommes à telz termes
que ordonné sera lesquelz auront povoir de faire quant
adce toutes manieres de contrainctes tout ainsi que se
par nous y avoient esté commis et ordonnez, de tauxer
tous gaiges, voyages et autres mises et despenses qui
pour les choses dessus dictes, leurs circunstances et
deppendences leur seront neccessaires, et generaument de
faire par lui et ses commis et depputez en ceste partie
autant comme nous mesmes faire pourrions, et tout ce
que par lui aura ainsi esté fait, accordé et appoinctié
touchans ces choses et leurs deppendences aurons agreable
et, se mestier est, les confermerons et auctoriserons par
noz lettres pattentes ainsi que requis en serons sans aller

ne venir au contraire en quelque maniere que ce soit, et par rapportant vidimus de ces presentes avecques certifficacion sur ce de nosdiz conseilliers ou dudit arcevesque seul comme dit est, voulons et mandons tout ce que par son ordonnance apperra avoir esté ainsi payé par les commis à recevoir ledit don ou aide estre alloué en leurs comptes et rabatu de leurs receptes partout ou mestier sera sans difficulté ou contredit.

En tesmoing de ce, etc.

Donné à Tours le... jour de decembre l'an de grace mil cccc vint et trois, et de nostre regne le second.

(B. N., *Fr*. 5024, fol. 162-3. Copie contemporaine.)

VIII

1424, 20 février.

Quittance d'Aubert Foucaud, s^r de Saint-Germain, de 60 liv. à lui données par les États du Limousin.

Saichen tous que nous Aubert Foulcaut, chevalier, consellier et chambellan [du roy nostre sire], seigneur de Saint Germain, confessons avoir heu et receu de Nicolas Henri, vicomte de Co[nches et receveur] ou païs de [de Limosin] de l'aide de xxxvii^m livres tournois octroié au roy nostre sire a l'assemblée de Bourges ou [mois de janvier] l'an mil [cccc] xxii darnier passé la somme de lx livres tournois qui avoient esté donnés par les gens [des Trois Estas] dudit païs à nous, pour aucunement nous recompanser des fraiz et despens que avions faitz d'estre [alé] à ladicte assemblée de Bourges et à plusieurs journées à Limoges pour le fait et avancement de ladicte aide, et laquelle somme de .lx. livres tournois dessusdicte avoit esté mise avec autres sommes oultre la somme du roy nostredit seigneur comme il peut apparoir par les Instructions sur ce faictes; de laquelle somme de .lx. livres tournois nous nous tenons, etc...... Et en tesmoing de ce nous avons seellé ces presentes de nostre propre seel et signé de nostre main le xxe jour de fevrier l'an mil IIII^c XXIII. — *Signé :* AUBERT FOCAUT.

(*Orig.* B. N., *Cab. des Titres*, dossier *Foucaud*. — Sceau enlevé.)

IX

1424, 21 avril.

Quittance de Bertrand de La Tour de 700 liv. à lui donnćes par les États de la Basse-Auvergne.

Nous Bertrand, seigneur de La Tour, chevalier, conseiller et chambellan du roy nostre sire, confessons avoir eu et receu de André de Villeneuve, receveur ou bas païs d'Auvergne de l'aide octroyé au roy nostre dit S^r par les gens des Trois Estas de son obeissance à l'assemblée faicte à Selles en Berry ou mois de mars mil cccc vint et trois, la somme de sept cens livres tournois à nous ordonnée, c'est assavoir : v^c l. t. pour les causes contenues és Instructions faictes à cause dudit aide, et ii^c l. t. pour partie des gages de lx hommes d'armes qui ont esté à la garde et deffense dudit païs d'Auvergne soubz le gouvernement de nous et d'aucuns seigneurs dudit pays d'Auvergne par l'espace d'un mois, plus à plain declairés esdictes Instructions.

De laquelle somme, etc..... le xxie jour du mois d'avril l'an mil cccc vint et quatre. — *Signé* : BERTRANT.

(*Orig.* B. N., *Fr.* 26047, n° 241.)

X

1424, 25 DÉCEMBRE.

Quittance du bâtard d'Apchon de 20 liv. à lui données par les États de la Haute-Auvergne.

Sachent tuit que je Pierre de Calsat, bastart d'Apchon, confesse avoir receu de Bernart Pailleux, commis pour le roy nostre sire ou hault païs d'Auvergne à recevoir la part et porcion de l'aide d'un million de frans, en ce comprins l'aide ou lieu des aides, ottroyé au roy nostre dit seigneur par les gens des Trois Estaz de son obeissance à l'assemblée par eulx faicte à Selles en Berry ou mois de mars l'an mil cccc xxIII, pour la conduite des affaires dudit seigneur, la somme de vint livres tournois à moy ordonnée estre payée et delivrée par ledit commis des deniers de ladicte recepte pour les causes contenues et declairées és Instruccions et Ordonnances faictes sur le fait dudit aide, du consentement des gens des Trois Estaz dudit hault païs d'Auvergne.

De laquelle somme, etc..... le xxve jour de decembre l'an mil cccc vint et quatre.

(*Orig.* B. N., *Pièces orig.* 79, dossier *Apchon*, n° 2.)

XI

1426, 30 avril.

Quittance de Jean Barton de 70 liv. à lui données par les États de la Marche.

Je Jehan Barton, chancellier de la conté de la Marche, confesse avoir eu et receu de Jaques de la Ville, commis par le roy nostre sire à recevoir en la conté de la Marche et en la chastellenie de Montagu-en-Combraille la porcion de l'aide à lui octroié à l'assemblée des gens des Trois Estaz de Languedoil faicte à Poictiers ou mois d'octobre derrenier passé, la somme de soixante-dix livres tournois qui par l'octroy des gens des Trois Estaz desdictes conté et chastellenie ont esté imposez oultre le principal dudit aide pour icelle somme me bailler par ledit receveur, c'est assavoir LX l. t. pour despense faicte en mon hostel par les seigneurs et commissaires que le roy nostre dit S^r avoit envoyez oudit païs pour imposer sur icellui XII^m frans pour ledit aide, lesquelz furent deffraiez de ladicte somme par lesdictes gens des Trois Estaz quant la moderacion de ladicte somme fut venue, et x l. t. pour lettres royaulx par moy obtenues pour le fait dudit païs et d'icellui aide.

De laquelle somme de LXX l. t. pour lesdictes causes je me tien pour content et bien paié et en quitte lesdictes gens des Trois Estaz, ledit receveur et tous autres. Tesmoing mon seing manuel cy mis le derrenier jour d'avril l'an mil cccc vint et six. — *Signé :* J. BARTON.

(*Orig.* B. N., *Clair.* 139, p. 2621.)

XII

1426, 2 mai.

Quittance de Jean Barton de 200 liv. à lui données par les États du Haut-Limousin.

Saichent tuit que je Jehan Barton, chancellier de la Marche, conseiller du roy nostre sire et l'un des commis par lui à asseoir et imposer la somme de xiii^m l. t. ou hault païs de Limosin pour sa porcion de l'aide ottroié au roy nostredit s^r à Poictiers, ou mois d'octobre derrenier passé, confesse avoir eu et receu de maistre Jehan Père, receveur dudit aide oudit païs, la somme de deux cens livres tournois à moy ordonnez par les gens des Trois Estaz dudit païs ès fraiz imposez oultre ledit principal, c'est assavoir : c l. t. pour les fraiz et despens par moy faiz et soustenuz en l'ambassate (*sic*) où ay esté, avecques monseigneur l'evesque de Limoges et autres, devers le roy nostredit s^r, pour la moderation dudit aide et autres les affaires dudit païs, et c l. t. pour les fraiz par moy faiz pour le fait dudit aide et en la commission de l'impost d'icellui ;

Et d'icelle somme, etc.....

Tesmoing mon seing manuel cy mis le second jour de may l'an mil cccc vint et six. — *Signé* : J. Barton.

(*Orig.*, B. N., *Pièces orig.*, 207, dossier *Barton*)

XIII

1426, 15 mai.

Quittance de l'évêque de Limoges de 200 liv. à lui données par les États du Haut-Limousin.

Saichent tuit que nous Rampnoulz de Peyruce, par la grace de Dieu evesque de Limoges, cognoissons et confessons avoir eu et receu de maistre Jehan Père, receveur ou hault païs de Limosin de l'aide de xiii^m l. t. octroyé au roy nostre sire par les gens des Trois Estaz dudit pays pour porcion de l'aide de iii^c l. m. l. t. à luy octroyé par les gens des Trois Estaz de son obeissance de Languedoïl à l'assemblée par eulx faicte en la ville de Poictiers ou moys d'octobre derrier passé, la somme de deux cens livres tournois, laquelle somme nous avoit esté ordonnée par les gens des Trois Estaz dudit pays pour recompensacion de la despense par nous faicte en un voyage devers le roy nostre sire à Mehun-sur-Yevre, où nous et autres dudit pays de Limosin avons esté envoyez pour les affaires, bien et utilité de cestui dit pays.

De laquelle somme, etc...

En tesmoign de ce, nous avons fait seeller ces presentes de nostre seel le xve jour de may, l'an mil cccc vint et six.

(B. N., *Fr.* 20884, p. 85.)

XIV

1426, 18 mai.

Certificat constatant que le receveur de la Marche a payé par ordre des États 510 liv. à divers capitaines de gens d'armes pour les empêcher de piller le pays.

Nous Emery de la Marche, chevalier, seigneur de Vervy, seneschal de la conté de la Marche, Bertran de Saint-Avit, escuier, conseiller de trespuissant prince le roy Jaques, conte dudit conté de la Marche, Guillaume Piédieu, licencié en loix, garde de la seneschaucée, et Jehan Barton, chancellier dudit conté, commis et ordonnez par le Roy nostre sire à asseoir et imposer en ladite conté de la Marche et en la chastellenie de Montagu-en-Combraille et en leur ressort la somme de .ix^m. .v^c. livres tournois pour leur porcion de l'aide de .iiii^c. .l^m. livres tournois ottroié audit seigneur à l'assemblée des gens des Trois Estaz des pais de Languedoïl faite à Poictiers ou mois d'octobre derr[enier] passé mil .cccc.xxv, certiffions veritablement à tous ceux à qui il appartient et appartendra que Jaques de la Ville, receveur dudit aide esd[ites] conté et chastellenie a paié et delivré en nostre presence, et par l'ordonnance et consentement des gens des Trois Estaz et de nous, à Messire Theode de Valpergue, Alain Giron et autres cappitaines de gens d'armes estans ou service dudit seigneur, tant de la nacion de Lombardie que d'autres païs, la somme de cinq cens dix livres tournois, qui par l'ottroy et volenté desdites gens des Trois Estaz a esté imposée oultre et pardessus le principal dudit aide pour bailler et delivrer à iceulx capitaines, par promesses et composicions avecques eulx faites par nous, de l'acord et volenté desdites gens des Trois Estaz, pour non logier oudit païs et y donner souffrance de non y fourrager ne le dommager par certain temps.

Donné pour tesmoing de ce soubz noz sceaulx et seings manuels le xviiie jour de may l'an mil .cccc. vint et six. — *Signé* : Hemery de la Marche. — Saint-Avit. — G. Pedieu. — J. Barton. — *Scellé de quatre sceaux dont deux assez bien conservés.*

(B. N., *Fr.* 20587, p. 36.)

XV

1430, 27 mai, Issoire.

Procès-verbal d'une session des États d'Auvergne dans laquelle ils organisent des troupes pour la défense du pays et des pays voisins et alliés.

1. — Le vingt septyesme jour de may, l'an mil cccc et trente, en la ville d'Issoire, ou estoient assemblez par lettres de mons' le conte de Clermont les gens des Trois Estaz du païs d'Auvergne, par mons' le conte de Montpensier conte daulphin d'Auvergne et de Sancerre, messeigneurs les evesques de Clermont et de Chartres, certaines gens envoiez par mons' l'evesque de Saint-Flor, les abbés de la Chèse-Dieu, de Mozat, de Menat, d'Esbreulle, les chapitres de Clermont, de Brioude et pluseurs autres gens d'eglise; mss^{rs} de La Tour, de Dampierre, le mareschal de La Fayete, le s^r de Langhat, seneschal d'Auvergne, le viconte de Nerbonne, s^r d'Apchon, les seigneurs d'Alegre, du Monteil, de Blot, de Chasteauneuf, de la Fere, de Dyenne, de la Gastine, les gens envoiez par les s^{rs} de Canillac, de Montboicier, de Tournoelle, d'Olliergue, d'Arlent, de Chazeron, de Murat, de St-Flour et par plusieurs autres s^{rs} et nobles dudit pays, et par les gens envoiez par les villes de Clermont, de Riom, d'Aiguesperse, ceux de cesté ville d'Yssoire et aucunes autres villes dudit pais,

2. — Après que par le chancellier de monsʳ le duc de Bourbonnois et d'Auvergne et de mondit sʳ le conte de Clermont ont esté rapportées certeinnes choses avisées par mondit sʳ le conte de Clermont touchant la seurté dudit païs d'Auvergne et des païs de Bourbonnois, Forez et Beaujeulois, en especial pour contrester et obvier es pilleries, roberies et autres maulx que ont acoustumé de faire et de jour en jour se parforcent de continuer les rotiers, gens de guerre et autres gens souvent alans, venans et sejournant esdiz païs.

3. — A esté avisié que pour le bien et garde d'iceulz païs, oudit païs d'Auvergne ara six vins hommes d'armes et quatre vins hommes de trait, lesquelx seront soubz ceulx qui s'ensuivent, c'est assavoir : ledit seneschal d'Auvergne, le bailli de mondᵗ sʳ de Montpensier, lesdiz seigneurs de La Tour, de Dampierre et ledit monsʳ le Mareschal, chascun xxiv hommes d'armes et xvi hommes de trait, lesquelz ilz choisiront, les bauldront par escript, et prendront seurté chacun à son endroit, de ceulx qui seront soubz lui et en son roole pour eulx employer à la garde et defense desdiz païs, là où il sera besoin presentement, et après que sera venu à leur cognoissance ; et afin que lesdictes gens d'armes et de trait soient pretz, leur sera fait paiement d'un mois ; et pour ce que ledit païs d'Auvergne n'a mie argent ensemble, les dessusdiz qui aront les charges desdictes gens d'armes et de trait cheviront à ceulx qui seront soubz eulx jusques le païs ara mis argent sus, que sera la premiere foiz que ceulx dudit païs seront assemblez, et lors pour la garde dudit païs seront mis sus deux ou trois mille frans ou

autre somme telle que sera avisié ; lequel argent sera mis en une huche où il ara cinq clefz que tendront mess^{rs} Pierre de Cros, le prieur de la Voulte, l'official de Clermont, Hugues Roland et le gouverneur de Clermont, et Gaillart Noel recevra ledit argent, et par l'ordonnance des dessus diz jureront aux evangiles de Dieu que dudit argent ne emploieront en quelque chose que ce soit, sinon ou fait desdictes gens d'armes et de trait pour ladicte garde, et que par avant qu'ilz paient aucune chose ilz verront ou feront veoir les monstres desdictes gens, et ne y passeront aucun qui ne soit en estat convenable, et ne soufreront ne feront aucune faulse poste à quelconque personne que ce soit ; semblablement emploieront à la garde desdiz païs de Bourbonnois, Forès et Beaujeulois, quant sera besoin, moiennant ce que aussi ceulx desdiz païs vendront secourir ledit païs d'Auvergne quant l'affere y vendra, c'est assavoir : le païs de Bourbonnois à xl hommes d'armes et xx hommes de trait, le païs de Forès à xx hommes d'armes et xv hommes de trait, le païs de Beaujeulois à xv hommes d'armes et x hommes de trait ;

4. — Et après les avis dessudiz, les cinq esleuz devant nommez à pourvouer lesdictes gens d'armes ont promis de eulx emploier à la garde dudit païs tout le mieulx qu'ilz porront, là où sera besoin ; et tous les seigneurs et autres dessusdiz, Monsr de Montpencier, gens d'eglise, nobles et autres, ont promis de aidier, secourir et porter lesdiz cinq esleuz en faisant les choses dessusdictes et de les emparer et defendre es choses que, pour occasion de ce, survendront, et paier et contenter ce qui ara esté missionné en faisant les choses dessusdictes.

5. — Et pour verificacion de ce que dit est, les cy dessoubz escripz ont cy après mis leurs noms l'an et jour dessusdiz. — *Signé :* Loys de Bourbon. — Daulphin. — Bertrant. — Thoulon. — Langhat. — Laguastine. — Fayete.

(Publié ar N. H. Rivière, II, 498. Arch. nat., P 1359.)

XVI

1430, juillet?

Préambule de l'assiette sur la Haute-Auvergne de la portion d'une aide de 20,000 liv. accordée au roi à Issoire au mois de juin.

C'est le papier du taux, assiette et impost de la somme de v^m l. t. appartenant au hault pays des montaingnes d'Auvergne à cause d'un aide de la somme de xx^m l. t. octroyé au roy nostre sire en la ville de Ussoyre par les gens des Trois Estas dudit hault pays et du bas pays d'Auvergne ou mois de juing l'an mil cccc et trente, pour le passage que le roy nostredit s^r fait oultre la riviere de Seine, de laquelle somme de xx^m l. t. en appartient audit hault pays la quarte partie qui monte ladicte somme de v^m l. t. avecques certains fraiz mis sus par lesdictes gens des Trois Estas ; icellui taux, assiette et impost fait sur les habitans des villes et parroisses d'iceluy hault pays par messire Loys du Brueil, chevalier, s^r d'Aurouze, bailli desdictes Montaingnes pour le roy nostredit s^r, et messire Loys de Montbalat, chevalier, et Tachon de Bar, escuier, esleuz pour le roy nostredit s^r es cité, diocese et eslection de Sainct Flour sur le fait des aydes ordonnez pour la guerre, et baillé en cedit papier à Pierre Mandonier, commis à recevoir icellui ayde oudit hault pays d'Auvergne, en la maniere qui s'ensuit. — *Suit l'assiette signée :* L. du Breulh. — Loys de Monbalat. — Tachon de Bar. — Chabrol, greffier.

(*Orig.* B. N., *Fr.* 23897, à la date.)

XVII

1420, 18 novembre.

Quittance de Louis du Breuil, bailli pour le roi des montagnes d'Auvergne, de 200 liv. à lui données par les États de la Haute-Auvergne.

Saichent tuit que je Loys du Brueilh, chevalier, conseiller chambellan du roy nostre sire et son bailli es monaignes du pays d'Auvergne, confesse avoir eu et receu de Pierre Mandonier, commis à recevoir ou hault pays d'Auvergne la porcion de l'aide octroyé audit seigneur par les gens des Trois Estaz du hault et bas pays dudit Auvergne à l'assemblée par eulx faicte en la ville d'Ussoire ou moys de juing derrenier passé, tant pour la conduite de sa guerre que aussi pour le voyage que il entendoit et avoit entencion de faire oultre la riviere de Seine à l'encontre des Anglois ses anciens ennemis et adversaires, la somme de deux cens livres tournois, c'est assavoir c l. t. pour les despens que faire m'a convenu à faire assembler en la ville d'Orlhac nobles et autres pour le fait dudit aide, et c l. t. pour les fraiz et despens qu'il m'a convenu faire pour avoir esté à l'assemblée faicte oudit lieu d'Ussoire pour le fait et octroy dudit aide ainsi que par les Instruccions sur ce faictes puet plus à plain apparoir.

De laquelle somme, etc...

Escript en tesmoing de ce soubz mon seel et signé de ma main le xviiie jour de novembre l'an mil cccc trente. — *Signé* : L. DU BREULH.

(Orig. B. N., *Pièces orig.*, 506, dossier *Breuil* (11455), p. n° 8.)

XVIII

1431, 23 juillet.

Quittance d'Antoine de Cugnac de 77 liv. 10 s. t. à lui donnés par les États de la Haute-Auvergne.

Nous Anthoine de Coignac, chevalier, commissaire du roy nostre sire à mettre sus la porcion de l'aide de II^c m. l. t. derrenierement mis sus ou pays d'Auvergne, confesse avoir eu et receu de honnorable honne et saige Jehan Maynard, commis à recevoir ou hault pays d'Auvergne la porcion dudit aide, la somme de soixante dix sept livres dix solz tournois, c'est assavoir : xxxviii l. x s. t. à nous ordonnez par les Instruccions faictes par les commissaires ordonnez par le roy nostre sire à mettre sus la porcion dudit aide pour le tiers de c xii l. x s. t. ordonnez aux autres deux commissaires et à nous pour mettre sus ladicte porcion, et xl l. t. à nous ordonnez par lesdiz commissaires pour avoir vacqué à l'octroy dudit aide oultre et par dessus lesdictes xxxviii l. x s. t.

De laquelle somme, etc..... le xxiie jour de juillet l'an mil cccc quatre cens (*sic*) et trente ung. — *Signé* : Cugnac. — *Sceau enlevé*.

(*Orig*. B. N., *Clair*. 156, p. 4211.)

XIX

1431, 26 décembre, Chinon.

Nomination de commissaires pour requérir des États d'Auvergne une aide de 25,000 liv.

Charles, par la grace de Dieu roy de France, à noz amez et feaulx Girart Blanchet, chevalier, nostre conseillier, maistre des requestes de nostre hostel, et maistre Jacques de Canlers, nostre secretaire, salut et dileccion. Comme ou mois d'avril derrenier passé la plus grande partie des gens des Trois Estatz de noz pays de Languedoïl nous eussent octroyée et accordée la somme deux cens mil livres tournois pour aidier et secourir à noz affaires, laquelle somme de deux cens mil livres tournois eussions fait pour lors partir et deviser par nosdiz pays le plus justement et egalement que bonnement se peut faire, et furent tauxez et imposez par nous les bas et hault pays d'Auvergne à la somme de quarante cinq mil livres tournois, pour laquelle mettre sus et imposer envoyasmes ou mois de may derrenier passé par devers les gens des Trois Estatz de nosdiz pays estans par nous assemblez à Montferrant maistre Guillaume Le Tur, president en nostre Parlement, et vous, nostre conseillier, pour leur remonstrer nosdiz affaires et leur demander leur consentement à imposer ladicte somme de .XLV^m. l. t., lesquels gens desdiz Trois Estatz desdiz pays d'Auvergne nous accorderent et se consentirent seulement estre sur eulx pour lors imposée la somme de trente mil livres tournois, laquelle somme ledit President et vous ne voulsistes pour lors accepter sanz noz congié et consentement, mais fut appointé par entre vous que icelle somme de trente mil livres se imposeroit et seroit payee incontinent, reservé à nous de faire imposer la reste montant quinze mil livres tournois autre foiz quant nous plairoit; pour quoy Nous, ce consideré et le besoing et neccessité que avons de recouvrer argent de toutes pars pour aidier et secourir à nosdiz affaires, vous mandons et commettons par ces presentes, et à vous, nostre dit conseiller, seul, que vous vous transportez en nostre ville de Montferrant, auquel lieu avons mandé estre assemblez lesdiz gens des Trois Estas desdiz bas et hault pays d'Auvergne ou .xxe. jour de janvier prouch[ain] ven[ant], et à yceulz par vous remonstrez nosdiz besoing et neccessité et les grans charges que avons à supporter pour la conduite de nostre guerre et autrement en plusieurs et diverses manieres, et aussi qu'il est nostre plaisir et voulenté que soyons parpaiez de ladicte somme de .xLv^m. l. t., requerans bien instamment de par nous sur tant qu'ilz veulent le bien de nous et de nostre seigneurie et desirent nous faire service et plaisir et sur leurs loyaultez et obeissance qu'ilz nous doivent, que pour nous aidier et secourir à nosdiz affaires ilz nous octroyent et accordent, tant pour la parpaie desdiz xLv^m l. t., que autrement la somme de vint cinq mille livres tournois à icelle paier promptement, en faisant commandement de par nous aux esleuz desdiz pays que icelle somme de xxv^m. l. t. accordée ilz mectent sus et imposent par les lieux et parroisses acoustumées le plus justement et egalement que faire se pourra et en facent lever l'argent diligemment par le receveur qui à ce sera commis et ordonné, car ainsi nous plaist il et voulons estre fait, nonobstans opposicions et appellacions et lettres quelzconques à ce contraires; mandons à tous noz justiciers, officiers et subgiez que à vous et ausdiz esleuz et receveur, leurs commis et depputez, obeissent et entendent diligemment. Donné à Chinon soubz nostre seel ordonné en l'absence du grant le xxvie. jour de decembre l'an de grace mil cccc trente et ung et de nostre regne le dixiesme.

Par le Roy en son conseil : MALLIERE.

(*Orig.* B. N., dossier *Blanchet*, n° 32; *P. orig.*, 394.)

XX

1433, 4 juin, Amboise.

Allocation à Etienne Froment, secretaire du roi, de 100 liv. pour deux voyages auprès des États de la Marche.

1. — Charles, par la grace de Dieu roy de France, à nostre amé et feal Renier de Boulligny, general conseiller par nous ordonné sur le fait et gouvernement de noz finances, tant en Languedoil comme en Languedoc, salut et dileccion.

2. — Comme puis nagueres nous aions envoié nostre amé et feal secretaire maistre Estienne Fromont dans la Marche, par devers nostre très chier et amé cousin le conte de Perdiac, comme lieutenant et aiant le gouvernement de ladicte conté pour nostre très chier et amé cousin le roy de Hongrie, pour luy requerir et demander de par nous ung aide de la somme de cinq mille livres tournois que pour le fait et conduite de nostre guerre requerions avoir dudit païs, de laquelle somme de cinq mille livres tournois nous en ait esté liberalment ottroié la somme de trois mil cinq cens livres tournois, lequel octroi nostredit secretaire, pour ce qu'il n'estoit pas d'aussi grant somme comme nous le requerions avoir, n'a osé ne volu accepter sans savoir de nous nostre voulenté sur ce, et

pour ceste cause, et aussi qu'on ne voulloit pas que ledit aide feust si prestement levé comme le requerions, s'en soit nostredit secretaire retourné par devers nous, et, sur ce ouy par nostredit secretaire et autres l'estat dudit païs et la povreté qui y a esté, et encores est, à l'occasion de la guerre et des blez gelez l'année passée en terre, avons esté d'accort de la somme de quatre mil livres tournois, et avons ordonné nostredit secretaire retourner oudit païs de la Marche pour en dire et signifier aux gens et officiers de nostredit cousin de Hongrie nostre voulenté sur ce,

3. — Savoir faisons que ce consideré, la grant chierté de vivres qui a esté oudit païs de la Marche durant le temps que nostredit secretaire y a esté, et que oudit voiage faisant il a vacqué, lui deuxiesme à cheval comme par son serment il a affermé, l'espace de trois sepmaines entieres, et que encores il luy convendra vacquer, tant en y alant, sejournant, que retournant, par l'espace de seize ou vint jours, qui sont en tout six sepmaines ou environ, sans ce que de nous il ait eu pour lesdiz voiages aucune chose, nous à icelui nostre secretaire, pour luy aidier à supporter les fraiz et despens que à cause de son voiage, et aussi pour plusieurs guides et conduiz qu'il a prins et prendra pour plus diligemment et seurement faire sadicte commission, il luy a convenu et convendra avoir et soustenir, avons pardessus ses gaiges de notaire tauxé et ordonné, tauxons et ordonnons par ces presentes la somme de cent livres tournois ;

4. — Si vous mandons et expressement enjoignons que

par nostre amé Jaques de La Ville, tresorier de la Marche, et par nous commis à recevoir ledit aide de IIII^m l. t., vous des deniers d'icellui aide, etc.....

Donné à Amboyse le IIIe jour de juing l'an de grace mil cccc trente et troys, et de nostre regne le XIe, soubz nostre seel ordonné en l'absence du grant.

Par le Roy, COURTINELLES.

(*Orig.* B. N., *Fr.* 20417, à la date.)

XXI

1435, 12 mai.

Quittance de Bernard d'Armagnac de 1,780 liv. à lui données par les États de la Marche.

Nous Bernart d'Armaignac, conte de Pardiac et lieutenant general de Monseigneur nostre pere le roy Jaques en toutes ses terres qu'il a et tient en ce royaume, congnoissons et confessons avoir eu et receu de Jaques de La Ville, commis à recevoir ou pays de la Marche la porcion de l'aide derrenierement ottroyé a Monseigneur le roy par les gens des Trois Estaz à l'assemblée faicte devers lui en sa ville de Tours ou mois d'aoust derr. passé, la somme de dix sept cens quatre vings livres tournois, laquelle les gens des Trois Estaz des pays de la Marche et chastellenie de Montagu en-Combraille avoient ordonné et voulu nous estre baillée et délivrée par ledit commis, des deniers mis sus esdiz pays oultre le principal dudit aide, pour pareille somme que avions baillée du nostre pour la garde et deffense d'iceulx païs et resister à aucuns cappitaines et gens de guerre qui se vouloient efforcier de les grever et endommaigez (*sic*) de leur force et povoir. De laquelle somme de xvii^c iiij^{xx} l. t. nous nous tenons pour contens et bien payez..... Donné soubz nostre seel et signé de nostre main en tesmoing de ce le xiie jour de may l'an mil cccc xxxv. — *Signé :* Bernat.

(B. N., *Pièces orig.*, 93, dossier *Armagnac*, n° 110.)

XXII

1435, 20 mai.

Procès-verbal, visé par les commissaires du roi, constatant que P. de Beaucaire, receveur de l'aide de 3,000 liv. accordée au roi au mois de novembre 1434 par les États du Haut-Limousin, n'a pu percevoir la quote-part du Franc-Alleu.

1. — A mon treshonnouré seigneur, maistre Pierre de Beauquère, receveur de l'aide de trois mile livres tournois au Roy nostre sire ottroié par les genz des Trois Estaz de son hault pays de Limosin ou moys de novembre l'an mil .cccc. trente et quatre, pour l'entretenement de ses armées d'oultre la rivière de Seine et pays de Bourgoigne et autres ses afferes, Jehannin de Senicort, geolier sergent dudit seigneur et le vostre, honneur, service et reverance avecques toute obeissance.

2. — Mon treshonnouré seigneur, plaise vous savoir par vostre ordonnance et commandement et vertu de vostre roole executoire à moy par vous baillié, signé de vostre seing manuel le .iiie jour de may ensuivant, auquel ceste moye presente relacion est soubz mon seel atachiée, pour le contenu en icelui à mon povoir acomplir selon sa forme et teneur, le .viie. jour de may .cccc.xxxv. dessusdit m'estre transporté de ceste ville de Limoges par devers tous les

collecteurs, manans et habitans en toutes les villes et parroisses du Franc-Aleu imposés à cause dudit aide aux sommes particulieres ens designées, montans ensemble la somme de cinq cens quatre-vings livres tournois, où ilec esperant fère sur eulx, et chascun d'eulx endroit soy, execucion deue desdites sommes particulières ainsi sur eulx imposées ou cas que d'icelles ne m'eussent liberalment contenté, ce qu'ilz n'ont fait ne firent par ce que dit sera cy après, vacquay alant de lieu à autre, sejournant en iceulx pour ce que dit est par .xii. jours incluz, commençans le .iiiie. (sic) jour dudit mois de may que y arrivay, où d'ilec pour obtenir obeissance de justice et ledit contenu en mon roole mettre à execucion deue comme par vous ordonné m'estoit et le contenoit, me transportay à Rion en Auvergne, devers le juge d'ilec, du ressort duquel Rion lesdiz manans et habitans dient estre, et sanz laquelle obeissance premierement obtenir n'eusse peu en ce que dit est nullement proceder, laquelle à tresgrant dangier et regret me fut donnée pour les causes dont mencion cy après sera faite, et laquelle eue et retenue, retourné sur lesdiz lieux pour ce que dit est acomplir, et me trahy en especial devers madame de Croc, messeigneurs du Monteil-de-Gelat, de Montvert, de Salvert, de la Roche, de Tinières, de Bermont, principaulx dudit pays et pluseurs autres, ausquelz et chascun d'eulx à tresgrant instance requis et neantmoins feis commandement de par ledit seigneur et vous qu'ilz souffrissent et consentissent leurs hommes et subgiez à icelui aide ainsi imposez paier et contenter les sommes particulières ausquelles imposez en estoient, et en deffault de ce d'icelles les executer reaument et de fait comme pour les propres debtes d'icelui seigneur, lesquielz d'une mesme voix et avec leursdiz hommes et subgiez à certain jour passé pour ce ensemble convoquez et assemblez me respondirent qu'ilz n'estoient en riens des gens dudit hault pays de Limosin qui, à leur tresgrant desplaisance, si comme ilz disoient, les baptisoient et maintenoient leurs enclaves, duquel lieu de Limosin ilz distoient à .xxx. lieues et plus, mais estoient dudit pais d'Auvergne et ressort de Rion, et que supposé qu'ilz feussent d'icelui Hault-Limosin, n'avoient ilz aucunement esté convoquez aux assemblees faites par l'ottroy d'icelui aide, ne ne l'avoient en riens consenti ne accordé, et par ce non y contribuables, et que à ceste cause paic ne excecucion aucune en deffault d'icelle ne souffreroient ne consentiroient sur iceulx leurs hommes et subgiez ne aucuns d'eulx aucunement, reaument ne autrement estre faite, ainçoys se à ce aucunement me ingeroye, promptement par voye de fait et autrement y obvieroient, en manière que aggreable ne me seroit, et telles ou semblables paroles en substance me respondirent, lesquelles par moy oyes et compceues, veans leurs cuers, se me sembla, a ce enclins et animez, doubtans à ceste cause inconveniens en ma personne ensuir, leur respondi gracieusement que ce liberalment vous relateroye et que pour vostre descharge et la mienne il leur pleust moy baillier d'eulx et chascun d'eulx soubz seelé royal lettre de certifficacion de ce à nostre acquit pour nous valoir en temps et lieu ce que raison donroit, dont rigoreusement furent entierement reffusans et contredisans, contraint à ceste cause par pure neccessité d'ilec le .ixe. jour dudit mois me partir et vers vous m'en retorner sans autrement y povoir besongnier ;

3. — Et tout ce, mon treshonnouré seigneur vous certiffie estre vray et par moy avoir esté fait par ceste moye presente relacion signée et seelée de mes seing manuel et seel dont je use en mondit office faisant, cy mis es jours et an dessus diz. — *Signé* : J. DE SENICORT. — *Scellé sur simple queue enlevée.* — *Et au dos :*

4. — Nous, Jehan Barton et Charles Double, conseilliers du Roy, nostre sire, et commisseres avecques autres par ledit seigneur ordonnez à l'aide dont mencion est faite au blanc imposer, certiffions à tous qu'il appartendra, tant par la relation à nous faite de vive voix par Jehannin de Senicort, geolier sergent dudit seigneur ilec nommé comme autrement, deuement informez du contenu au blanc de ceste dite presente relacion, le contenu en icelui estre vray et par lui avoir esté fait en la manière ens designée. Tesmoing noz seings manuelz cy mis le .xxe. jour de may l'an mil cccc trente et cinq. — *Signé* : J. BARTON. — DOUBLE.

(*Orig.* B. N., *Clair.* 200, p. 8319.)

XXIII

1435, 13 juillet.

Décharge délivrée par les commissaires des États de la Basse Auvergne au receveur P. Mandonier, d'une somme de 12,000 liv., levée par ordre des États, qu'il a distribuée conformément à leurs mandements et dont il a compté devant eux.

Martin, par la grace de Dieu evesque de Clermont, Bertrand, seigneur de La Tour et Jehan, seigneur de Langhat et de Brassat, chevalier, seneschal d'Auvergne, à Pierre Mandonnier, receveur ou bas pays d'Auvergne de la porcion de l'aide de xv^m. l. t. octtroié au roy nostre sire à Montferrant par les gens des Trois Estas dudit bas pais et du hault pais d'Auvergne ou mois de fevrier l'an mil. cccc. xxxi salut. Comme à l'assemblée faicte par lesdictes gens des Trois Estats dudit bas pays pour le fait d'icellui aide ont esté mis sus et imposez tant pour paier certain nombre de gens d'armes et de trait mis sus pour la garde et deffense d'icelluy pais comme pour certains autres affaires et neccessitez touchans le bien et prouffit dudit pais, la somme de douze mille livres tournois oultre la somme appartenant au roy nostredit seigneur et les autres fraiz ainsi qu'il est plus à plain contenu es Instruccions et ordonnances faictes sur le fait dudit aide, laquelle somme de .xii^m. l. t. vous avez paiée, baillée et delivrée par nostre commandement et ordonnance ainsi que ordonné a esté par lesdictes Instruccions à pluseurs seigneurs, chevaliers, escuiers, hommes d'armes et de trait et autres pour ledit fait, garde et deffense et autres affaires et neccessitez d'icelluy pays, ainsy que par les parties des paiemens et distribucion d'icelle somme par vous faiz par nostre ordonnance et commandement et les quittances sur ce, que avons veues et receues, nous est deuement et souffisamment apparu : Sy voulons, consentons et sommes d'accord que icelle somme de. xii^m. l. t. ainsi par vous paiée, baillée et distribuée, comme dit est, soit allouée en la despense de voz comptes et rabatue vostre dicte recepte partout ou il appartendra, en rapportant ces presentes tant seulement sans en faire difficulté ne sans pour ce avoir, requerir ou demander autres lettres, mandemens, quictances ou certiticacions d'iceulx paiemens et distribucion fors cesdictes presentes tant seulement. Donné soubz nos seaulx et seings manuelz le .xiiie. jour de juillet l'an mil cccc. trente-cinq. — *Signé* : M. EVESQUE DE CLERMONT. — BERTRANT. — LANGHAT. — *Scellé de trois sceaux sur simples queues, assez bien conservés.*

(Orig. B. N., Clair. 219, fol. 9995.)

XXIV

1435, 26 octobre.

Assiette sur le Haut-Limousin d'une aide de 5,000 liv. accordée au roi par les États, suivie de la distribution d'une somme de 4,800 liv. levée par ordre des États outre le principal.

1. — C'est le taux et assiette de l'aide de cinq mille livres tournois octroié au roy nostre sire par les gens des Trois Estaz du hault pays de Limousin ou moys de septembre mil .cccc. .xxxv. pour le soustenement de ses guerres et autres ses affores, et avec ce de la somme de .iiii^m. viii^c. l. t. que lesdictes gens des Trois Estaz ont voulu et ordonné estre sur eulx imposée oultre et pardessus ledit principal, c'est assavoir : pour mons^r Charles d'Anjou, conte de Mortaing, lieutenant general du roy nostre dit seigneur oudit hault païs de Limosin [.ii^m. l. t.] et pour les fraiz neccessaires pour cueillir, amasser et faire venir ens les deniers dudit aide et autres charges dudit pays .ii^m. .viii^c. l. t., fait ledit taux et assiette par nous Thibault de Vitry et Jehan Barton, conseilliers dudit seigneur, le seigneur d'Estissac et Tandonnet de Fumel, ses escuiers d'escuierie, ad ce fere commis et depputez par icellui seigneur par ses lettres patentes sur ce faictes

et données le .xviie. jour d'aoust l'an mil .cccc. xxxv en la forme et maniere qui s'ensuit (*suit l'assiette*) :

2. — *Item* est assavoir que l'aide n'a esté mis sus ou Franc-Alleu pour ce que ceulx du pays ne l'ont voulu consentir ne acorder, disans non estre contribuables avec ledit pays.

3. — Fait soubz les saings manuelz de nous Thibault de Victry, Jehan Barton, conseillers du roy nostre sire, commissaires ordonnez avecques mess[rs] l'Evesque de Tuelle, le sire d'Estissac, Tandonnet de Fumel, escuiers d'escuierie dudit seigneur à imposer l'aide dont cy dessus est faicte mencion, le .xxvi[e]. jour d'octobre l'an mil .cccc. trente et cinq. — T. de Vitry. — J. Barton.

4. — Et s'ensuit la declaracion des parties des fraiz paiées par ledit receveur à cause de la somme de .iiii[m]. .viii[c]. l. t. que les gens des Trois Estaz dudit hault pays ont ordonné et voulu estre sur eulx imposée oultre et pardessus la somme principale dudit aide pour icelle estre baillée et delivrée par ledit receveur aux personnes et pour les causes cy après declarées. Et premierement :

5. — A Mons[sr] Charles d'Anjou, conte de Mortaing, lieutenant general du roy nostre dit seigneur en sondit pays de Limosin, la somme de .ii[m]. l. t. à lui ordonnée estre baillée et delivrée par lesdictes gens des Trois Estaz afin qu'il soit plus enclin et ait les afferes dudit pays plus pour recommandez, pour ce.................. .ii[m] l. t.

6. — A monsr d'Estissac, chevalier, lieutenant dudit monsgr Charles oudit pays de Limosin, lequel est nommé commissaire pour requerir et imposer ledit aide avecques autres cy dessoubz nommez, et aussi a esté envoyé à la requeste des gens du pays devers les seigneurs de Pons et seneschal de Poictou tant pour le fait du ciege d'Aucor que pour vuider certaines places où ils tenoient garnison qui dommaigoient le pays, a esté ordonné la somme de.................................... .IIᶜ l. t.

7. — A maistre Thibault de Vitry, à Jehan Barton, chancellier de la Marche, conseillers du roy, à Tandonnet de Fumel, capitaine de Chalucet, commissaires avec ledit seigneur d'Estissac pour imposer ledit aide, et pour ce que l'argent dudit aide vient et demeure au prouffit dudit pays, et qu'ilz n'ont aucune tauxacion du roy, a esté ordonné à chascun .c. L. l. t., qui montent. .IIIIᶜ. L. l. t.

8. — A maistre Pierre de Beauquerre, receveur dudit aide, tant pour avoir esté deux voyages devers le roy à Tours et Amboise et envoyé pluseurs messaiges en divers lieux pour le fait dudit aide, a esté ordonné la somme de.................................... .IIᶜ l. t.

9. — Aux clers qui ont fait les lettres des Trois Estaz, commissions, papiers et autres registres et escriptures necessaires pour ledit aide, a esté ordonné la somme de .... .xxx. l. t.

10. — A monseigneur de Lymoges, qui a esté nommé

et requis par les gens dudit pays à aler devers le roy à l'assemblée tenue à Tours avecques autres en sa compaignie pour les affaires dudit pays, et depuis a esté renvoyé autrefoiz devers le roy et mons^r Charles, et aussi a fait pluseurs voyages devers le seneschal de Poictou tant pour fere vuider la garnison de la place de Saint-Superii que pour assegier le chastel d'Aucor, et aussi devers les barons et autres seigneurs de Xainctonge pour trouver maniere de mettre le ciege devant la place de Mareul, et aussi a esté à pluseurs journées et assemblées tenues pour le fait de cest aide, esquelles choses il a vacqué par long temps et a fait de grans despens, a esté ordonné pour partie de sadicte dépense la somme de.............. .iiii^c. l. t.

11. — Au prieur de Benavant et au seigneur de Saint-Marc qui ont esté esdictes assemblées devers le roy, tant en la ville de Poictiers que à Tours, et aussi ledit de Saint-Marc a esté depuis envoyé à la requeste du pays devers le roy à Bourges, et ont semblablement esté à pluseurs assemblées pour le fait dudit aide, a esté ordonné à chascun c l. t. qui montent..................... ii^c l. t.

12. — Au seigneur de Royere, pour pareille cause d'avoir esté à l'assemblée des Trois Estaz tenue à Tours et aussi à Bourges devers le roy avec ledit de Saint-Marc et ausdictes assemblées, a esté ordonné la somme de... lx l. t.

13. — A maistres Charles Double, conseillier du roy, et Pierre Garnier, secretaire, lesquelz paravant avoient

esté ordonnez commisseres pour asseoir ledit aide et ont vacqué et sejourné long temps oudit païs à la requeste des gens des Trois Estaz d'icelui, attendent qu'ilz trouvassent leurs remedes, ainsi que depuis ont fait, et deppuis ont esté revoqués : pour les relever de partie de leur despense qu'ilz ont faicte attendent l'execucion de leurdicte commission, et aussi que ledit maistre Charles a esté prins et destroussé par le bastart de Laigné et ledit Garnier renvoyé à Bourges avecques les autres dessudiz, a esté ordonné, c'est assavoir : audit maistre Charles iii^{xx} l. t. et audit Garnier L l. t.

14. — A Jehan d'Asnieres, serviteur de mondit s^r Charles lequel a esté envoyé à la requeste des gens dudit pays devers le roy et mondit seigneur Charles à deux foiz pour pourchasser d'Audet de Riviere pour vuider la garnison de Courbefiin et du s^r de Pons pour vuider la garnison de Larche, et aussi devers le seneschal de Poictou, et fait pluseurs autres voyages et services pour le bien du pays tant aux journées qui ont esté tenues pour le fait de cest aide que autrement, a esté ordonné la somme de.. .C. l. t.

15. — A mons^r l'abbé du Daurat, qui a grant part et auctorité ou pays et a esté esdictes asssemblées et esleu à faire le taux et assiette de cedit aide, a esté ordonné la somme de.. .L. l. t.

16. — Au capitaine de Courbefiin, pour la pourpaye de .IIe. l. t. qui lui furent promises pour garder une saison

ses gens de piller et appatisser les gens du pays, a esté ordonné... .L. l. t.

17. — A monsʳ de Chastelneuf et monsʳ de Pierre-Buffiere, qui ont grant part et auctorité ou païs et ont esté esdictes assemblées et esleuz à fere le taux et assiette dudit
aide en la compagnie desdiz commisseres, a esté ordonné à
chascun la somme de .XL. l. t., qui montent... .IIII^{xx}. l. t.

18. — A monsʳ le doyen de Lymoges ; Messire Jordain
Formier, chevalier ; Jehan de La Cheny; Perceval Trancheserf, et au procureur de la Basse-Marche, qui ont esté
esleuz pareillement à faire le taux et assiette dudit aide en
la compaignie desdiz commisseres et ont esté à pluseurs
desdictes assemblées, a esté ordonné à chascun .XX. l. t.
qui montent,.. .C. l. t.

19. — A messeigneurs les Evesques de Poictiers, de
Magalonne, maistre Geoffroy Vassal, messire Bertrand de
Beauvau, maistre Regnier de Bolligny et à maistre Jehan
Le Breton, conseillers du roy, lesquelz pour le bien du roy
et du pays ont fort travaillié envers le roy qu'il ait octroié
esdictes gens des Trois Estaz que tout le fait dudit aide,
tant du bas que du hault, soit employé à la delivrance des
places de Domme, de Mareul et à la vuidance de la garnison de Courbeffin, a esté ordonné ensemble... .IIII^{c}. l. t.

20. — A l'abbé de Saint Martin, au prevost de Roussac,
au seigneur de Thoront, qui ont esté esdictes assemblées et
esleuz à faire le taux dudit aide, a esté ordonné a chascun
.X. l. t., qui montent..................... .XXX. l. t.

21. — A Simon Chault, procureur de Perusse; Jehan Pinot, de la Soubzterraine; Pierre Lourent, escuier; Chabesson, de Sainct Junien; Pierre Noanin, de Bellac, et Guillemin Luette, qui ont esté esleuz à faire l'assiette dudit aide, a esté ordonné à chascun .c. s. t. qui montent.. .xxx. l. t.

22. — A Bernon de Genestet, qui a esté envoyé devers Oudet de Riviere et devers Ymberton des Claux et devers le capitaine de Courbeffin traictier certain appointement devers eulx, a esté ordonné la somme de....... .xx. l. t.

23. — A Bertrandon de Lur et Guinot du Barry, escuier, qui ont esté envoyés par deux foiz devers le seneschal de Poictou lui tenant le ciege devant Ancor à la requeste des gens du pays, a esté ordonné à chascun .x. l. t., montent... .xx. l. t.

24. — Au capitaine de Peyrat, pour lui aider à paier sa raençon aux gens de Rodrigues, qui l'ont tenu long temps prisonnier, a esté ordonné....................... .x. l. t.

25. — A Gonssallez d'Aze, huissier d'armes du roy nostre sire, lequel pour le bien du pays et requeste et pourchas d'aucuns desdiz Trois Estaz a apporté certaines lettres de par le roy es capitaines de Courbeffin et Bridiers... .xx. l. t.

26. — A Cornu et Nigault, pour avoir esté par l'ordonnance desdiz commisseres devers le bastard d'Azay, Gastineau et autres capitaines de gens d'armes qui estoient lo-

giez autour le Bourg de Salcignac et dommaigoient le pays pourter lettres de monsʳ d'Estissac, lieutenant de monsʳ Charles, et les faire deslogier dudit pays, a esté ordonné à chascun .x. l. t. valent...................... .xx. l. t.

27. — Au capitaine de Chaslucet, pour despense par lui faicte pour avoir envoyé ses gens poursuir le bastard de Leaue et autres estradeurs qui rouboyent et pilloient le pays et pour lui aider à entretenir ses gens, a esté ordonné la somme de........................ .l. l. t.

28. — A Jehan Barton, pour avoir vacqué et demouré avec les seigneurs de Saint-Marc et de Royere à Bourges devers le roy pour poursuir et appointer le fait du pays et aussy pour attendre Jehan Huet à retourner de devers le roy où il a esté envoyé par lesdictes gens desdiz Trois Estaz et sçavoir sa relacion devant la conclusion de l'assiette de ce present aide pour le debat que y font ceulx de la ville de Lymoges, a esté ordonné la somme de... .l. l. t.

29. — A Jehan Huet, receveur de la Basse-Marche, tant pour avoir esté esdictes assemblées que pour ung voyage que on lui fait presentement faire devers le roy à la requeste desdictes gens des Trois Estaz pour le bien du pays, a esté ordonné la somme de........... .l. l. t.

30. — A Ymberton des Claux, escuier, maistre d'ostel de monsʳ d'Allebret, lequel à la requeste des gens des Trois Estaz dudit pays a esté envoyé en Gascoigne devers mondit sʳ d'Alebret pour entretenir et acomplir s'il peust avec

mondit s^r d'Alebret certain apointement qui avoit esté traictié entre les gens dudit pays et Oudet de Rivière, naguères capitaine de Courbeffin, pour la vuidance de la garnison dudit lieu, a esté ordonné la somme de... .L. l. t.

Somme desdiz dons et fraiz oultre le principal [.ii]ii^m. .viii^c. l. t.

31. — Fait soubz les seings manuelz de nous Thibault de Vitry et Jehan Barton, commisseres, comme dit est, avecques les dessusdiz de Tuelle, d'Estissac et Tandonnet de Fumel, le xxvie jour d'octobre l'an mil cccc trente et cinq. — T. de Vitry. — J. Barton.

32. — Est assavoir que à la requeste desdictes gens des Trois Estaz ledit receveur a esté chargié de bailler, distribuer et paier ladicte somme de .iiii^m. .viii^c. l. t., dont cy dessus est faicte mencion, aux personnes à qui il a esté ordonné, en prenant de chascun d'eulx leur quittance seulement, sans en demander autre mandement, disans que ainsy l'ont acoustumé de fere par privileges qui se dient avoir du roy nostredit s^r et de ses predecesseurs ; et en ceste condicion ont octroyé et accordé ledit aide et non autrement.

Fait et donné comme dessus. — T. de Vitry. — — J. Barton.

(Orig. B. N., Fr. 23902, à la date.)

XXV

1436. 8 JANVIER, TOURS.

Don par le roi aux Etats du Bas-Limousin d'une somme de 3,650 liv. sur l'aide de 5,000 liv. à lui par eux octroyée au mois d'août 1435, pour employer et distribuer par leurs commissaires au fait de la reprise de la place anglaise de Domme.

1. — Charles, par la grace de Dieu, roy de France, à tous ceulx qui ces presentes lettres verront, salut.

2. — L'umble supplicacion des gens des Trois Estaz de nostre bas païs de Limosin avons receue, contenant que naguaires à l'assemblée des dictes gens des Trois Estaz dudit bas païs de Limosin par eulx tenue en la ville de Usarche, ou mois d'aoust derrenier passé, ilz nous ont octroyé pour subvenir à noz afferes la somme de cinq mille livres tournois, et soit ainsi que iceulx gens des Trois Estaz ou aucuns d'iceulx aient certains traictiez pour avoir et recouvrer les ville et chastel de Domme occupez par noz anciens ennemis les Anglois estans oudit bas païs ou marchissans sur icellui, nous requerans humblement que pour la recouvrance desdiz ville et chastel de Domme, qui sont moult grevables oudit païs, leur voulsissions octroyer que ladicte somme

fust convertie en ce que dit est et sur ce leur impartir nostre grace,

3. — Pour quoy, Nous, ces choses considerées, voulens de tout nostre cuer relever noz subgiez de toutes charges et oppressions, et desirans lesdiz ville et chastel de Domme estre mis et reduiz en nostre obeissance, aux diz supplians avons, par l'advis et déliberacion des gens de nostre conseil, en faveur de ce que dessus est dit, octroyé et octroyons, voulons et ordonnons par ces presentes que ladicte somme de v^m l. t. à nous par eulx octroyée et accordée, comme dit est, soit baillée et delivrée aux personnes et par la maniere qui s'ensuivent, c'est assavoir :

4. — La somme de III^m VI^c L l. t. pour employer et convertir en la delivrance desdiz ville et chastel de Domme, et laquelle somme, pour greigneur seurté, nous avons ordonné et ordonnons par ces presentes estre mise et baillée es mains de Pierre de Royere et de Martin de Sorrias, marchant et bourgois de la ville de Tuelle, par nostre amé Jehan Beaupeil, receveur dudit aide oudit bas païs, lesquelz Royere et Martin de Sorrias seront tenuz de icelle somme bailler et distribuer pour la delivrance desdiz ville et chastel de Domme et non ailleurs, et par rapportant certificacion du seigneur d'Estissac comme lesdiz ville et chastel de Domme seront mis en nostre obeissance et que en ce ait esté employée ladicte somme de III^m VI^c L l. t., nous voulons lesdiz Royere et Martin de Sorrias estre et demourer quittes de ladicte somme partout où il appartendra, sans ce qu'ilz soient autrement

tenuz d'en rendre compte ne reliqua, et aussi que pour quelzconques mandemens ou descharges de nous ou de noz gens de noz finances ilz en puissent aucune chose bailler, delivrer ou distribuer ailleurs que en ce que dit est sur peine de le recouvrer sur eulx ;

5. — Et avec ce, que par ledit Jehan Beaupoil, receveur dudit aide oudit bas païs de Limosin, soit baillé, paié et delivré des deniers dudit aide à nostre amé et feal cousin le viconte de Tureine la somme de six cens livres tournois laquelle nous lui avons ordonnée et ordonnons par ces presentes pour et en recompensacion des fraiz et despens qu'il a euz et soustenuz pour avoir redduit et mis en nostre obeissance ung chevalier tenant le party de noz anciens ennemis les Anglois, nommé Bernart de Bussieres, avecques certaines places et forteresses qu'il tenoit es environs dudit bas païs, et que icelle somme de xi^c l. t. soit alloée es comptes et rabatue de la recepte dudit receveur en rapportant seulement ces presentes avecques quittance sur ce souffisant dudit viconte de Tureine, nonobstant que de ce ne soit levée decharge de maistre Guillaume Charrier, receveur general, verifiiée et expediée des generaulx conseillers sur le fait de noz finances ainsi qu'il est acoustumé de faire ; et le surplus dudit aide, montant sept cens cinquante livres tournois, ledit Beaupoil sera tenu de bailler et delivrer par les descharges dudit Charrier, receveur general, verifiiées et expediées des generaulx conseillers sur le fait et gouvernement de toutes noz finances avecques la petite cedule signée du seing manuel de l'un de nosdiz generaulx, et autrement par lettres souffisans à son acquit.

6. — Si donnons en mandement par ces mesmes presentes ausdiz generaulx conseillers sur le fait et gouvernement de nosdictes finances que noz presentes ordonnances, voulenté et octroy ilz gardent et acomplissent et facent garder et acomplir de point en point, sans aucunement aler, venir ne faire, ne souffrir aucune chose estre fait au contraire en quelque maniere que ce soit, en faisant bail'er et delivrer par ledit Beaupoil, receveur dudit aide, ausdiz Royere et Sorrias pour ledit fait de Domme ladicte somme de $III^m VI^c L$ l. t., audit viconte de Tureine, pour le fait dessus dit ladicte somme de VI^c l. t., et pour nous la dicte somme de $VII^c L$ l. t., et par rapportant ces presentes, ou vidimus d'icelles fait soubz seel royal ou autentique, auquel nous voulons plaine foy estre adjoustée comme à l'original, et quittance sur ce souffisant d'iceulx Royere, Sorriaz et viconte de Tureine, sans autre acquit ou descharge, tant seulement, avecques descharges sur ce souffisans de nosdiz generaulx conseillers et dudit Charrier de ladicte somme de $VII^c L$ l. t., ou autres lettres souffisans à l'acquit dudit Beaupeil, voulons toute ladicte somme de cinq mil livres tournois, ou ce que par ledit Beaupoil en aura esté baillé sur icelle, estre alloée en ses comptes et rabatue de sa recepte par noz amez et feaulx gens de noz comptes ausquelz nous mandons que ainsi le facent sans aucun reffuz ou contredit.

7. — Donné à Tours le huitiesme jour de janvier l'an de grace mil cccc trente et cinq et de nostre regne le quatorziesme.

Par le roy en son conseil. — E. Froment.

(*Orig.* Arch. nat., K 64, n° 7.)

XXVI

1436, 15 mars.

Certificat du vicomte de Limoges constatant qu'il a levé lui-même sur ses terres leur quote-part de l'aide de 5.000 liv. accordée au roi en septembre 1435 par les Etats du Haut-Limousin, pour se dédommager des dépenses faites par lui aux siéges d'Aucor et de Mareuil, occupés par les Anglais.

Nous Jehan de Painthevre, seigneur de Laigle et vicomte de Lymoges, certiffions à tous qu'il appartient que Jehan Penicaille le jeune, sergent de mons^r le roy en la seneschaucée de Lymosin et commis par maistre Pierre de Beaucaire, receveur ou hault païs de Lymosin de l'aide ou somme de v^m l. t. octroyée à mondit s^r par les gens des Trois Estaz d'icellui païs ou mois de septembre derrain passé, est venu par devers nous, lequel nous a monstré et presenté certain roole de parchemin signé, comme il disoit, du seing manuel dudit receveur le xiie jour de novembre ensuivant, pour par vertu d'icellui contraindre et faire payer par noz hommes et subgietz demourans en nostredicte viconté et ressort de Lymoges et es villes et parroisses illec declairées, ou par les collecteurs d'icelles, les sommes contenues oudit roolle et ausquelles pour leur part et porcion audit aide ilz avoient et ont esté tauxez et imposez, en nous requerant que ce que dit est lui voulsissions oc-

troyer et accorder selon que par ledit receveur lui avoit esté
ordonné et mandé faire par sondit roolle, auquel sergent
fut par nous respondu que nous et toutes noz terres et gens
estions et sommes entierement à mondit s^r le roy et que à
nostre povoir ne vouldrions faire chose qui feust à sa desplaisance ne dont il eust cause d'estre mal content de nous, et
aussi que la vérité estoit que avions fait prendre et lever ledit aide par toutes noz terres estant en nostre dicte
vicomté et ressort, tant pour nous recompenser de vij^c l. l. t.
que avions payée[s] comptant du nostre à Jehan de la Roche pour aler mettre et poser le siege devant le chastel
d'Aucor que les Anglois avoient nagueres prins d'emblée,
lequel par le moyen dudit siege fut recouvré et reduit en
l'obeissance de mondit s^r, comme aussi pour nous aidier à
deffrayer de partie de la despense que faire nous avoit convenu en faisant tenir par noz gens et serviteurs avecques
ledit Jehan de la Roche et autres une bastille devant le
chastel et ville de Marueil, lors occupée par lesdiz Anglois,
et ne faisions aucun doubte que mondit s^r le roy bien in-
formé de ces choses feust de nous malcontent, et ce fait lui
fu par nous deffendu qu'il ne feust si hardi de plus avant
proceder ou fait de sadicte commission ne faire aucune execucion à la cause que dessus sur nosdiz hommes et subgietz, et ces choses par lui oyes, il nous requist que tant
pour sa descharge que pour celle dudit receveur il nous
pleust lui octroyer et bailler sur ce noz lettres certificatoi-
res comme de la somme de deux mil cinq cens trente deux
livres tournois, à quoy pour la porcion de nosdiz hommes
se monte leur taux dudit aide, il n'a aucune chose receu ne
aussi a fait ledit receveur, maiz l'avons fait lever, cueillir

et recevoir par noz gens pour les causes dessus touchées ; et tout ce nous certiffions estre vray par cestes noz letres. Donné soubz nostre scel et signé de nostre main en tesmoing de ce le quinziesme jour de mars l'an mil cccc trente et cinq. — *Signé :* Jehan. — *Le sceau sur simple queue est enlevé.*

(B. N., *Franç.* 26060, p. n° 2775.)

XXVII

1436, 18 mars.

Quittance de Tandonnet de Fumel de 200 liv. à lui données par les Etats du Haut-Limousin.

Saichent tuit que je Tandonnet de Fumel, escuyer d'escuirie du roy nostre sire, et capitaine du chastel de Chaslucet, commissaire ordonné par le roy nostredit seigneur à mettre sus, asseoir et imposer ou hault païs de Lymosin la somme de v^m l. t. à laquelle somme ledit s^r a tauxé et porcionné ledit païs pour sa porcion de la somme de x^m l. t. qu'il a ordonné estre assize et imposée en ses hault et bas païs de Lymosin pour leur part et porcion d'un certain aide à lui nagueres octroyé par les gens des Trois Estaz de plusieurs ses païs estans en son obeissance tant pour resister et fere guerre à ses anciens ennemis et adversaires les Anglois comme à autres ses rebelles et desobeissans, confesse avoir eu et receu de maistre Pierre de Beaucaire, commis oudit hault païs de Lymosin à recevoir ledit aide, la somme de deux [cens] livres tournois des derniers mis sus oultre le principal tant pour les fraiz que pour les affaires dudit païs, c'est assavoir. cL l. t. que les gens des Trois Estaz d'icellui païs m'ont ordonné prandre et avoir par la main dudit commis, tant pour moy deffrayer d'avoir esté à Tours à l'assemblée faicte pour le fait et octroy dudit aide, comme aussi pour avoir vacqué et besongné avecques mons^r d'Estissac, maistres Thibault de Vitry et Jehan Barton, chancellier de la Marche, aussi commissaires sur ce que dit est, par plusieurs et diverses journées pour mettre sus icellui aide oudit païs ; et r. l. t. pour la despense que faire m'a convenu pour aler par l'ordonnance d'icelles gens des Trois Estaz devers le bastart de Leau et ses gens, lesquelz pilloyent et roboyent chascun jour esdiz païs de Lymosin et y faisoyent moult de maulx, pour les en fere despartir d'icculx, ou que ilz se eussent à garder d'y fere d'ores en avant aucuns maulx ou dommaiges.

De laquelle somme etc.......... le xviiie jour de mars, l'an mil cccc trente cinq. — *Signé :* Tandonnet de Fumel.

(*Orig.* B. N., *Cab. des Titres,* dossier *Fumel. Le mot* Fumel *seul est de la main du signataire.*)

XXVIII

1437, 12 août.

Assiette sur le Haut-Limousin d'une aide de 10,000 liv. accordée au roi dans la ville du Dorat, suivie de la distribution de 2,490 liv. levées, outre le principal, par ordre des États.

1. — C'est le taux et assiete de l'aide de .x. mille livres tournois octroyé au roy nostre sire par les gens des Trois Estaz du hault pays de Lymosin en la ville du Dourat ou moys d'aoust mil .iiii^c. trente et sept pour la porcion de l'aide de .ii^c. mille livres tournois octroyé audit seigneur par les gens des Trois Estaz de Languedoïl pour le soustenement de ses guerres et autres ses affaires, et aussi de la somme de .ii^m. .iiii^c. .iiii^{xx}. .x. l. t. imposé pour les fraiz neccessaires oultre et pardessus le principal de ladicte somme de .x. mille l. t. et ce à la requeste des gens desdiz Trois Estaz qui ont volu et requis ladicte somme estre assise et imposée, comme dit est, et baillée et paiée aux personnes et pour les causes dont cy après sera faicte mencion, disans adce avoir povoir et privileiges dont ils ont acoustumé à user : lequel taux tant de principal que de fraiz qui monte ensemble la somme de .xii^m. .iiii^c. .iiii^{xx}x. l. t. a esté fait par nous Hugues, evesque de Poictiers, Jehan Barton, chancellier de la Marche, conseilliers du roy nostredit seigneur, Gautier de Perusse, et Tandonnet de

Fumel, commisseres ordonnez et deputez de par icellui seigneur pour le fait et conduicte d'icelui aide en la maniere qui cy après s'ensuit, et baillié à recevoir à maistre Pierre de Beauquere, commis à recevoir ledit aide ou mois et an que dessus, appellé adce fere avecques nous pluseurs des gens desdiz Trois Estaz de par eulx nommez et esleuz :

2. — (Suit l'assiette datée à la fin du 12 août 1437 et signée : H. evesque de Poitiers. — J. Barton. — Fumel. — Gautier de Peruce.)

3. — Cy s'ensuit la declaracion des parties de la somme de .ii^m. .iiii^c. iiii^{xx}. .x. l. t. imposé[e] oultre et pardessus le principal de l'aide de .x. mil livres tournois octroié au roy nostredit seigneur, si comme plus à plain cy dessus est faicte mencion, aux personnes et pour les causes qui s'ensuivent :

4. — A reverand pere en Dieu mons^r l'Evesque de Poictiers, conseillier du roy nostre sire et commissere par lui ordonné oudit pays de Lymosin, pour le recompenser de partie des despens par lui faiz à venir oudit paiz et en icelui demourer et sejourner tant pour avoir l'octroy dudit aide que pour fere le taux et impost d'icelui, a esté donné et ordonné par les gens desdiz Trois Estaz la somme de.. .ii^c. l. t.

5. — A Jehan Barton, chancellier de la Marche, conseiller dudit seigneur, Gauthier de Perusse, seigneur de Saint-Marc, et Tandonnet de Fumel, capitaine de Chalus-

set, commisseres ordonnez de par le roy nostredit seigneur en la compaignie de mondit seigneur de Poictiers pour requerir et imposer ledit aide, a esté ordonné par lesdictes gens des Trois Estaz à chascun la somme de cent livres tournois, qui font ensemble la somme de. . . . . .iii^c. l. t.

6. — A maistre Pierre de Beauquere, commis à recevoir ledit aide, pour lui aider à supplir en partie à la despense que en maintes manieres lui convendra fere pour recueillir ledit aide, a esté ordonné par lesdictes gens des Trois Estaz. . . . . .c. l. t.

7. — A Poton, seigneur de Santerailles, seneschal de Lymosin, lequel ou fait de son office a faiz plusieurs plaisirs et suppors aux habitans dudit pays et preservé et gardé de pillerie à son povoir, et pour ce que depuis qu'il est officier et seneschal dudit pays ne lui ont fait aucun don ne plaisir, lesdictes gens des trois Estaz lui ont a ceste foiz ordonné la somme de. . . . . .v^c. l. t.

8. — Au seigneur de Mareul, pour lui aider à delivrer et recouvrer son chastel de Mareul à present occupé et detenu par les Angloys, ennemis et adversaires du roy nostredit seigneur, qui ont fait et font de jour en jour guerre et grans maulx et dommaiges aux habitants dudit pays, a esté ordonné par les dessusdiz la somme de. . . . .v^c. l. t.

9. — A Estienne de Vignolles, dit La Hyre, escuier d'escuierie du roy nostre sire et capitaine de gens d'armes, sur ce qui lui reste de la somme de mil escus à lui autref-

fois assignée par le roy pour lui aider à paier sa ransson aux Angloys, ennemis et adversaires du roy comme dit est, desquelz il a esté prisonnier, a esté ordonné pour ceste foiz sur son deu la somme de......... .п^c ʟ. l. t.

10. — A monseigneur de Lymoges pour partie de la despense par lui faicte à l'assemblée de l'octroy et assiette dudit aide, a esté ordonné la somme de....... .ʟ. l. t.

11. — A mons^r l'abbé du Daurat, pour pareille cause et pour certains voyages qu'il a faiz devers mons^r de Laigle pour les affaires dudit pays, a esté ordonné la somme de............................... .ʟxx. l. t.

12. — A mons^r le doyen de Lymoges, pour pareille cause................................. .ʟ. l. t.

13. — Au s^r de Chastelneuf, au seigneur de Pierre Buffière, à Françoys du Comberel, s^r de la Cheze, pour avoir esté presens, nommez et esleuz par les gens desdiz Trois Estaz à fere ledit taux, a esté ordonné a chascun xʟ l. t. qui montent ensemble la somme de.... vɪ^{xx} l. t.

14. — A Jehan d'Asnieres, s^r de Tricon, serviteur de Monsr Charles d'Anjou, gouverneur pour le roy et capitaine general dudit pays, pour pluseurs voyages faiz à la requeste des gens desdiz Trois Estaz devers ledit s^r, a esté ordonné la somme de........................ .ʟ. l. t.

· 15. — A maistre Jehan Pere, procureur de la Basse Marche, qui a esté esleu pour estre present à faire ledit taux, a esté ordonné la somme de.......... xxx l. t.

16. — A messire Jaques du Boys, chevalier, gouverneur de la terre de Pollac, à messire Jehan de La Cheny, procureur de la terre de chapitre de Lymoges, au capitaine du Daurat, à messire Guillaume de Saleignat, s^r de Maignac, pour pareille cause, a esté ordonné à chascun xx l. t. qui montent ensemble............ .iiii^{xx}. l. t.

17. — Au seigneur de Royere, esleu pour les terres de Monsr de Laigle....................... .xxv. l. t.

18. — Au seigneur de Toront, pour avoir esté present à faire ledit taux........ .... .xv. l. t.

19. — A Perrin de Domar, escuier, pour ung voyage par lui fait devers le roy et messeigneurs du Conseil pour les afferes dudit pays, a esté ordonné la somme de. .xx. l. t.

20. — A Perrinet Le Joune et Jehan Paris, escuiers, prisonniers aux Angloys, pour aider à paier leur ransson, a esté ordonné, c'est assavoir : audit Perrinet le Joune .xxx. l. t. et audit Jehan Paris .xx. l. t. qui font ensemble .... .l. l. t.

21. — Au lieutenant du seneschal de Lymosin à Lymoges et maistre Albert Josse, qui sont demourez chargiez en l'absence desdiz commisseres de oïr et decider des debas qui pourront mouvoir de partie a partie à cause dudit aide, a chascun .xx. l. t. qui font ensemble.... .xl. l. t.

22. — A Bertrandon de Lur, escuier, et Guillemin

Luette, pour ung voyage par eulx fait devers le capitaine de Corbeffin à la requeste des gens dudit pays, pour ce à chascun .x. l. t. qui font ensemble.......... .xx. l. t.

23. — Aux clers qui ont fait les lettres closes des Trois Estaz, les papiers dudit taux, commissions neccessaires, et messaiges qui ont porté lesdictes lettres, pour tout ce............................... .xx. l. t.

24. — Toutes lesquelles parties montent ensemble la somme de .II^m. .IIII^c. .IIII^{xx}. .x. l. t. et ont esté baillées audit maistre Pierre de Beauquere, receveur dessus nommé, pour bailler à chascun des parties dont cy dessus est faicte mencion, ainsi qu'il appartient.

25. — Fait et donné soubz les seings manuelz de nous Hugues, evesque de Poictiers, et Jehan Barton, chancellier de la Marche, commisseres dessus nommez avecques les autres devant diz les jour et an que dessus. — *Signé* : GAUTIER DE PERUGE. — J. BARTON.

(*Orig.* B. N., *Franç.* 23902, à la date.)

XXIX

1438, 20 février.

Certificat qu'une somme de 600 liv. votée par les États de la Basse-Auvergne pour rendre l'Allier navigable a dû être employée avec leur assentiment à défrayer les ambassadeurs chargés de conclure une alliance avec le Velay et le Gévaudan pour résister à Rodrigue de Villandrando.

1. — Nous Loys de Bourbon, conte de Montpencier et daulphin d'Auvergne, Bertrant, conte de Boulongne, d'Auvergne et s^r de La Tour, Jaques, s^r de Chastillon et de Revel, et Loys de Beaufort, viconte de La Mote et s^r de Canilhac, certiffions à tous qu'il appartient que Pierre Mandonier, commis ou Bas Païs d'Auvergne à recevoir la porcion de l'aide de IIe M fr., ordonné par le roy nostre sire estre mis sus en ses païs de Languedoil ou mois de juing mil ccccxxxvii pareillement que fait avoit esté l'année derrainement passée, a paiée par nostre ordonnance et commandement tant à certains chevaliers, escuiers que autres d'icellui païs la somme de six cens livres tournois, laquelle somme avoit esté imposée oudit Bas-Païs oultre et pardessus le principal dudit aide pour la convertir et emploier à faire que la riviere d'Alier peust porter navire ou es autres affaires dudit païs plus urgens et neccessaires, et pour ce que la vuidange des gens de guerre de la com-

pagnie de Rodrigo de Villedrando, cappitaine de gens d'armes et de traict et de plusieurs autres cappitaines estans presentement logiez et vivans en icellui païs à la grant charge de foule du povre peuple, lesquelz y faisoient plusieurs et innumerables maulx, pour remedier ausquelz convenoit faire certaines aliances avecques plusieurs seigneurs des païs de Velay et de Givaudan, ce que bonnement faire ne se povoit sans grant despense, pour ce qu'il convenoit envoier devers eulx plusieurs chevaliers, escuiers et autres gens notables dudit Bas Païs lesquelz il convenoit aucunement salarier et deffraier de la despense que pour ce faire leur convendroit, et sur ce eusmes conseil avecques lesdictes gens des Trois Estaz, lesquelz conclurent ensemble que le meilleur et le plus expedient seroit de soy aider desdictes vi^c l. t. et icelles faire departir et distribuer à ceulx qui yroient esdiz pays de Velay et Givaudan devers lesdiz seigneurs pour faire et conclurre ladicte aliance, laquelle chose a esté faicte et tellement que au moien d'icelle lesdictes gens de guerre furent contrains eulx departir dudit pays, et pour ce voulons et nous consentons que ladicte somme de .vi^c. l. t. ainsi baillée et distribuée par ledit Maudonier par nostredicte ordonnance ausdiz chevaliers, escuiers et autres qui ont vacqué, voyagé et travaillé ou fait de ladicte aliance soit allouée es comptes dudit commis et rabatue de sadicte recepte partout où il appartendra et mestier sera en rapportant cestes noz lettres sur ce tant seulement, nonobstant que ledit commis ne face aucunement apparoir de la distribucion de ladicte somme de six cens livres tournois par quittances de ceulx qui l'ont receue par la main dudit commis, certifficacions ne autres enseignemens, car nous mesmes avons veue la declaracion de la distribution qui par lui en a esté faicte.

2. — Douné en tesmoing de ce soubz noz seaulx cy placquez et seings manuelz le xxe jour de fevrier l'an mil cccc trente et sept. — *Signé :* LOYS DE BOURBON. — BERTRANT. (*Les sceaux sont enlevés.*)

(*Orig.* B. N., *Franc.* 20392, p. n° 39.)

XXX

1438, 17 mars.

Assiette sur le Franc-Alleu d'une aide de 500 liv. accordée au roi par les États de ce pays, au lieu de 700 liv. demandées par le roi, suivie de la distribution de 90 liv. imposées, outre le principal, par ordre des États.

1. — C'est le taux et assiette de la somme de cinq cens livres tournois que nous Troullard de Montvert, chevalier, seigneur de Maignat, Jean du Mas, tresorier de Combraille, et Guillaume Mareschal, procureur de Rion, par vertu de certaines lettres du roy nostre sire à nous adreçans, données le xve jour de juillet mil .cccc. .xxxvii., avons fait et esgalé en son pays du Franc-Aleu, à cause de certain aide de iie mile frans qu'il a ordonné estre mis sus en ses pays de Languedoïl, pareillement que en l'année derrierement passée, tant pour le soustenement et conduitte de ses guerres et autres ses afferes, et avecques ce de la somme de .iiii^{xx}x. l. t. qui oultre et pardessus ledit principal du gré et consentement des gens desdiz Trois Estaz à ce fere appellez avecques nous y avons imposée pour les fraiz dudit aide.

2. — Et combien que par lesdictes lettres nous feust mandé y asseoir et imposer pour ledit principal la somme

de .viie. l. t. nous ne l'avons peu fere, tant pour ce que icelles gens des Trois Estaz se douloyent très fort de plusieurs griefz que nagueres leur avoient faiz certains routiers qui longuement avoient sejourné en icellui pays, comme aussi qu'ilz se disoient avoir privileiges à eulx donnez par les feuz roys de France, pour raison desquelz ilz n'estoient ne sont tenuz de contribuer à quelzconques aides, tailles ne subsides, ainçoys quant ilz passent par les pays, chargiez de marchandises ou autres choses qui doivent paier peages, ilz n'y doivent riens paier, ne à ce ne doivent être contrains ; pour lesquelles causes et raisons devant touchées, et afin que plus liberalment ilz octroiassent ledit aide, leur fu promis que pour raison des choses dessus-dictes ne seroit pour ceste foiz sur euls imposé ne assis que ladicte somme de v^c l. t. ; ainsi pour tout ledit taux tant pour principal que pour fraiz, [monte] la somme de v^{c}iiii^{xx}x l. t., [le]quel taux est fait par nous commisseres dessus nommez en la maniere qui s'ensuit. — (*Suit l'assiette.*)

3. — Fait et donné en tesmoing de ce soubz les seings manuelz de nous commisseres cy dessoubz *(sic)* nommez le xviie jour de mars l'an mil cccc trente et sept. — *Signé :* J. du Mas. — G^e. Le Mareschal.

4. — S'ensuit la déclaracion de la despense ordonnée estre faicte et paiée par maistre Pierre de Beauquere, commis par le roy à recevoir ledit aide oudit pays du Franc-Aleu, à cause de la somme de quatre-vings dix livres tournois, laquelle oultre le principal d'icellui aide y a esté

imposée et mise sus pour les fraiz du gré et consentement des gens des Trois Estaz dudit pays pour icelle par leur ordonnance estre baillée et delivrée par ledit commis aux personnes, pour les causes et en la maniere qui s'ensuit ·

Et premierement :

5. — A messire Troullard de Montvert, chevalier, s^r de Maignat, Jehan du Mas, tresorier de Combraille, et Guillaume Mareschal, procureur de Rion, commisseres ordonnez pour mettre sus et imposer ledit aide, et pour avoir esté à l'assemblée desdiz Trois Estaz requerir ledit octroy, leur a esté ordonné par lesdictes gens des Trois Estaz à chascun d'eulx xx l. t., pour ce.......... .lx.

6. — A Me Pierre de Beauquere, commis à recevoir ledit aide, pour le deffrayer de la despense par lui faicte pour venir oudit pays du Franc-Aleu............. .xx. l. t.

7. — Aux clers lesquelz ont fait pluseurs lettres closes, papiers et commissions touchant le fait dudit aide. .x. l. t.

Somme dezdiz fraiz : quatre vingt dix l. t.

8. — Fait et donné soubz noz seings manuelz comme dessus les jour et an dessusdiz. — *Signé* : J. DU MAS. — G^e. LE MARESCHAL.

(*Orig.* B. N., *Fr.* 23902, à la date.)

XXXI

1438, 23 juin, Bourges.

Commission pour imposer en Haut-Limousin 9,000 liv. accordées au roi par les États au lieu de 12,000 liv. demandées par lui.

1. — Charles par la grace de Dieu roy de France à noz amez et feaulx conseilliers, maistres Guillaume de Vic et Jehan Barton, chancellier de la Marche, salut et dileccion.

2. — Comme pour le recouvrement de notre royaume, et l'expulsion et deboutement des Anglois noz anciens ennemis tenans et occupans en iceulx plusieurs païs, villes, chasteaux et forteresses, nous nous soions en l'année derren. passée mis sus à puissance, et en ce nous soyons telement exposez et emploiez par la grace de nostre Seigneur et à l'aide de noz bons et loiaulx parens, amis, serviteurs et subgiez qui en ce nous ont bien, loyaument et vaillamment servy, avons par sieges et autrement recouvré et reduit en nostre main, seigneurie et obeissance les villes, places, chasteaux et forteresses de Monstereau ou fault d'Yonne, Nemoux, Chasteau-Landon et Charny, et d'iceulx dechacié et debouté nosdiz ennemis en delivrant et desempeschant partie du chemin et entrée de nostre

bonne ville de Paris et plusieurs païs, terres et contrées que nosdiz ennemis par le moien desdictes places tenoient en subgeccion et apatiz ; et pour proceder au surplus, soyons, Dieu devant, determinez, concluz et deliberez de nous mettre de rechief sus en ceste prouchaine saison nouvelle atoute la meilleure et plus grosse puissance que pouvons faire, ce que faire ne se puet sans grosse despense etc.....

3. — Nous consideré la grandeur et neccessité urgente de noz devant ditz affaires touchans magnifestement la salvacion et recouvrement du seurplus de nostredit royaume et seigneurie et le bien de la chose publique d'iceulx, et que, comme dit est, y voulons employer nostre propre personne et nosdiz parens, amys et serviteurs, ayons pour la conduite de nostredicte armée et entreprinse ordonné ung aide ou taille de deux cens mil frans estre mis sus sur certains noz païs de Languedoïl pareillement que en l'année passée, pour partie et porcion duquel aide eussions tauxé et imposé nostre Hault Païs de Lymosin à la somme de douze mil livres tournois,

4. — Et depuis aucuns jours en ça, la plus grant et seine partie des gens de Trois Estaz de nostre dit hault païs de Lymosin se sont trouvez par devers nous en nous remonstrant les grans povretez et charges qu'ilz ont à souffrir oudit païs, tant pour la famine et stérilité de biens qui l'année passée a esté en icellui, que pour le fait de noz guerres, à l'occasion desquelles pluseurs gens d'armes et de trait ont par moult long temps sejourné oudit païs, et

aussi disans eulx avoir privileges de nous ou de noz predecesseurs de non devoir estre imposez à paier aucuns aides ou tailles sans leur octroy et consentement; et après ce, considerans nosdiz grans affaires, nous ayent liberalement octroyé la somme de neuf mil frans, laquelle, attendu lesdictes charges et neccessitez et autres choses dessus dictes et alleguées, nous avons agreablement acceptée;

5. — Si vous mandons et commettons par ces presentes que icelle somme de neuf mil l. t., avec tele somme moderée pour les fraiz que verrez estre à faire, telement que ladicte somme principale pour ledit taux puisse venir ens franchement, vous mettez sus, asseez et imposez en nostredit païs de Lymosin.....

6. — Donné à Bourges le xxiiie jour de juing, l'an de grace mil cccc trente et huit, et de nostre regne le seziesme.

Par le roy en son conseil. — D. Budé.

(B. N., *Fr.* 25710, n° 116.)

XXXII

1438, JUILLET ?

Assiette sur le Bas-Limousin d'une aide de 8,000 liv. accordée au roi, plus 2,024 liv. pour le sénéchal de Limousin, suivie de la distribution de 639 liv. imposées, outre lesdites sommes, par ordre des États.

1. — Assiecte de l'aide de huit mil livres tournois au roy nostre sire octroyé par les gens des Trois Estaz de son Bas Pays de Limosin pour leur quote et porcion de l'aide de deux cens mil frans qu'il avoyt ordonné estre mis sus en ses pays de Languedoil pareillement que en l'année derrainement passé, et avec ce de deux mil quarente deux livres tournois par lui ordonné estre mis sus ilec pour fornir la vuidange d'aucunes gens de guerre estans en la place de Corbaffin, destruysans ledit pays et autres pays voysins oultre ladicte somme de huit mil l. t., faicte par nous Jacques de Combort, prevost de Clermont, et Jehan Barton, chancellier de la Marche, conseilliers dudit seigneur et commissaires de par lui et deux paire de ses lettres patentes (celles desdiz .viii^m. l. t. données le xxiiie jour de juing mil cccc trente et huit et celles desdiz .ii^m. .xlii. l. t. le xxiiie jour de juing ensuivant oudit an, avecques lettres de messeigneurs les generaulx sur le fait des finances d'icellui seigneur, yteratives desdictes deux lettres pa-

tentes dessusdictes pour par l'assiette assigner Gautier de Brusat, son escuier d'escuierie et seneschal de Limosin de ladicte somme de .II^m. .XLII. l.) ordonnez à mettre sus et imposer lesdiz aides et sommes oudit pays et les dons et fraiz oultre le principal d'iceulx aides, par le consentement et ordonnance desdictes gens des Trois Estaz d'icelui pays en et par la maniere qui s'ensuit ; Jehan Beaupoil, ordonné par ledit seigneur et ses lettres patentes, données le tiers jour de mars mil IIII^c XXXVII, receveur desdiz aides. — *Suit l'assiette.* — *Signé* : JAQUES DE COMBORT. — J. BARTON.

2. — S'ensuit la declaration des dons et fraiz par nous commisseres dessusdiz imposez et assis du consentement et à la priere et requeste desdictes gens des Trois Estaz dudit bas pays de Limosin oultre lesdictes sommes de huit mil l. t. et de deux mil quarente deux l. t. d'autre part, pour le principal desdiz aides ainsi par eulx au roy nostre dit seigneur octroyez, lesquelles parties ilz ont volu et ordonné estre receues par ledit Jehan Beaupoil, receveur dessus nommé, et par lui distribuées aux personnes ausquelles ilz les ont ordonnées et tauxées pour les causes qui s'ensuivent, en prenant de chascune desdictes personnes quittance seulement de ce qu'ilz en recevront, sans pour cè en vouloir avoir, requerir ne demander autre mandement ou ordonnance fors ceste presente assiete et declaracion des parties cy apres designées de nous ou de l'un de nous signée, disant que ainsi en peuent et doivent user et l'ont acoustumé par privileiges à eulx pieça attribuez par les predecesseurs d'icelui seigneur, le vidimus desquelx

privileiges dient estre retenu et demouré en sa chambre des Comptes.

Et premierement :

3. — A mons^r le Conte de Ventadour, lui a esté ordonné estre baillé par ledit receveur par le commandement et ordonnance desdictes gens des Trois Estaz pour restitucion de la somme de deux cens livres tournois par lui à eulx prestée pour faire vuyder dudit pays les gens de Rodigo pillans et robans icelui pays, pour ce............ .II^c. l.

4. — A maistre Jacques de Combort, prevost de Clermont, et Jehan Barton, chancellier de la Marche, commissaires par ledit seigneur ordonnez à mettre sus ledit aide, pour don à eulx faiz par les Trois Estaz d'icelui Bas Pays, deux cens cinquante livres tournois, c'est assavoir audit de Combort, pour avoir aidé à mettre sus à ses fraiz et despens ledit aide, cent livres tournois, et audit Barton, pour semblable cause, cent cinquante livres tournois, et pour avoir esté eulx deulx ensemble devers ledit s^r pour aucunes choses touchant ledit aide, pour ce, pour tout.. .II^c. L. l. t.

5. — A mons^r l'abbé d'Userche, messire Jehan de Roffignac, chevalier, s^r de Richemont, Heliot, s^r d'Esmyer, Me Hugues Beynete et Me Jehan La Val, sept vings dix huit livres t. pour avoir esté commis par lesdiz Trois Estaz en la compaignie desdiz commisseres pour fere l'assiette dudit aide, c'est assavoir : audit abbé d'Userche cinquante livres, audit de Ruffignac quarente et trois livres t., audit d'Emyer quinze l. t. et ausdiz Beynete et La Val cinquante

livres à partir entre eulx par esgale porcion, pour ce, pour tout ensemble.................................. .vii^{xx}xviii. l.

6. — A maistre Pierre Saige et Jehan de Beaufort pour semblable, onze livres t., c'est assavoir audit Saige, six livres t. et audit Beaufort cent solz t., pour ce... .xi. l. t.

7. — A Jehan Garnier, clerc des offices du roy, pour avoir escript pluseurs lettres clouses dudit seigneur ausdiz Trois Estaz pour les assembler et pour avoir livré papier et parchemin à ses despens, lui a esté ordonné par les dessusdiz dix livres t., pour ce........................... x. l.

8. — A Jehan Fouet et Perrinet Platenay, clercs, pour avoir escript, minué et doublé les assiete et autres escriptures touchant ledit aide, leur a esté ordonné par lesdiz des Trois Estaz dix livres à partir entre eulx par egale porcion, pour ce..................................... .x. l.

Somme desdiz fraiz : seix cens trente et neuf livres t. — *Signé* : Jaques de Combort. — J. Barton.

(*Orig.* B. N., *Franç.* 23903.)

XXXIII

1438, 12 SEPTEMBRE.

Assiette sur le Haut-Limousin d'une aide de 9,000 liv. accordée au roi, suivie de la distribution de 4,400 liv. imposées, outre le principal, par ordre des États.

1. — C'est le taux et assiete de l'aide de neuf mille livres tournois octroié au roy nostre sire par les gens des Trois Estaz de son hault pays de Lymosin en la ville de Lymoges ou moys de septembre mil .iiii^c. trente huit, pour leur porcion de l'aide de ii^c mille livres tournois octroyé audit seigneur par les gens des Trois Estaz de Languedoil pareillement que l'an precedant, pour le soustenement de ses guerres et autres ses affaires, et aussi de la somme de .iiii^m. .cr.. l. t. que lesdites gens des Trois Estaz ont volu et requis estre assise et imposée oultre le principal dudit aide, tant pour la delivrance et vuidange de la place de Corbeffin que ung nommé Jehan de Xantoux, capitaine et autre grant nombre de gens de guerre en sa compaignie estans nagueres detenoient, lesquelz dudit chastel en hors levoient apastiz, grevoient et dommagoient en maintes manieres ledit pays et autres environ, et pour pacifier et appointer à certains capitaines de gens d'armes pour eviter le passement, logeys et dommaige qu'ilz povoient fere oudit pays, et en oultre ce que dit est de la somme de .xii^c. .l. l. t. qui ont esté imposées du consente-

ment et à la requeste que dessus pour les autres fraiz dudit aide necessaires pour les causes et aux personnes dont ci après sera faicte mencion, affin que le principal dudit aide puisse venir franchement ens au prouffit du roy, lesquelles sommes qui montent ensemble .xiii^m. .iiii^c. l. t., c'est assavoir .ix^m. l. t. pour le roy et .iiii^m. iiii^c. l. t. pour les causes dessusdictes, imposées, comme dit est, à la requeste des gens desdiz Trois Estaz qui de ce dient avoir povoir et previleiges et dont ilz se dient avoir usé en pareilz cas et semblables, quant bon leur a semblé et les cas y sont advenuz, ont esté tauxées et esgalées par nous Guillaume de Vic, conseillier du Roy en sa court de Parlement, et Jehan Barton, conseillier dudit seigneur et chancellier de la Marche, appellez avecques nous en souffisant nombre pluseurs desdictes gens des Trois Estaz nommez et esleuz pour ce fere, et baillé pour recevoir à maistre Pierre de Bauquere, receveur general dudit aide commis de par ledit seigneur, sur les villes et paroisses dudit hault pays de Lymosin en la maniere qui s'ensuit. — *Suit l'assiette*.

2. — Fait et donné soubz les seings manuelz de nous Guillaume de Vic, conseiller du roy nostre sire en sa court de Parlement et Jehan Barton, conseillier dudit seigneur et chancellier de la Marche, commisseres ordonnés et depputés, comme dit est, de par icellui seigneur sur le fait et conduitte dudit aide par l'octroy, vouloir et consentement desdictes gens des Trois Estaz à ce presens, le .xiie. jour de septembre l'an mil .iiii^c. trente et huit. — G. de Vic. — J. Barton.

3. — Cy s'ensuit la declaracion des parties de ladicte somme de .iii^m. .cl. l. t. imposée pour les causes dont cy dessus est faicte mencion et aux personnes qui s'ensuivent.

4. — A Gaultier de Brusac, escuier d'escuierie du roy nostredit seigneur, seneschal de Limosin, pour restitucion d'une partie de la somme de .xiii^c. reaulx d'or par lui realment prestez à la priere et requeste desdictes gens des Trois Estaz et dont aucuns sont à lui obligez, laquelle somme a esté employée à la delivrance et vuidange de ladicte place de Corbeffin, a esté icy imposé pour ceste foiz la somme de.......................... mil l. t.

5. — Audit seneschal de Lymosin, auquel les gens des Trois Estaz dudit pays n'avoient fait cy par avant nul autre don ne plaisir, combien que ou fait de son office et autrement a fait pluseurs plaisirs et soustencmens aux habitans dudit pays et s'est grandement employé et presté le sien, comme dit est, si largement pour la delivrance de ladicte place et chastel de Corbeffin, lequel il tient de present en sa main, et affin que les gens par lui ilec commis à la garde de ladicte place ne facent aucuns dommaiges ne desplaisirs aux habitans dudit pays, a esté ordonné à ceste foiz par lesdictes gens des Trois Estaz la somme de........ .... .viii^c. l. t.

6. — A messire Mondot de Brusac, chevalier, nepveu dudit seneschal lequel a travaillé et tant fait par le moyen dudit Brusac, son oncle, et autrement, envers Jehan de

Blanchefort, Antoine de Chabanes et autres capitaines de gens d'armes, que à leur retour de Languedoc ilz ont eschevé de passer par ledit pays de Lymosin, a esté ordonné par lesdictes gens des Trois Estaz la somme de. .II^c. l. t.

7. — A messire Bernart Ferrant, chevalier, Jehan de Brie et Vilate, escuiers, conseilliers et serviteurs de mons^r d'Alebret, de qui est ledit chastel de Corbeffin, pour avoir pratiqué et travaillié envers lui et aussi devers ledit Jehan de Xantoux, capitaine dudit lieu, l'appointement de ladicte delivrance, a esté ordonné ; c'est assavoir : audit Jehan de Brie, .c. l. t. et ausdiz messire Bernard Ferrant et Vilate à chascun .L. l. t. qui montent ensemble la somme de.. .II^c. l. t.

8. — A Guillon de Lespinaz et Guinot du Barry, escuiers, pour pareille cause, a este ordonné à chascun .xxx. l. t. qui font ensemble...................... .Lx. l. t.

9. — A maistre Gerault Tarneau, notaire, pour recevoir et fere les lettres et contraulz dudit appointement, a esté ordonné la somme de .... .x. l. t.

10. — A Tandonnet de Fumel, capitaine de Chalusset, pour pluseurs plaisirs et services qu'il a faiz et fait fere par ses serviteurs audit pays et pour travailler envers pluseurs gens de guerre de non logier ne dommaigier ledit pays, a esté ordonné la somme de............. .c. l. t.

11. — Audit maistre Pierre de Beauquere pour restitu-

cion de la somme de .iiii^c. reaulx d'or qu'il a baillez contans et prestez du sien à la requeste et priere des gens desdiz Trois Estaz dudit pays à Loys de Bueil, escuier, et capitaine general des gens d'armes et de traict de Monseig^r Charles d'Anjou, pour le faire deslogier et vuider ledit pays de Lymosin, avecques lui Jehan Girart, Guinot d'Auriat, Jehan de Mehun, Regnault de la Jomelière, le bastard de Beaumanoir, David d'Alidas, Alain Pherlin et autres capitaines qui estoient jà logiez en entencion d'y demourer et sejourner par long temps, et pour avoir le seelé et promesse dudit de Bueil de vuider incontinant tout ledit pays et que lui ne lesdiz capitaines ne leurs gens n'y retourneroient pour logier, sejourner ne dommaigier jusques au jour de Noel prouchain venant, ainsi qui peut apparoir par sondit scellé, a esté ordonné pour la valeur desdiz .iiii^c. reaulx.................................... .vi^c. l. t.

12. — A Poton de Santerailles, baillif de Berry, pour travailler envers ledit Loys de Bueil de fere ledit appointement et prandre de lui la promesse contenue oudit scelé affin que ledit Loys de Bueil fust plus enclin de la tenir et non venir encontre, a esté ordonné la somme de.. .c. l. t.

31. — A Robinet, clerc dudit Poton, et Jehan Texier, clerc dudit Loys de Bueil, pour aler, venir, retourner et travailler envers leursdiz maistres pour l'accomplissement dudit traictié, a esté ordonné à chascun .xv. l. t. qui montent ensemble la somme de...˙............ .xxx. l. t.

Somme des parties cy dessus : .iiii^m. .cl. l. t. — G. DE VIC. — J. BARTON.

14. — Cy s'ensuit autre declaracion des parties de la somme de .xii ᶜ. .ʟ. l. t. pour les fraiz dont dessus en l'intitulacion dudit taux est faicte mencion, pour les causes et aux personnes qui s'ensuivent cy dessoubz :

15. — Ausdiz maistres Guillaume de Vic et Jehan Barton, chancellier de la Marche, commissaires dessus nommez, pour estre venuz de par le roy oudit pays requerir ledit aide et y avoir vacqué et sejourné par aucun temps pour avoir l'octroy et faire l'assiette et taux dessusdit, a esté ordonné, c'est assavoir : audit maistre Guillaume de Vic .cʟ. l. t. et audit chancellier de la Marche, tant pour sadicte commission que pour avoir esté à Bourges devers le roy à l'assemblée avecques les autres dudit pays cy dessoubz nommés, et aussi qu'il demeure chargié oudit pays pour congnoistre des debaz qui pourront mouvoir à cause dudit aide, la somme de .iiᶜ. l. t. qui font ensemble la somme de............................... .iiiᶜ. .ʟ. l. t.

16. — Audit Mᵉ Pierre de Beauquere, receveur dessus nommé, pour supporter ledit pays et pour lui aidier à supplir la despense qui lui conviendra fere en maintes manieres à recueillir ledit aide, a esté ordonné la somme de. .cʟ. l. t.

17. — A monsʳ de Lymoges, a messire Guillaume de L'Ermite abbé du Daurat, à frere Loys Foucault, prieur de Benavant, à messire Loys de Pierre-Buffière, sʳ de Chastelneuf, pour partie des despens par eulx faiz à aler devers le roy à Bourges où il les avoit mandez, et pour avoir esté presens à fere l'octroy et assiette dudit aide, a esté ordonné,

c'est assavoir : à mondit s^r de Lymoges .c. l. t., audit abbé du Daurat .L. l. t., audit prieur de Benavant .XL. l. t. et audit s^r de Chastelneuf .LXX. l. t. qui sont ensemble... .II^c. LX. l. t.

18. — A Pierre de Royere, commis par mons^r de Laigle, viconte de Lymoges, pour estre present audit octroy et à faire ledit taux.................... .L. l. t.

19. — Au s^r de Pierre-Buffière, pour pareille cause................... .XXX. l. t.

20. — A maistre Jacques de Combort, prevost de Hemmoustiers, à messire Jehan de La Cheny procureur du chappittre de Lymoges, et au commandeur de Pollat, pour pareille cause, c'est assavoir : audit maistre Jaques de Combort .XXX. l. t., audit de La Cheny .XX. l. t. et audit de Pollat .XX. l. t. qui font ensemble... .LXX. l. t.

21. — A madame de Perusse, pour argent baillé a messaiges envoyez devers certains cap^nes de gens d'armes, la somme de .... .XX. l. t.

22. — A Bertrand, s^r de Saint-Avict, seneschal, Guillaume Piédieu, garde, et Jaques de La Ville, tresorier de la Marche, lesquielz avoient travaillié devers lesdiz gens d'armes et baillié pluseurs sommes d'argent du leur pour messaiges envoyez devers eulx pour fere eschever le passement et logeys dudit hault pays de Lymosin ou mons^r le conte de la Marche, leur maistre, a grant part de terre et seigneurie, a esté ordonné la somme de .... .IIII^{xx}. X. l. t.

23. — A maistre Jehan Pere, procureur de la Basse Marche, et Robinet de Prez, cap^ne du chastel du Daurat, commis par mons^r le conte de la Marche pour estre à l'octroy et fere le taux dudit aide, c'est assavoir : audit procureur .xxv. l. t. et audit cap^ne la somme de .xv. l. t. qui font ensemble.. .xl. l. t.

24. — A l'abbé de Saint-Augustin, à frere Helias Chauvet, prevost de Roussat, à Jehan du Breuil, escuier, s^r de La Couste, à Bertrandon de Lur, escuier, procureur de mons^r des Cars, à Theodory Loup, secretaire de mons^r de Lymoges, à Guillemin Lewette, procureur du s^r de Loziere, a esté ordonné pour estre presens à fere ledit taux, à chascun .x. l. t., qui montent pour tous ensemble.. .lx. l. t.

25. — A maistre Dreuz Budé, secretaire du roy, pour les paines et travailz qu'il a prins pour la delivrance et expedicion de certains mandemens royaulx qui estoient neccessaires pour le fait dudit pays de Lymosin. .xxv. l. t.

26. — A Me Jehan Canard, secretaire de mons^r le conte de la Marche, et Jehan Garnier, clerc de Me Geoffroy Vassal, qui ont fait pluseurs commissions, mandemens royaulx et lettres closes aux gens des Trois Estaz dudit pays de Lymosin, a esté ordonné, c'est assavoir : audit maistre Jehan Canard .x. l. t. et audit Garnier .xv. l. t. qui font ensemble...... .... .xxv. l. t.

27. — Aux officiers du roy estans à Lymoges qui de-

meurent chargiez en l'absence des commisseres de decider et congnoistre des debas qui pourront mouvoir de partie à partie à cause dudit aide, a esté ordonné la somme de.. .xx. l. t.

28. — A Mathieu Bayard, Guinot Oudier, commis par la ville de Lymoges, à Huguet Pinot, commis pour la ville de la Soubzterraine, à Jehan Romanet, commis pour la ville de Hemmoustiers, et Jehan Macias, commis pour la ville de Saint-Junien, a esté ordonné pour avoir esté presens à fere ledit taux, c'est assavoir : ausdiz Beard et Guinot Oudier et Huguet Pinot, à chascun .c. sous, et ausdiz Romanet et Macias, ensemble .c. sous, qui font ensemble la somme de............. .xx. l. t.

29. — A Jehan Le Mareschal, Jehan Forot, Guillaume Lopin, Jehannin Le Brumen, clers, pour avoir fait pluseurs commissions, rooles, papiers et lettres closes aux gens des Trois Estaz neccessaires pour le fait dudit aide ; à Jehan de Champaigne, Pierre Mougent, dit Grausle, Marsau Le Bloy et Guillaume Perdijon, pour porter les lettres closes esdiz gens des Trois Estaz, à chascun la somme de cent solz tournois qui font pour tout ensemble la somme de........................... .xl. l. t.

Somme .xii^c .l. l. t.

30. — Toutes lesquelles parties imposées oultre et pardessus le principal dudit aide du consentement des gens des Trois Estaz dudit pays montent ensemble la somme de .iii^m. .iiii^c. l. t., et ont esté baillées audit

maistre Pierre de Beauquere, receveur dessus nommé, pour bailler à chascune des parties dont cy dessus est faicte mencion, ainsi qu'il appartient, en prenant seulement leur quittance.

31. — Fait et donné comme dessus soubz les seings manuelz de nous Guillaume de Vic, conseiller du Roy nostre sire en sa court de Parlement, et Jehan Barton, conseiller dudit seigneur et chancellier de la Marche, commisseres à ce ordonnez et depputez de par ledit seigneur, comme dit est, les jour et an dessus diz. — G. DE VIC. — J. BARTON.

(*Original*. B. N., *Fr*. 23902, à la date.)

XXXIV

1438, 21 novembre, Blois.

Nomination de commissaires auprès des États du Limousin pour aviser, de concert avec eux, aux moyens de mettre en la main du roi la place de Domme, récemment reprise aux Anglais, et les château et personnes de Bertrand d'Abzac et d'un de ses fils, partisans des Anglais.

1. — Charles, par la grace de Dieu roy de France, à noz amez et feaulx conseilliers l'Evesque de Maillerais, Gaultier de Perusse, seigneur de Saint-Marc, et Jehan Berton, chancelier de la Marche, salut et dilection. Comme pour le fait et recouvrement de noz ville et chastel de Dome, du chastel aussi de Bertran d'Asac et des personnes de lui et d'un sien filz tenans le parti des Anglois, qui sont presentement detenuz prisonniers par aucuns de noz serviteurs et subjiez, lesquelx chastel et prisonniers voulons avoir et estre mis en nostre main, nous ayons mandé les gens des Troys Estaz de noz hault et bas païs de Limosin venir et estre assemblez en nostre ville de Enmoustier, en nostredit païs de Limosin, au xxviiie jour de ce present moys de novembre pour oïr ce que leur entendons faire dire et remonstrer touchant la matiere dessusdicte et en ce eulx emploier et besongner comme mestier et besoing sera, savoir vous faisons que, confians à plain de voz sens,

souffisance, leaultez et bonnes diligences, vous avons commis et ordonnez, commettons et ordonnons par ces presentes et les deux de vous, dont vous, Evesque de Maillerais, soyez tousjours l'un, et vous, Evesque, seul en l'absence d'eulx, à aler et vous transporter audit lieu de Enmoustier pour dire et remonstrer ausdiz gens des Troys Estaz tout ce que vous avons chargié leur dire et remonstrer touchant ceste matiere, et que nostre plaisir et voulenté est d'avoir lesdictes places et prisonniers, et ilecques besongner avecques eulx sur le fait et recouvrement desdictes places et personnes au mieulx et le plus prouffitablement pour nous que faire se pourra, de traictier et appoinctier avec le seigneur de Commerques, seneschal de Pierregort, et autres enfans, parens et amis dudit Bertran d'Asac, pour avoir et recouvrer nosdiz ville et chastel de Dome, de traictier aussi, accorder et appoinctier avec le bastart de Pelvoisin et autres à qui il appartendra pour avoir et estre mise en nostre main la place dudit Bertran et les personnes de lui et de sondit fils, de promectre et accorder avec les dessusdiz et chascun d'eulx pour et ou nom de nous tout ce que trouverez et verrez estre à faire pour le fait et accomplissement des choses dessusdictes, et pour ce leur en promettre et donner lettres et surté teles qu'il appartendra et bon leur semblera, lesquelx accordz et traitiez par vous ou les deux de vous ainsi faiz et donnés nous aurons et tendrons pour aggreables et les confermerons par nous lettres toutes et quantes foiz que requis en serons; de commectre aussi et ordonner esdictes places, pour nous et en nostre nom, icelles recouvrées et mises en nostre main, capitaines et y pourveoir de bonnes, seures et souffisantes personnes et telles que bon vous semblera pour la garde et surté d'icelles et jusques à ce que par nous en soit autrement ordonné, et pour mectre à execucion les choses dessusdictes et lesdictes places recouvrées et mises en nostre main establir, advitailler et mettre en bonne surté, qui faire ne se puet sans grant finance, de laquelle nous ne pourrions bonnement ne si promptement recouvrer comme besoing en est pour le bien de nosdiz païs et des autres païs voisins, obstans les grans charges qu'avons eu et avons chascun jour à supporter, mettre sus, asseoir et imposer de par nous reaument et de fait sur les manans et habitans de nosdiz hault et bas païs de Limosin ung aide de tele somme ou sommes, avecques les fraiz raisonnables, que adviserez et verrés estre neccessaire pour le fait, execucion et acomplissement des choses dessusdictes, et icelles sommes ou somme faire lever, etc. . . . . de commettre pour et ou nom de nous ung ou deulx receveurs pour recevoir, cueillir et amasser ledit aide.

2. — Si vous mandons et expressement enjoingnons et aux deux de vous dont vous, Evesque de Maillerais, soiez tousjours l'un, et à vous, Evesque, seul en l'absence des autres que noz presentes ordonnances et commission vous à toute diligence mettes et faictes mettre à execucion deue de point en point selon leur forme et teneur en contraingnant, etc. . . . . Toutesvoyes se de partie à partie naist debat ou opposicion sur ce, ledit aide par maniere de provision premierement paié et avant tout euvre, faictes ou faictes faire aux parties sur ce à plain oyes raison et justice.

3. — Donné à Blois le vint et ung^me jour de novembre l'an de grâce mil cccc trente et huit et de nostre regne le dix septiesme. — Par le Roy en son conseil. — J. de Dijon.

(B. N., *Fr.* 20417. — *Vidimus* du 6 février 1438/9 sous le sceau de la chancellerie du bailliage de Limoges.)

XXXV

1439, FÉVRIER?

Assiette sur le Bas-Limousin d'une aide de 2,246 liv. 1 s. 6 d. t. pour le fait de Domme, suivie de la distribution de 560 liv. imposées outre le principal du consentement des États.

1. — Assiecte faicte par nous, Evesque de Maillezais, et Gaultier de Perusse, seigneur de Saint-Marc, commissaires par le roy nostre sire et ses lettres patentes donneés à Bloys, le xxi_e jour de novembre, l'an de grâce mil .cccc.xxx. viii. et de son regne le .xvii°., à mettre sus, asseoir et imposer ou bas pays de Limosin ung aide avec les fraiz raisonnables, tant pour la delivrance et recouvrance des ville et chastel de Domme, dit Commerque, nagueres pris sur ses ennemis les Angloys, comme du chastel aussi de messire Bertran d'Abzat et des personnes de lui et d'un sien filz tenant le party de sesdiz ennemis les Angloys, prisonniers d'aucuns des subgiez et serviteurs d'icelui seigneur, lesquelles places et personnes ledit seigneur vouloit avoir et estre mis en sa main, montant ledit aide pour principal et fraiz .ii^m. .viii^c. .vi. liv. 1 s. vi d. t. declairée sur les parroisses qui s'ensuivent. — *Suit l'assiette.*

2. — *Signé* : T. EVESQUE DE MAILLEZAYS : GAUTIER DE PERUCE.

3. — S'ensuivent les fraiz mis et ordonné estre mis sus oudit bas pays par les commisseres sur ce ordonnez et par l'avis des gens des Troys Estaz dudit païs oultre et par-dessus la somme principale.

Et premierement :

4. — A monseigneur l'Evesque de Maillezays, conseiller du roy et son commissere ordonné pour mettre sus et asseoir ledit aide oudit païs, tant pour sa peine, travail et diligence que pour partie de sa despense par luy faicte oudit païs en mettant sus ledit aide, la somme de. .cl. l. t.

5. — A Gaultier de Peruce, s^r de Saint-Marc, commissere en la compaignie de mondit seigneur de Maillezays pour mettre sus ledit aide. . . . . .l. l. t.

6. — A Monsr l'Evesque de Poictiers et maistre Geffroy Vassal, conseilliers du roy, pour avoir les afferes dudit pays especialment recommandez envers luy et messeigneurs de son conseil, leur a este ordonné à chascun .l. l. t. pour ce . . . . .c. l. t.

7. — A Monsr l'Evesque de Tuelle, pour luy aider à le recompenser de certaine despense faicte en la ville d'Usarche en faisant l'octroy dudit aide, la somme de. .xx. l. t.

8. — A Bertran du Saillant, escuyer, pour luy aider à paier sa finance aux Angloys de Limeil ou il a esté detenu prisonnier par long temps, et illec paié grosse finance, pour ce luy a esté ordonné par lesdiz Troys Estaz. .vi^{xx}. l. t.

9. — A Loys de Gimel, Pierre de Royere, Jehan de Beaufort, escuyers, et maistre Jehan La Val, juge de Monsʳ de Trignac, pour avoir esté ordonnez par lesdiz Troys Estaz en la compaignie desdiz commisseres à mettre sus et asseoir ledit aide, leur a esté ordonné .lx. l. t. à departir par egal porcion, pour ce. . . . . .lx. l. t.

10. — A Jehan Beaupoil, receveur dudit ayde, pour luy aider à supporter pluseurs fraiz et despens par luy faiz à l'ocasion de pluseurs assemblées tenues oudit païs et aussi d'avoir envoyé à ses despens par pluseurs foiz les lettres du roy et desdiz commisseres par pluseurs chevaucheurs et sergens, pour ce luy a esté ordonné la somme de . . . . .lx. l. t.

11. — Somme oultre le principal .vᶜ. .lx. l. — *Signé :* T. Evesque de Maillezays. — Gautier de Peruce.

(B. N., *Fr.* 23903, original.)

XXXVI

1439, 9 octobre, Orléans.

Nomination de commissaires chargés d'imposer en Bas-Limousin 3,000 lir. et au-dessus, avec le consentement des États, pour reprendre Thenon, récemment tombé au pouvoir des Anglais.

Charles, par la grace de Dieu roy de France, à noz amez et feaulx conseilliers et secretaire l'evesque de Tuelle, l'abbé d'Userche et maistre Estienne Froment, salut et dileccion. Comme pour recouvrer la place et forteresse de Thenon en Pierregort, es marches de Limosin, nagueres prinse par les ennemis, et icelle remettre en nostre obeissance par puissance de siege afin d'eschever les grans inconveniens et dommaiges que venir en pourroient à nostredit pays de Limosin et à tous les autres d'icelle marche, et aussi pour resister à la puissance et armée desdiz ennemis estant de present en nostre pays de Guienne soubz le conte de Hontiton, laquelle, comme l'on dit, tire vers les marches dudit Limosin, nous, par deliberacion de nostre conseil et par l'advis de seigneurs et autres notables d'icelui pays, ayons ordonné faire mettre sus en armes le[s] nobles dudit pays et autres en la meilleure puissance que souffire pourra, soubz la charge et gouvernement de nostre tres chier et amé cousin le conte de Penthievre et d'autres seigneurs et barons d'icelui pays, pour mettre siege devant ladite place de Thenon et icelle recouvrer par puissance et pour autrement y resister ausdiz ennemis et à leurdite puissance et armée et garder et preserver ledit pays des dommaiges et entreprinses qu'ilz y pourroient faire et porter, et pour ce que ces choses ne se peuent pas faire ne conduire sans grant finance et despense, ayons aussi ordonné faire cueillir et lever oudit pays de Limosin, tant ou hault que ou bas, la somme de six mil livres tournois, en chascun desdiz pays trois mil livres tournois, par maniere de taille ou ayde pour une foiz, pour la convertir et employer ou recouvrement de ladite place, garde et defense dudit pays et non autre part, pour laquelle somme faire cueillir et lever en toute diligence soit besoing de commettre et ordonner aucunes personnes souffisans et expertes, pour ce est il que nous, eu sur ce consideracion, confians de vous et de voz sens, prodommies et bonnes diligences, vous mandons et commettons par ces presentes que, appellez les gens des Trois Estaz dudit bas pays de Limosin, vous ladite somme de trois mil livres tournois, avecques les fraiz raisonnables, porcionnez oudit bas pays et icelle faictes asseoir et imposer par villes et parroisses et sur les habitans laiz d'icelles privilegiez et non privilegiez, non obstans quelzconques privileges ou exempcions et lettres et octroys qu'ilz aient sur ce et sans prejudice d'iceulx, que nous y voulons contribuer pour ceste foiz attendu que ce touche le bien de la chose publique dudit pays, et sur chascun d'eulx le fort portant le faible, le plus justement et egalment que faire se pourra en la maniere acoustumée, en faisant icelle somme diligemment cueillir et lever par le receveur à ce commis pour la convertir à ce que dit est comme il sera ordonné, et contraindre lesdiz habitans et chascun d'eulx qu'il appartendra à paier leurs taux et quotes d'icelle somme, comme il est acoustumé de faire pour noz propres debtes et non obstans lesdiz privileges et exempcions et quelxconques opposicions ou appellacions ; toutesvoyes se de partie à partie naist sur ce debat ou opposicion, nous voulons et ordonnons, ledit aide premierement payé par maniere de provision, estre par vous ou noz juges desdiz pays, à qui la congnoissance en appartendra, fait entre lesdites parties oyes bon et brief droit ; et ou cas que ladite somme de six mil livres tournois ne souffiroit pour les choses dessusdites et que par lesdites gens desdiz Trois Estas en la presence de noz officiers seroit advisé estre necessaire et expedient de faire lever plus grant somme, si faites mettre sus et asseoir et lever audit bas pays pour les causes dessusdites, oultre ladite somme de trois mil livres tournois, jusques à la somme de deux mil cinq cens livres tournois, ou au dessoubz, et icelle recevoir par ledit receveur à ce commis, tout par la forme et maniere que dit est ; de ce faire vous donnons povoir, auctorité, commission et mandement especial, mandons et commandons à tous noz justiciers, officiers et subgiez que à vous et à voz commis et depputez en ce faisant soit obey et entendu diligemment et donné et presté tout conseil, confort, ayde et prisons, se mestier est, et requis en sont. Donné à Orleans le neufiesme jour d'octobre l'an de grace mil cccc trente et neuf et de nostre regne le dix septiesme. — Par le roy en son conseil. — COURTINELLES.

(*Orig.* B. N., *Fr.* 22382, p. 11.)

XXXVII

1440, 2 juin, Clermont.

*Nomination de commissaires pour imposer sur le
Bas-Limousin une aide de 9,000 liv.*

1. — Charles... à noz amez et feaulx conseilliers l'evesque de Tuelle, maistres Jaques de Combort, prevost de Clermont, Guillaume de Vic et Jehan Barton, chancellier de la Marche, salut et dilection.

2. — Comme pour l'entretenement et conduicte de certaines grosses compaignies de gens d'armes et de trait que avons mandez et faisons presentement venir par devers nous des marches de noz païs de Languedoc et duchié de Guienne, et aussi de pluseurs autres compaignies que despieça avons assemblées et mis sus pour nous servir tant à l'encontre de noz anciens ennemis comme pour resister à aucunes entreprinses nagueres faictes soubz umbre de nostre filz le daulphin par aucuns seigneurs de nostre sang et lignage ou prejudice de nous et de nostre seignorie, et mesmement afin de deschargier noz païs et subgiez desdictes gens d'armes et de trait et les garder et preserver des maulx et oppressions que par lesdictes gens d'armes et de trait leur pourroient estre faiz et donnez, nous soit besoing recouvrer prestement finance, ce que ne pourrions à pre-

sent fere ne supporter, attendu les grosses despenses que fere nous a convenu tant à cause des armées par nous faictes en la saison passée à l'encontre de nosdiz ennemis comme pour noz autres grans afferes qui nous sont survenuz, sans l'aide de nos subgiez, et pour ceste cause, considéré que nous n'avons peu aler tenir la journée des Trois Estaz que avions mandée et ordonnée estre tenue en nostre ville de Bourges au temps que l'avions proposé et deliberé, pour les empeschemens qui nous sont survenuz à l'occasion desdictes entreprinses, comme il est à chascun notoire, et que desjà la saison est bien avancée, et à attendre ladicte assemblée ne pourrions recouvrer finances si promptement que besoing nous est pour la conduite de nostre guerre et autres affaires en ceste presente saison, mais seroient en aventure de cheoir en roupture ou grant prejudice de nous et de nostre seignorie ;

3. — Nous, par l'advis et deliberacion de plusieurs seigneurs de nostre sang et lignage et gens de nostre grant conseil et du consentement d'aucuns des gens des Trois Estaz de nostre pays de Lymosin, ayons ordonné et deliberé faire mettre sus et imposer sur chascun de noz païs, tant de Languedoil comme de Languedoc, certain aide à cause duquel avons assis et imposé nostre Bas Païs de Lymosin à la somme de neuf mille livres tournois ;

4. — Pour ce est il que nous vous mandons et commettons par ces presentes, et aux deux de vous, que incontinent ces lettres veues vous asseez, imposez et mettez sus, ou faictes asseoir, imposer et mettre sus en nostredit Bas

Païs de Lymosin ladicte somme de neuf mille livres tournois avec les 'raiz raisonnables et le plus diligenment, etc.....

5. — Donné à Clermont le deuxiesme jour de juing l'an de grace mil cccc et quarente et de nostre regne le xvIII^e soubz nostre seel ordonné en l'absence du grant. — Par le Roy en son conseil. — J. DE DIJON.

(B. Nat., *Pièces orig.*, 207, dossier *Barton*, n° 28.)

XXXVIII

1440, 14 AOUT, CHÉNERAILLES.

Assiette sur le comté de la Marche d'une aide de 4,000 liv. pour le roi, suivie de la distribution de 3,022 liv. imposées par les États outre le principal.

1. — C'est le taux et assiette de la somme de quatre milles livres tournois à quoy le roi nostre sire, par ses lettres patentes données le xxviii° jour de juillet mil cccc quarente, a tauxez et imposez pour principal les païs de la Marche, la chastellenie de Montagu-en-Combraille et leur ressort pour leur part et porcion d'un certain aide que icellui s' a ordonné estre mis sus ceste presente année en ses païs de Languedoil et de Languedoc pour donner provision tout au fait de sa guerre que à autres ses grans affaires pour et afin qu'il puisse resister à ses anciens ennemis et adversaires les Anglois; et avecques ce de la somme de .iii^m. .xxii. l. t, laquelle, oultre et pardessus ladicte somme principalle, y a esté imposée du gré et consentement des gens des Trois Estaz d'iceulx païs de la Marche, chastellenie et ressors, tant pour les fraiz neccessaires estre faiz pour cueillir, amasser, recevoir et fere venir ens les deniers dudit aide, comme aussi pour par leur ordonnance distribuer et departir par le commis à recevoir ledit aide aux personnes nommées et descriptes en la fin dudit

taux et assiette pour les causes et en la maniere illec touchées : lequel taux et assiette nous Bertran, seigneur de Saint-Avit, seneschal, Jehan Barton, chancellier, et Guillaume Piédieu, lieutenant dudit seneschal, par vertu des lettres dessus touchées à nous adreçans, avons esgallé et fait en la ville de Chanezailles le xiiie jour d'aoust l'an mil cccc quarente,[1] presens ad ce les gens des Trois Estaz des païs dessusdiz en la maniere qui s'ensuit :

Suit l'assiette montant à 7,022 *francs.*

2. — S'ensuit la distribucion de .iii^m. .xxii. frans tournois mis sus et assis oultre les .iiii^m. fr. appartenans au roy nostredit s^r, dont le receveur dudit aide fera payement aux personnes et pour les causes cy après declairées et en sera quitte en rapportant les quittances seulement.

3. — Et premierement, à tres noble et puissent seigneur Monseigneur le conte de la Marche, la somme de .ii^m. fr., laquelle somme les gens des Trois Estaz assemblés pour faire le taux cy devant declaré lui ont ordonné prandre et avoir par la main du receveur dudit aide, et ce pour recompensacion de pluseurs grans despenses, mises et fraiz que ledit s^r a faictes et fet fere chascun jour pour le bien et garde dudit pays, par ce.................... .ii^m. fr.

4. — A noble homme Bertrand de Saint-Avit, escuier, seneschal de ladicte conté de la Marche, maistre Guillaume Piédieu, son lieutenant oudit pays, et Jehan Barton, chancelier de ladicte conté, commisseres ordonnez par le roy à asseoir icellui aide, la somme de .ii^c. .lxx. fr., c'est assa-

voir : audit seneschal .vii^{xx}. .x. fr. et ausdiz chancelier et lieutenant chascun .lx. fr. à eulx tauxez par les gens des Troys Estaz pour avoir esté presens aux taux de ce present aide, et aussi pour recompensacion de plusieurs despenses que chascun d'iceulx ont faictes ceste presente année pour le bien et garde dudit pays, par ce........   .ii^c. .lxx. fr.

5. — A maistres Jehan Cedon, procureur general de ladicte conté, et Pierre Autort, chastellain de Guaret, la somme de .lx. fr. a eulx ordennée par les gens desdiz Trois Estaz à avoir par la main dudit receveur, et ce pour leur peine d'avoir esté presens à fere le taux dessusdit et aussi en recompensacion de pluseurs services qu'ilz ont fait oudit pays, par ce.........................   .lx. fr.

6. — A maistre Bartholomy Bonny, licencié en loys, chastellain d'Ahun, Guillaume Monamy, chastellain de Jarnage, Jehan de Perpirole, chastellain de Chanerailles, Pierre Lanne, chastellain d'Aubuisson et de Felitin, et Pierre de Sandelesses, chastellain de Crosant, la somme de .lx. fr., c'est assavoir à chascun d'eulx .v. .xii. fr., et ce pour leur peine et travail d'avoir esté presens a fere le taux dessusdit et autres services qu'ilz ont faitz oudit pays, par ce...............................   .lx. fr.

7. — A Jehan de Chambon et Jehan Froment, greffiers desdictes chastellenies, à chascun d'iceulx .vi. fr., et ce pour estre presens à fere le taux dessusdit et autres services qu'ilz ont faitz oudit pays, par ce..............   .xii. fr.

8. — A relligieuse personne frere Philippes Billon,

prieur de Jarnage, Thomas Deaux, de Guaret, et Jehan de la Rouchete, esleux et ordennés par les gens des Troys Estaz, tant pour ceulx de eglise comme pour ceulx des villes à estre presens et veoir faire le taux dessusdit, la somme de .xlv. fr., c'est assavoir à chascun d'iceulx .xv. fr., et ce pour leur peine, travail et despense d'avoir esté presens à faire cedit taux, par ce.......... .xlv. fr.

9. — A Jehan de la Choussée, cappitaine de la Chapelle-Taillefer, Michel Pamot, cappitaine de Garot, Guillon de Grosboys, cappitaine de Rocheffort, Guillaume de Villemoinne, cappitaine de Jarnage, et Jaques Bezu, escuiers, la somme de .c. l. t., c'est assavoir à chascun d'eulx .xx. fr. que les gens des Troys Estaz leur ont ordenné pour reconpensacion de pluseurs chevauchées, fraiz et despenses qu'ilz ont faictes ceste presente année pour aller au devant de pluseurs cappitaines de gens d'armes afin qu'ilz n'entrassent oudit pays, et pluseurs autres services qu'ilz y ont faitz, par ce............................... .c. fr.

10. — A maistres Miles de Campramy et Jehan Legrant, dit Canart, secretaires de mondit s^r le conte de la Marche, la somme de .xxx. fr. à eulx pareillement ordennez par les gens desdiz Trois Estaz pour leur peine d'avoir faictes pluseurs lettres à pluseurs cappitaines de gens d'armes et autres escriptures touchans ledit pays, par ce............................... .xxx. fr.

11. — *Item* a esté ordenné par les gens desdiz Trois Estaz et nous commisseres dessusdiz à Jaques de La Ville,

tresorier de ladicte conté, et commis par le roy à recevoir ledit aide, la somme de .II^c. .L. fr. à lui tauxez et ordennez pour sa peine à reculir les deniers dudit aide et les distribuer aux gens et personnes dessus nommées, et aussi pour reconpensacion de travailx qu'il a prins pour le bien dudit païs, par ce...................... .II^c. .L. fr.

12. — *Item* a esté ordenné par nous commisseres dessusdiz et gens des Troys Estaz audit receveur la somme de .VI^{xx}. fr., et ce pour payer pluseurs despenses que on a faictes en aucunes des villes dudit païs pour assemblées faictes par les gens et seigneurs dudit pays et conté pour veoir la maniere de resister à l'entreprinse de pluseurs cappitaines et autres gens de guerre que vouloyent entrer oudit pays pour y vivre, et dont ledit tresorier et receveur nous a presentement monstré les parties, à prandre et avoir icelle somme par sa main, par ce................ .VI^{xx}. fr.

13. — *Item* a esté semblablement ordenné audit tresorier et receveur prandre par sa main des deniers dudit aide et taux dessus declairez la somme de .LX. fr. tournois, et ce pour despense faicte tant en son hostel comme en autres lieux en la ville de Chanezeilles où nous, commisseres dessusdiz et autres gens des Troys Estaz illec assemblés, avons esté et demoré par l'espace de deux jours entiers, tant pour nous comme noz chevaulx, laquelle despense avons veue par declaracion, par ce........... .LX. fr.

14. — *Item* a esté ordonné à Pierre Barton, clerc et notaire de la chancellerie de ladicte conté de la Marche, la

somme de .xv. fr., et ce pour avoir fait ce present taux, minute et grosse, et aussi .v. ou .vi. pareilz pour bailler devers les gens desdiz Troys Estaz, et pour reconpensacion de pluseurs autres escriptures qu'il a faictes touchant ledit pays, par ce . . . . .xv. fr.

Somme desdiz fraiz : .III^m. .XXII. fr.

Somme toute, tant du principal comme des fraiz : .VII^m. .XXII. fr. tornois, qui est pareille aux taux et assiette dessus faicte.

15. — En tesmoing de ce nous, commisseres dessus nommés, avons signé ce present papier de noz mains audit lieu de Chanezeilles l'an et jour dessusdiz. — *Signé* : SAINT-AVIT. — J. BARTON. — G. PEDIEU. — *Au revers du feuillet se trouve deux fois appliqué le cachet armorié de Jean Barton.*

(*Orig.* B. N., *Fr.* 23901, *Marche*, no 1.)

XXXIX

1441, 27 avril, Laon.

Confirmation par le roi de la distribution d'une somme de 4,115 liv. imposée par les États du Haut-Limousin, outre le principal d'une aide accordée par eux au roi à Saint-Léonard au mois de janvier précédent.

1. — Charles, par la grace de Dieu roy de France, à noz amez et feaulx les Generaulx conseilliers par nous ordonnez sur le fait et gouvernement de toutes noz finances tant en Languedoïl comme en Languedoc, et aux commissaires par nous ordonnez à asseoir et imposer ou hault païs de Limosin la porcion de l'aide à nous octroyé en la ville de Saint Lienart ou mois de janvier derrenierement passé, salut et dileccion. Nous voulons, vous mandons et expressement enjoingnons que la somme de quatre mille cent quinze l. t., laquelle, oultre et pardessus le principal et taux dudit aide par l'advis et deliberacion des gens des Trois Estaz dudit païs, vous, commissaires, avez assise et imposée et icelle ordonné estre cueillie et levée par nostre amé maistre Pierre Beaucaire, par nous commis à recevoir en icellui hault païs de Limosin la porcion dudit aide, et par lui la bailler, delivrer et distribuer aux personnes et pour les causes qui s'ensuivent, c'est assavoir :

2. — A nostre treschier et tresamé frere et cousin Charles d'Anjou, pour don à lui fait par lesdictes gens des Trois Estaz, cinq cens livres tournois ;

3. — A nostre treschier et amé cousin le conte de la Marche, gouverneur dudit païs de Limosin, pour don à lui fait par lesdictes gens des Trois Estaz, mil livres tournois ;

4. — A nostre amé et feal conseillier l'Evesque de Clermont, pour semblable cause, deux cens livres tournois ;

5. — A nostre amé et feal chevalier, conseillier et chambellan, le sire de Coetivy, admiral de France, pour semblable cause, deux cens livres tournois ;

6. — A nostre amé et feal conseillier l'evesque de Magalonne, pour semblable cause, cinquante livres tournois ;

7. — A sire Jehan Taumier, general sur le fait de noz finances, pour semblable cause, cent livres tournois ;

8. — A maistre Jehan de Xaincoins, receveur general de nosdictes finances, pour semblable cause, cent livres tournois ;

9. — A nostre amé et feal conseillier maistre Jehan d'Estampes, pour semblable cause, .c. l. t.

10. — A maistre Dreux Budé, contreroleur de ladicte recepte generale, pour semblable cause, .c. l. t.

11. — A maistre Jehan de Dijon, nostre secretaire, pour semblable cause, .xxx. l. t.

12. — A maistre Rogier Benoiton, nostre secretaire et Herbelet Petitpas, pour semblable cause, .xxv. l. t.

13. — A maistre Charles Chaligaut, nostre secretaire, et Jaquet Charrier, pour semblable cause, .xxv. l. t.

14. — A Jehan Barton, nostre conseillier, Guillaume de Bresons, nostre bailli de Givaudan, et maistre Estienne du Ban, nostre secretaire, commissaires à mettre sus ledit aide et fraiz, pour semblable cause, .vi^c. l. t. qui est à chascun d'eulx .ii^c. l. t.

15. — Audit maistre Pierre Beaucaire, receveur dudit aide, pour semblable cause, .c. l. t.

16. — Aux clers dudit receveur, pour façons de lettres, papiers et commission, pour semblable cause, .xxv. l. t.

17. — A messagiers pour portage de lettres touchans ledit aide et pour semblable cause, .xx. l. t.

18. — Audit receveur dudit aide, pour la restitucion de pareille somme par lui prestée pour faire vuider des gens d'armes dudit païs, .iii^c. l. t.

19. — Au sire de Jaloingnes, seneschal dudit païs de Limosin, pour don à lui fait par lesdictes gens des Trois Estaz dudit païs, .c. l. t.

20. — A maistre Pierre Raoul, lieutenant dudit seneschal, pour semblable cause, .xxx. l. t.

21. — A maistre Albert Josse, nostre procureur audit païs de Limosin, pour semblable cause, .xl. l. t.

22. — A nostre amé et feal conseillier l'Evesque de Limoges, pour semblable cause, .c. l. t.

23. — A l'abbé du Dorat, pour semblable cause, .lx. l. t.

24. — Au sire des Cars, pour semblable cause, .xl. l. t.

25. — Au sire de Royere, pour semblable cause, .lx. l. t.

26. — Au sire de Chasteauneuf, pour semblable cause, .xx. l. t.

27. — Au sire de Pierre-Buffiere, pour semblable cause, .xx. l. t.

28. — A maistre Jehan Pere, procureur de la Basse Marche, pour semblable cause, .xxx. l. t.

29. — A maistre Guillaume Piédieu, garde de la Marche, pour semblable cause, .xl. l. t.

30. — A Jehan de Montbrung, escuier, prisonnier des Anglois, pour semblable cause, .xl. l. t.

31. — A Guillaume de Saint-George, aussi prisonnier, pour semblable, .xxx. l. t.

32. — A Giron Bardot, escuier, pour semblable cause, .xxx. l. t.

33. — A Johannes Parent, pour semblable cause, .x. l. t.

34. — A Jehan Gymonnet *(sic)*, pour semblable cause, .x. l. t.

35. — A Mathieu Beauvarlet et Jehan de la Louere, pour semblable, .x. l. t.

36. — Lesquelles parties font ensemble ladicte premiere somme de .iiii^m. .cxv. l. t., laquelle lesdictes gens des Trois Estaz dudit hault païs de Limosin ont accordée et voulu estre sur eulx imposée, comme dit est, oultre et pardessus ledit principal, taux et impost dudit aide et icelle ont ordonné estre baillée, delivrée et distribuée par ledit commis aux dessus nommez pour les causes et par la maniere dessus touchées, et par rapportant ces presentes et quittances des personnes devant dictes sur ce tant seulement, nous voulons et ordonnons que icelle somme de .iiii^m. .cxv. l. t. soit allouée es comptes dudit commis et rabatue de sadicte recepte par noz amez et feaulx les gens de noz comptes ausquelz pareillement mandons que ainsi le facent sans y faire aucune difficulté ou contredit, non obstant que descharge ne soit levée de ladicte somme par le receveur general de noz finances et quelxconques ordonnances, restriccions, mandemens ou deffenses à ce contraires.

37. — Donné à Laon le xxviie jour d'avril l'an de grace mil cccc quarante ung et de nostre regne le dix neufvieme.

Par le Roy en son conseil : D. Budé.

(Orig. B. N., Fr. 20594, p. 32.)

XL

1441, 27 avril, Laon.

Confirmation par le roi de la distribution d'une somme de 2,284 liv. imposée par les États du Bas-Limousin, outre le principal d'une aide de 6,000 liv. accordée par eux au roi à Ussel au mois de février précédent.

1. — Charles, par la grace de Dieu roy de France, à noz amez et feaulx les generaulx conseilliers par nous ordonnez sur le fait et gouvernement de toutes noz finances, tant en Languedoïl comme en Languedoc, salut et dileccion.

2. — Comme par les gens des Trois Estaz de nostre bas païs de Limosin assemblez en la ville d'Ussel ou mois de fevrier derrenier passé nous ait esté octroyé un aide montant la somme de six mille livres tournois, tant pour l'entretenement des frontieres de Normandie estans à Louviers et à Conches que pour pluseurs noz autres besoignes et affaires, et aussi de leur consentement et à leur requeste, et par advis et deliberacion de noz commissaires ordonnez à imposer et mettre sus ledit aide, ait été mis sus et imposé sur ledit bas païs, oultre et pardessus ladicte somme de vi^m l. t., principal dudit aide, la somme de deux mille deux cens quatre vings quatre livres tournois, laquelle ilz ont

donnée et voulu estre baillée et distribuée aux personnes et pour les causes qui s'ensuivent, c'est assavoir :

3. — A nostre treschier et amé frere Charles d'Anjou, conte du Maine et de Mortaing, par don à lui fait par lesdiz Trois Estaz, trois cens livres tournois ;

4. — A nostre treschier et amé cousin le conte de la Marche, ayant le gouvernement dudit pays de par nous, mil livres tournois ;

5. — A noz amez et feaulx conseilliers : l'evesque de Clermont, par don à lui fait par iceulx Trois Estas, cent livres tournois ;

6. — A Preigent de Coytivy, admiral de France, pour semblable, cent livres t. ;

7. — A sire Jehan Taumier, general de noz finances, pour semblable, cinquante livres t. ;

8. — A maistre Jehan de Xaincoins, receveur general de nosdictes finances, pour semblable, cinquante livres t. ;

9. — A maistre Dreux Budé, pour semblable, cinquante livres t. ;

10. — A maistre Jehan de Dijon, nostre secretaire, pour semblable, vint livres t. ;

11. — A Guillaume de Bresons, escuier, bailli de Gi-

vosdan, nostre commissaire avecques aultres à mettre sus ledit aide et fraiz, pour semblable, cent cinquante livres t.;

12. — A Jehan Barton, nostre conseillier, aussi commissaire, pour semblable, cent cinquante livres t.;

13. — A maistre Estienne du Ban, nostre secretaire aussi commissaire, pour semblable, cent cinquante livres t.;

14. — A Jehan Beaupeil, commis de par nous à recevoir ledit aide, par don à lui fait par iceulx Trois Estaz pour le recompenser du prest qu'il nous avoit fait affin de prolonger à lever icelui aide depuis le mois de février jusqu'à la Saint Jehan Baptiste prouchainement venant, cent livres t.;

15. — A Giron Bardot, escuier, pour lui aider à supporter la despense qu'il a faicte durant le siege de Aillac tenu par les Anglois marchissans sur ledit pays de Limosin, ouquel il a grandement frayé et mis du sien sans en avoir esté recompensé, pour ce lui a esté ordonné par iceulx Trois Estaz la somme de vint cinq livres t.;

16. — A Loys de Gimel, escuier, pour semblable, dix livres t.;

17. — A Pierre Platenay, clerc, pour avoir fait pluseurs lettres et papiers touchans ledit aide, avoir esté par deux fois devers lesdiz commissaires par l'ordonnance d'iceulx

Trois Estaz leur dire aucune chose de par eulx, dix neuf
livres t. ;

18. — A Guillemin Rossart, chevaucheur de nostre escuierie, pour avoir porté de par nous ausdiz Trois Estaz
pluseurs lettres closes pour les assembler à tenir lesdictes
journées, cent sous t. ;

19. — A Jehan Guionet, pour semblable, .c. sous t. ;

20. — Qui montent ladicte somme de $II^m II^c IIII^{xx} IIII$ l. t.,
laquelle somme dessusdicte iceulx Trois Estaz doubtent
que ledit receveur commis de par nous à recevoir ledit
aide et fraiz ne vueille differer et faire difficulté à paier aux
parties les sommes dessus declairées pour ce que descharge
n'a esté levée sur ce de nostre receveur general de nosdictes finances, qui seroit ou pourroit estre à leur très-
grand prejudice, interestz et dommaige se par [nous] n'y
estoit sur ce pourveu de remede convenable, si comme ilz
dient, requerant icelui estre tel que nostredit receveur
n'ait cause de differer à paier les sommes aux parties dessusdictes ;

21. — Pour ce est-il que nous, ce que dit est consideré,
vous mandons que par icellui nostredit receveur vous
faictes paier, bailler et delivrer ausdictes parties les sommes
dessus declairées, et par rapportant ces presentes avec
quittances desdictes parties tant seulement, nous voulons
les sommes dessus dictes estre allouées es comptes et
rabattues de la recepte de nostredit commis à recevoir le-

dit aide et fraiz par noz amez et feaulx gens de noz comptes ausquelz nous mandons que ainsi le facent sans aucun contredit ou difficulté, nonobstans que descharge ne soit levée de ladicte somme de .II^m. .II^c. .IIII^{xx}. .IIII. l. t., de nostre receveur general de nosdictes finances, et quelxconques ordonnances, mandemens, restrinccions et deffenses faictes ou à faire à ce contraires.

22. — Donné a Laon le xxviie jour d'avril, l'an de grace mil cccc quarante ung et de nostre regne le dix-neufvierme.

Par le Roy en son conseil : D. Budé.

(Arch. nat., K 67, n° 2.)

XLI

1441, juillet.

Preambule de l'assiette sur le plat pays du bas pays d'Auvergne de sa part de l'aide de 18,000 liv. accordée au roi à Montferrand par les États d'Auvergne.

1. — C'est le taux, impost et assiete de la porcion appartenant au plat païs du bas païs d'Auvergne à cause d'un ayde de xviii^m. l. t. octroié au roy notre sire par les gens des Trois Estas dudit bas païs et du hault païs d'Auvergne assemblez en la ville de Montferrant pardevant maistre Jehan Tudert, maistre des requestes de l'ostel du roy nostredit s^r, messire Guillaume Juvenel, chevalier, bailli de Sens, et sire Jehan Taumier, general de France, commisseres à ce depputez et ordonnez par le roy nostredit s^r, ou mois de juillet l'an mil cccc quarante et ung, pour la porcion d'un ayde de .c^m. fr. mis sus par le roy nostredit s^r deça la riviere de Loyre ou mois de juing precedent, pour entretenir les gens d'armes et de trait estans avecques le roy nostredit s^r au siege qu'il tient devant sa ville de Pontoise et ceulx aussi estans es places de Louviers et Conches en la frontiere à l'encontre des Anglois, ses anciens ennemis, et les paier et contenter affin qu'ilz n'aient cause de desemparer; et monte icelle porcion pour ledit plat païs la somme de

dix mil cinq cens livres tournois, car les Bonnes villes dudit bas païs prennent, comme elles ont acoustumé, la vi^e partie de toute ladicte somme de .xviii^m. l. t., qui monte .iii^m. l. t., et ledit hault païs des montaignes d'Auvergne prant, comme il a acoustumé, la quarte partie, qui monte .iiii^m. .v^c. l. t., laquelle porcion, ensemble la porcion appartenant audit plat païs de .m. l. t. données et octroiées par lesdictes gens des Trois Estas à Monsr le conte d'Eu et autres parties mises sus pour le fait dudit païs, comme contenu est es Instruccions faictes sur le fait de cedit ayde ont esté mises sus ; icellui taux, impost et assiete fait par mess^{rs} Jehan, seigneur de Langhac, chevalier, seneschal d'Auvergne, Jehan de Chauvigny, chevalier, seigneur de Blot, maistre Pierre Boniol, official de Clermont, messire Guiot du Riuf, abbé d'Arthonne, et Pierre Voulpilheyre, escuier, commisseres à ce ordonnez par les gens d'eglise et nobles dudit bas païs, et baillé à Pierre Mandonier, receveur à ce aussi ordonné, pour en lever et faire la recepte en la maniere qui s'ensuit. — *Suit l'assiette montant à* 17,363 *l*. 1 *s*. *t*., *et signée :* Langhat. — P. Boniol, *official.* — Blot. — P. Voulpilhere. — G. du Riuf.

(*Orig*. B. N., *Fr*. 23898, à la date.)

XLII

1441, 5 octobre, paris.

Commission pour imposer en Bas-Limousin une aide de 9,000 liv. accordée au roi par les États.

1. — Charles, par la grace de Dieu roy de France, à nostre amé et feal Jehan Barton, nostre conseiller, et maistre Pierre Raou, lieutenant de nostre seneschal de Limosin, salut et dilection.

2. — Comme par noz autres lettres patentes vous eussions avec autres commis et ordonnez pour mettre sus, asseoir et imposer en nostre bas païs de Limosin la somme de trois mil livres tournois pour l'entretenement du siege que tenions devant nostre ville de Pontoise, lors occuppée par les Anglois, noz ancins ennemis, et pour autres causes en icelles contenues, et depuis en ça vous eussions de rechief mandé, ordonné et commis par noz autres lettres patentes asseoir et imposer oudit païs la somme de quatre mil cinq cens livres tournois, moiennant laquelle avions agreable la commission de l'arriere-ban que alors faisions mettre à execution oudit pays par noz bien amez Tandonnet de Fumel, nostre escuier d'escuirie, et Mᵉ Nicole du Brueil, nostre secretaire, cesser et estre du tout assoupée,

3. — Pour lesquelles causes ayez fait assembler les gens des Trois Estatz dudit païs, lesquelz assemblez par devant vous, considerans les grans charges que avions à supporter tant pour le fait dudit siege de Pontoise que pour l'entretenement des frontieres de Louviers, Conches, Evreux et autres noz grans affaires, doubtans que icelui aide ne feust souffisant pour leur juste porcion à fournir à nosdiz affaires, et que en brief leur feissions requerir et demander plus grant aide, et pour eviter la despense de commissaires, receveurs, collecteurs, execucions de sergens et autres charges et menues despenses qu'il convient faire oudit païs pour chascune taille ou aide qui nous est octroyée, voulens pourveoir à ce que dit est à leur povoir en continuant le bon vouloir qu'ilz ont eu tousjours à nous obeir, nous ont liberalement octroyé et accordé, tant pour ledit aide que pour leur porcion du premier autre aide que nous requerrions et ferions asseoir et imposer en nostre païs de Languedoïl, et aussi que le fait de ladicte commission de l'arriere-ban cesse et soit du tout assoupé, comme dit est, et qu'ilz en demeurent quittes paisiblement pour ceste fois, la somme de neuf mil livres tournois, à paier à deux termes, c'est assavoir : la moitié presentement et l'autre moitié à la feste de Pasques prouchainement venans, laquelle chose, comme entendu avons, leur a esté par vous accordée et promise ;

4. Pour ce est il que nous, ayant agreable tout ce que dit est, vous mandons et commettons par ces presentes et à chascun de vous que vous asseez, etc.....

5. Donné à Paris le ve jour d'octobre, l'an de grace mil cccc quarante ung, et de nostre regne le xixe.

Par le roi en son conseil : K. CHALIGAUT.

(B. N., *Fr.* 25711, n° 145.)

XLIII

1442, 17 janvier, Bressuire.

Doléances présentées au roi par les États d'Auvergne, suivies des réponses du roi article par article.

1. — Au Roy nostre souverain seigneur,

Supplient tres humblement voz tres humblez et tousdiz loyaulx serviteurs et subgez les gens des Trois Estaz de vostre pays d'Auvergne qu'il vous plaise de vostre benigne grace, tant sur les pouvretez, afferes et calamitez dudit pays à vous nostre souverain seigneur diz et expousez, comme sus les autres cy après contenuz et desclarez, leur pourveoir tout par la forme et maniere qu'ilz supplient et requierent, ou autrement ainsy que vostre bon vouloir sera.

2. — Premierement, fait à pressupposer comme lesdiz gens desdiz Trois Estaz d'Auvergne, au moys de novembre darrenierement passé, affin de pourveoir aux frontieres de ce royaume et obvier que les gens d'armes ne vinssent oudit pays, vous ont donné liberallement, pour eulx tousdiz entretenir en vostre bonne grace et vous remostrer le grant desir et voloir qu'ilz ont de vous servir et complaire et vous secourir en voz affaires et necessitez, la somme

de .xxviii^m. livres tournois [1]. Toutesfoiz ce non obstant aucuns capitaines et gens de guerre sont venuz puis ledit temps oudit pays ou ilz ont pilhé, fourraigé et meurtry pluseurs gens, mis feuz et fait pluseurs autres inconveniens irreparables :

Par quoy requierent et supplient vosdiz subgez qu'i. vous plaise donner ordre et provision ad ce que lesdiz gens de guerre n'entrent oudit pays, affin que vosdiz subgez vivent en paix et puissent payer ladicte somme et vous secourir en voz afferes et necessités.

3. — *Item*, ledit pays a paié depuis .xv. ou .xvi. mois en ça .c^m. livres [2], sans les guabelles qui valent une chescune année .xv. ou .xvi^m. livres et sans ce present aide de .xxviii^m. livres, jassoit ce que ce royaume estant en prosperité, toutesfoiz et quantes ce pays de Languedoy estoit imposé à la somme de .ii^c. .m. livres, ledit pays d'Auvergne ne paieoit pour sa part et porcion d'icelle somme fors .vii. ou .viii^m. livres au plus fort, et si est diminué ledit pays, tant pour la division de ce royaume que pour les causes à vous dictes et remonstrées, presque de la moytié :

Par quoy requierent vosdiz tres-humblez subgez tres-instamment qu'il vous plaise d'ores en avant les imposer à tel et semblable feur qu'ilz soulloient estre ou à maindre

1. Voy. tome I, IIe partie, *Catalogue des actes*, Auvergne, à la date.
2. Voy. le *Catalogue*. — 40,000 liv. accordées en août 1440, 37,000 liv. en janvier 1441, 18,000 liv. en juillet 1441, ensemble 95,000 liv.

se faire vous plaist, veu et considéré les diminucions dessus dictes.

4. — *Item*, messeigneurs d'Armignat et de Perdriat, comme seigneurs proprietaires ou autrement, tenent oudit pays, c'est assavoir Monsr d'Armignat, les barronies de Chaudes-Aigues et de Pierrefort, et Monsr de Perdriat les barronies de Carlat et de Murat, ensemble pluseurs autres terres et seigneuries, lesquelles de toute ancienneté ont accoustumé de contribuer avecq ledit pays en toutes tailhes et succides; mès pour ce que les habitans desdictes terres et seigneuries se dient estre à mesdiz seigneurs d'Armignat et de Perdriat, ilz ne contribuent nullement esdictes tailhes et succides, ains se exemptent de paier icelles, et si n'est pas pour tant la cotte dudit pays maindre, pour laquelle chose ledit pays est tant foullé que plus ne puet; et mesmement car par ladicte exempcion la plus part des habitans oudit pays à present contribuable se sont transportez es terres et seigneuries qui ainsy se sont exemptées soubz le port et faveur de mesdiz srs d'Armignat et de Perdriat; et qui plus est, puys deux ans en ça plusieurs habitans oudit hault pays et voisins desdictes terres et seigneuries se dient estre contre verité à mesdiz srs d'Armignat et de Perdriat, et es portes de leurs maisons ont mis leurs armes et pennonceaulx et par ce moyen se sont exemptez de paier lesdictes tailhes et succides, et est bien à croyre que semblablement feront plusieurs autres habitans audit pays, se par vous en brief remede et estat n'y sont mis :

Par quoy vous requierent vosdiz tres-humbles subgez

qu'il vous plaise ottroyer vos lettres patentes adressans à voz esleuz des Montaignes d'Auvergne que se par les registrez de vostre Chambre des Comptes à Paris ou autrement deuement il leur appart que lesdictes terres et barronnies d'ancienneté et du temps de Monsr de Berry fussent contribuables es tailhes et succides avecq ledit pays d'Auvergne, qu'ilz contraignent les habitans en icelles à contribuer d'ores en avant avecq ledit pays d'Auvergne tout par la forme et maniere qu'ilz faisoient au vivant feu Monsr de Berry.

5. — *Item*, plusieurs roys de France, jadiz voz ancestres et predecesseurs et noz souverains seigneurs, ont donné ou temps passé audit pays plusieurs libertez et franchisez et lesquelx de vostre grace il vous pleust de confermer vous estant regent ce royaume :

Si vous requierent qu'il vous plaise de vostre grace confermer lesdiz privilegez et libertéz et iceulx leur donner et ottroyer de nouvel en tant que besoign et mestier en seroit.

6. — *Item*, parce que plusieurs villes et villaiges estans oudit pays d'Auvergne sont par lesdictes guerres et divisions tresfort diminuées et les autres augmentées et peuplées, par quoy bonnement lesdictes villes et villaiges diminués ne puevent porter la charge qu'ils avoient acoustumé de faire, et les autres ainsy augmentés plus convenablement pourroient porter plus grant charge que jadis n'avoient acoustumé de faire :

Vous requierent et supplient voz tres-humbles subgez

qu'il vous plaise leur donner certains commissaires à leur nominacions, lesquelx aient à soy informer des diminucions et augmentacions dessusdictes et imposer lesdictes villes et villaiges, le fort portant le faible, en regart esdictes diminucions et augmentacions comme en leurs armes et consciences ilz verront que à faire sera de raison.

7. — *Item*, es deux tailhes darrenierement mises sus oudit pays avant ceste presente tailhe de .xxviii^m. livres les receveurs et commis par vous à lever icelles ont antissipé les termes donnez par voz commissaires oudit pays à payer lesdictes tailhes, et ce toutesfois à la grant foulle et destruccion d'icelluy pays et de vosdiz pouvres subgez, disans lesdiz receveurs de ce avoir povoir de vous :

Par quoy vous supplient vosdiz tres-humbles subgez tres humblement qu'il vous plaise de vostre benigne grace d'ores en avant leur entretenir et garder les termes que par vous et voz commissaires leur ont esté donnez et accordez sans autrement iceulx termes antissiper, ne vosdiz subgez precipiter de tant et si excessives tailhes que l'en a fait ces deux années darrenierement passées, ad celle fin que par excessive exaccion vosdiz subgez n'aient cause d'abandonner ledit pays ne mendier et querre leur pain.

8. — *Item*, les sergens commis et deppatez à lever lesdictes tailhes et gabelles audit pays par les receveurs d'icelles, pour ce que les aucuns se dient estre sergens d'armes

ou à cheval, exigent de vosdiz subgez pour chescune journée qu'ilz vacquent ad ce, les ungs deux royaulx ou deux frans et les autres un escu, qui est droittement venir et faire contre les restrinccions et amoderacions par vous et vostre Grand Conseil faictes et ordonnées en vostre bonne ville de Poictiers, ou temps que darrenierement lesdictes gabelles furent par vous misez sus :

Si vous supplient tres humblement vosdiz subgez qu'il vous plaise mander à voz eleux par vous commis et depputez oudit pays et voz autres baillifs et seneschaulx, voz plus prouchains jugez dudit pays, que contre la teneur desdictes restrinccions et amoderacions par vous faictes audit Poictiers, ne prejudice de vosdiz subgez, ilz ne permottent ausdiz sergens ne autres quelxconques vexer indeuement vosdiz subgez ne d'iceulx exiger pour leurs sallaires aucune chouse contre et oultre la teneur desdictes restrinccions et amoderacions par vous faictes et ordonnées comme dit est.

Cy s'ensuit l'expédient extrait des articles precedents :

9. — Sur la premiere requeste faisant mencion des gens d'armes, soient obtenues lettres de licence et congié pour soy deffendre et resister aux gens d'armes ou cas qu'ilz entreroient ou pays :

Le roy est content de bailler ses lettres patentes adreçans à ses baillifs et officiers de par dela pour y donner provision selon le contenu de l'article et quant il appartenra.

10.— *Item*, au segond article et segonde requeste, convient avoir lettres par lesquelles le roy veult que d'ores en avant les Troys Estaz dudit pays soient appellez ou convoquez quant il plaira au roy demander aucune chouse sur les pays de Languedoïl pour consentir et prendre leur quotte et loyalle porcion de ce qu'ils pourroient porter :

Le roy a toujours eu et aura en toute bonne recommandacion les pays d'Auvergne, et est l'intencion du roy que toutez et quantes foiz qu'il assemblera les Troys Estaz de ses pays de Languedoïl, il les mandera et appellera comme les autres, ainsi que tousjours a acoustumé de faire.

11. — *Item*, à l'autre requeste faisant mencion de Mgr d'Armaignat, soient obtenues lettres adreçans aux esleuz des Montaignes en la plus ample et forte maniere que faire se pourra et ou nom du receveur que, veu et consideré que les terres dont est faicte mencion dans ladicte requeste ont acoustumé d'anciennete contribuer avecq ledit pays d'Auvergne, ilz [les] contraignent, cessans tous pors et par main armée, se mestier est, à paier leur quote et portion des sommes qui d'ores en avant seront mises oudit pays :

Le roy est content de bailler ses lettres à la requeste de son procureur et receveur oudit païs selon le contenu oudit article.

12. — *Item*, d'avoir lettres de confirmacion des privileges dudit païs, ou sinon d'avoir lettres comment le roy veult que lesdiz privileges soient confirmez en faisant foy des lettres de confirmacion du roy, lui estant regent, ou d'aucun de ses predecesseurs :

Le roy a bien entencion de entretenir les privileges desdiz païs d'Auvergne, et, quant il luy en apperra, il y fera en toute bonne faveur tant que par raison ilz en devront estre contens.

13. — *Item*, autres lettres adreçans aux commissaires qui par les gens desdiz Trois Estaz seront commis et ordonnez, lesquelz informéz des diminucions et augmentacions des villes et villaiges facent les feux et bulluges, et oultre imposent lesdictes villes et villages le fort portant le foible comme en leurs armes et consciences ils verront estre à faire par raison :

Le roi est content de commettre certains commissaires du païs à eulx agreables, appelez aucuns du païs avecques eulx, pour mettre à execucion le contenu en l'article.

14. — *Item*, lettres par lesquelles le roy veult que les termes qui seront accordez à paier les tailles ou aides qui d'ores en avant seront mises sus oudit pays, et mesmement ceulx de ce present aide soient entretenuz et gardéz, en defendent aux receveurs dudit pais et autres quelzconques que iceulx termes ne anticipent non obstans toutes et quelzconques lettres et mandemens et ordonnances faictes ou à faire au contraire :

Le roy n'a acoustumé anticiper esdiz païs d'Auvergne ne ailleurs en ses autres païs les termes des aides et tailles par luy mises sus sans grande necessité ne n'a entencion de faire, mais pour les sieges qu'il a tenuz ceste presente année et les affaires qu'il a eux pour le faict de sa guerre, il a esté contraint de le faire.

15. — *Item*, autres lettres adreçans audiz esleuz, aux bailliz de Saint-Pierre-le-Moustier, de Montferrant et d'Orlhac ou à leurs lieuxtenans et à chascun d'eulx, par lesquelles leur soit mandé que selon la teneur des instruccions et moderacions faictes par le roy, ilz ne permettent aux fermiers des gabelles exigier aucune chose touchant (*sic*) ne aux sergens prendre ou exigier pour leur salaire aucune chose contre la teneur desdictes instruccions et modiffications :

Le roy est content de bailler ses lettres selon le contenu en cest article et que les instruccions et modiflicacions faictes seur le faict des gabelles et aides soient gardées et les transgresseurs estre puniz selon les ordonnances royaulx sur ce faictes.

15. — *Item*, de avoir lettres par lesquelles soit deffendu au recevcur des tailles et aides qu'il ne face faire les execucions des porcions desdiz aides et tailles mises sus ou que doivent lesdictes villes et villages dudit pays par aucun sergent d'armes, sergent à cheval ou autre sergent que par les sergens du roy d'ordonnance estans oudit païs, pour eviter les excessifs salaires que prennent et exigent lesdiz sergens, et que les sergens qui feront execucions soient contens des gaiges qui autrefois leur ont esté tauxés :

Le roy est content que les sergens et autres qui feront les execucions n'aient autre salaire qu'il est contenu aux ordonnances royaulx faictes sur le fait des aides et gabelles, et se lesdiz sergens font le contraire et exigent plus grant salaire, le roy veult que par les esleuz lesdiz sergens et autres soient puniz ainsi que lesdictes ordonnances royaulx le portent.

Fait à Bressuyre, le xvii° jour de janvier mil .cccc. quarente et ung. — D. Budé.

(Copie contemporaine sur papier, non authentiquée ; Arch. Nat., P 1361¹, cote 950, *Titres de la Maison de Bourbon.*)

XLIV

1442, 3 février.

Quittance du comte de la Marche de 2,000 liv. à lui données par les États de la Marche.

Nous Bernart d'Armagnac, conte de la Marche, de Pardiac et de Castres, cognoissons et confessons avoir eu et receu de Jaques de La Ville, commis par Monsr le roy à recevoir oudit conté de la Marche, en la chastellenie de Montagu-en-Combraille et en leurs ressors, la porcion de l'aide par lui derrenierement ordonné et voulu estre mis sus en ses païs de Languedoïl, tant deça la riviere de Saine que dela, pour le fait et conduite de sa guerre et autres ses affaires, la somme de deux mille livres tournois, laquelle somme les gens des Trois Estaz desdiz conté, chastellenie et ressors avoient et ont voulu avoir esté sur eulx imposée oultre et pardessus la somme de III^m l. t., qui est la somme principale dudit aide, et icelle ordonné et voulu estre receue par ledit commis et par lui à nous estre baillée et delivrée pour nous aucunement recompenser de pluseurs grans despenses que faire nous avoit convenu pour le bien, garde et seurté d'iceulz noz païs, ainsi que on dit ces choses plus à plain apparoir par le papier de l'assiette ou taux dudit aide signé en la fin des seings manuelz des commisseres ordonnez et commis par mondit s^r le roy à mettre sus es pays dessusdiz icellui aide, de laquelle........ Escript soubz nostre seel et signé de nostre main en tesmoing de ce le IIIe jour de fevrier l'an mil cccc quarante ung. — *Signé :* Bernat.

(B. N., *P. orig.*, 93, dossier *Armagnac*, n° 149.)

XLV

1443, 12 février.

Assiette sur le Franc-Alleu d'une aide de 300 liv. pour le roi, suivie de la distribution de 130 liv. levées par les États outre le principal.

1. — C'est le taux et assiete de la somme de iii^c l. t., que nous Troulhart de Montvert, chevalier, seigneur de Maignat, Matros et Chastaing, et Guillaume Le Mareschal, procureur general du païs d'Auvergne, par vertu de certaines lettres du roy nostre sire transcriptez soubz vidimus et seellées du seel real establi aux contraix en la prevosté de Bourges avec unez autres lettres de commission atachées audit vidimus signées du seing manuel de maistre Jehan de Xaincoins, recevour general de France, commissere expressement depputé par ledit seigneur en ceste partie, à nous adreçans et données le xxie jour de novembre l'an mil iiii^c quarante et deux, avons fait et esguallé en son païs du Franc-Aleu pour leur porcion de l'aide dont esdictez lettres est faicte mencion, lequel aide le roy nostredit seigneur a ordonné estre mis sus en son païs de Languedoil deça lez rivieres de Seine et de Loyre, tant pour l'entretenement de sa guerre et de sez frontierez de Normendie, de l'Isle de France et d'ailleurs, comme pour resister à l'encontre de sez anciens ennemis et adversairez lez An-

glois, lesquelz, comme il est venu à sa cognoissance doivent descendre en brief à puissance en son païs de Normendie pour prendre et assieger sa ville de Dieppe et autres, durant son voiage de Tartas et alée de son païs de Guienne, et de la somme de cent trente livres tournois que, oultre et pardessus le principal dudit aide, du gré et consentement des gens des Trois Estas appellez avec nous, y avons imposé pour les frais dudit aide; ainsi pour ledit taux tant pour principal que pour frais .iiii^c. .xxx. l. t., lequel taux a été fait par nous commisseres dessus nommez en la fourme et maniere qui s'ensuit. — (*Suit le taux signé à la fin* TROLHART.)

2. — S'ensuit la distribucion de la despense ordonnée estre faicte et paiée par maistre Pierre de Beauquere, commis à recevoir ledit aide audit païs du Franc-Aleu, à cause de la somme de cent trente livres tournois, laquelle, oultre et pardessus la somme principale dudit aide, y a esté imposée et mise sus pour les frais du consentement dez gens dez Trois Estas, pour icelle par leur ordonnance estre baillée et delivrée par ledit commis aux personnes, pour les causes et en la maniere qui s'ensuit :

Et premierement :

3. — A messire Troulhart de Monvert, chevalier, s^r de Maignat, Matros et Chastaing, et Guillaume Mareschal, procureur d'Auvergne, commissaires ordonnés de par le roy, pour imposer et mettre sus ledit aide et pour avoir esté à l'assemblée desdis Trois Estas, leur a esté ordonné par lesdictes gens à chascun d'eulx xv l. t. qui sont ensemble.......................... .... xxx l. t.

4. — A maistre Pierre de Beauquere, commis à recevoir ledit aide, pour le deffroier de sa despense pour venir en icellui païs du Franc-Aleu et avoir esté par diversez fois et journées à l'assemblée desdictes gens des Trois Estas, lui a esté par eulx ordonné........................ cinquante l. t.

5. — A messire Fresnot de Chasteauvert, chevalier, s^r de Saint-Angel, et Huguet de Bonneval, escuier, lesquelx ont esté à ladicte assemblée et ont travaillé pour le bien dudit païs et prouffit et à la requeste desdictes gens des Trois Estas, affin de les deffraier de leur despense et recompencer de leur paine et travail, a esté ordonné à chascun d'eulx cent s. t. qui valent............................ .x l. t.

6. — A messire Jehan de la Roche, chevalier, s^r de La Roche-Naymon, et le receveur de la dame de Crocq, qui ont esté à ladicte assemblée des Trois Estas, et pour leur despense leur a esté ordonné à chascun d'eulx cent sols t. qui sont ensemble........................... .x l. t.

7. — A Guilhaume de Leuvette, commis par ledit Beauquere, pour ce qu'il a autreffois travaillé au prouffit et utilité dudit païs et à la requeste desdictes gens des Trois Estas, et aussi pour la despence commune que ont fait lesdictes gens à ladicte assemblée, a esté ordonné estre paié par ledit commis la somme de .xx. l. t. pour ladicte despence, et x l. t. audit Leuvette, qui sont ensemble.. xxx l. t.

Somme totale desdictes parties et frais : cent trente livres tournois.

8. — Donné et fait soubz lez seingz manuelz de nous commisseres dessus nommez le .xiie. jour du mois de février l'an mil .iii^c. quarante et deux. — *Signé :* Trolhart. — G. Le Mareschal.

(*Orig.*, B. N., *Fr.* 23902, à la date.)

XLVI

1443, 17 mars, Toulouse.

Lettres de rémission pour les gens d'église et nobles de l'Auvergne, qui avaient imposé, sans autorisation du roi, une somme de 24,000 liv. outre le principal de l'aide du roi.

1. — Charles, par la grâce de Dieu roy de France, à nos amez et feaulx Gens de noz Comptes, salut et dilection. Les gens d'eglise et nobles du bas et hault païs d'Auvergne nous ont fait exposer que pour faire deslogier et partir dudit païs pluseurs capitaines et gens de guerre qui y sont passez en la saison d'esté derrenierement passé en venant à nostre service ou voyage que avons fait à Tartas et en nostre païs de Guienne pour le recouvrement de noz villes, places et forteresses que y ont occupé et occupent noz anciens ennemis les Anglois, et affin aussi que lesdiz capitaines et gens de guerre feussent et soient plus astrains de nous venir servir et venissent et tirassent plus tost devers nous, il leur a convenu donner et promettre ausdiz capitaines et gens de guerre, affin de eschever les dommaiges qui par leur sejour nous eust peu advenir et à noz subgiez d'icellui païs, grans sommes de deniers montans à la somme de .xxiii^m. frans, qui leur a convenu emprunter de pluseurs personnes, marchans et autres, à tresgrosse perte d'argent pour faire ladicte finance, pour

la bailler promptement tant ausdiz capitaines et gens de guerre que pour autres affaires touchans le fait dudit bas et hault païs, et affin de paier et restituer lesdiz marchans et autres personnes de qui ont esté faiz lesdiz empruns, ont par les commissaires par nous ou noz commis ordonnez à mettre sus, asseoir et imposer esdiz bas et hault païs d'Auvergne la somme de .xx^m. frans à nous octroyée et accordée par les gens des Trois Estaz dudit bas et hault païs d'Auvergne assemblez à Aiguesparse ou mois de septembre derrenierement passé pour la porcion d'un petit et legier aide que par noz lettres données à Limoges ou mois de may precedent et derrenierement passé avons ordonné et fait mettre sus deça les rivieres de Seine et de Loire, fait asseoir, tauxer et imposer, oultre et par dessus ladicte somme de .xx^m. frans à nous octroyée et accordée comme dit est, ladicte somme de .xxiiii^m. fr. et les fraiz raisonnables pour ce faire, et la porcion d'icelle somme appartenant audit bas païs d'Auvergne et gens des bonnes villes mandé et ordonné estre paié à Pierre Mandonier, par nous commis à recevoir oudit bas pays la porcion de ladicte somme de .xx^m. fr., et la porcion dudit hault païs à Martin Roux, semblablement commis à recevoir la porcion dudit ayde, pour icelle somme de .xxiiii^m. fr. convertir et employer en la restitucion et paiement desdiz marchans et autres personnes par lesdiz receveurs ou commis, sans ce qu'ilz aient eu de nous aucuns lettres, povoir ou commission de ce faire, en nous requerant que, consideré que ce qui en a esté fait a esté fait pour le bien de nous et de noz subgiez dudit païs et les preserver de charges et oppressions, vueillons avoir agreable icellui taux et impost fait par lesdiz commis d'icelle somme de .xxiiii^m. fr. et des fraiz mis sus pour ce faire oultre et pardessus ladicte somme de .xx^m. trans à nous octroyée comme dit est, et l'ordonnance faicte par eulx ausdiz Mandonier et Martin Roux de recevoir icelle somme pour employer en ce que dit est :

Pourquoy nous, eu regart aux choses dessusdictes et que sommes adcertennez que en faveur de nous et de nostre service et pour le bien et conservacion du peuple dudit païs ladicte somme de xxiiii^m frans a esté donnée et accordée ausdictes gens de guerre et autres, comme il nous est deuement apparu par les parties à nous baillées par iceulx gens des Trois Estaz dudit païs, et pour autres causes à ce nous mouvans, avons voulu et ordonné, voulons et ordonnons par ces presentes que icellui taux et impost ainsi fait par lesdiz commissaires sur les habitans desdiz bas et hault païs d'Auvergne d'icelle somme de xxiiii^m frans et les fraiz oultre et pardessus ladicte somme de xx^m frans à nous octroyée, comme dit est, ait et sortisse son effect et icellui avons agreable pour ceste foiz, sans ce toutesvoies que doresnavant aucun aide ou impost puisse estre mis sus ou imposé oudit païs par quelzconques personnes que ce soient sans noz congié et licence, et que iceulx Pierre Mandonier et Martin Roux puissent lever et recevoir icelle somme de .xxiiii^m. frans avecques nostredit octroy et la distribuer tout ainsy et par la forme et maniere que dessus est dit, en aloant es comptes et rabatant de la recepte ou receptes desdiz Mandonnier et Martin Roux en vous rapportant

ces presentes ou vidimus d'icelles fait soubz seel royal
ou auctentique, ensemble le taux desdictes sommes de
xx^m frans pous nous et xxiiii^m frans pour ce que dit est et
des fraiz pour ce faire et autres parties contenues et
declairées es Instruccions et ordonnances sur ce faictes
par lesdictes gens d'eglise et nobles, avecques lesdictes
Instruccions contenans certifficacion d'eulx d'icelle
somme de xxiiii^m frans ainsi par eulx accordée, promise
et faicte payer par lesdiz receveurs, comme dit est, et
quictance des personnes et sommes qui leur ont esté ordonnées par lesdictes Instruccions oultre lesdiz xxiiii^m frans
et selon que en icelles est contenu et declairé tant
seulement, sans contredit ou difficulté, non obstant que
de ce ne soit sur ce levée descharge de maistre Jehan de
Xaincoins, tresorier et receveur general de noz finances
tant en Languedoil comme en Languedoc, et quelzconques
autres ordonnances, mendemens et deffences à ce contraires ; mandons aussi ausdiz commissaires et aux esleuz
sur le fait des aydes ordonnez pour la guerre à Clermont,
à Saint-Flour et oudit bas païs d'Auvergne que à icelle
somme de xxiiii^m frans et les fraiz paier ausdiz receveurs
contraingnent ou facent contraindre les habitans desdiz
bas et hault païs d'Auvergne realment et de fait, tout
ainsi que pour ladicte somme de xx^m frans et comme
il est accoustumé de faire pour noz propres debtes, et de
ce faire leur donnons povoir, car ainsi nous plaist il et
voulons qu'il soit fait, et ausdiz exposans l'avons octroyé
et octroyons de grace especial par cesdictes presentes
pour ceste fois seulement comme dit est, nonobstant etc...
Donné à Thoulouse le xviie jour de mars l'an de grace

mil cccc et quarante deux et de nostre regne le xxime.

(*Orig.* B. N., *Fr.* 24031. *La signature du secrétaire a été coupée avec la partie inférieure de l'acte.*)

XLVII

Même date.

Le roi autorise pour une fois les recereurs de la Haute et de la Basse-Auvergne à distribuer les sommes imposées outre le principal conformément aux instructions des États, mais leur défend de le faire à l'avenir sans avoir de lui une autorisation expresse.

Charles, par la grace de Dieu roy de France, aux receveurs es bas et haut païs d'Auvergne de la portion d'un aide de xx^m frans à nous octroyé par les gens des Trois Estatz desdiz bas et haut païs d'Auvergne assemblez à Aiguesperse ou moys de septembre derrenier passé pour la portion d'un petit et legier aide que par noz lettres données à Limoges ou mois de may precedent et derrenier passé avons ordonné et fait mettre sus deça les rivieres de Seine et de Loire, salut. Nous vous mandons et à chascun de vous si comme à luy appartendra que vous faictes, souffrez et laissez joïr et user paisiblement et à plein les gens d'eglise, nobles, manans et habitants d'iceux bas et haut païs d'Auvergne de la distribution de leurs Instructions de ce present aide, et paiez les deniers à ceulx à qui ilz ont esté ordonnez par lesdites Instruccions, tout ainsi et par la maniere que avez acoustumé de faire des autres aydes precedens cestuy pour ceste fois seullement, et vouons que d'ores en avant ne usez desdites Instructions se n'avez de nous sur ce congié et licence, et nonobstans les ordonnances, inibitions et deffenses nagueres faittes de par nous à vous et à noz autres receveurs qu'ilz ne paiassent ne laissassent prendre et recevoir aucunes choses des deniers de leurs recettes, sinon par descharges de nostre amé et feal secretaire Jehan de Xaincoins, receveur general de toutes nos finances, contrerollées par le contrerolleur d'icelles, et par rapportant ces presentes ou vidimus d'icelles tant seulement vous et chascun de vous en soiez et demourez quittes et deschargiez par tout ou mestier sera, sanz aucune difficulté, car ainsi nous plaist et voulons estre fait, nonobstans lesdites ordonnances, mandemens inhibitions et deffenses et autres faites et a faire à ce contraires. Donné à Thoulouse le xvii° jour de mars l'an de grace mil cccc quarante deux et de nostre regne le xvi°, soubz nostre seel ordonné en l'absence du grant.

Par le roy en son conseil : DE LA LOERE.

(*Copie*, B N., *Portef. Fontanieu*, 870, fol. 292.)

XLVIII

1443, 3 juillet, Turenne.

Certificat du vicomte de Turenne constatant qu'il n'a rien laissé lever sur sa vicomté de plusieurs aides accordées au roi par les États du Bas-Limousin, sadite vicomté étant, par privilège royal, exempte de tout impôt.

Nous Pierre, conte de Beaufort et viconte de Turenne, certiffions à touz à qui il peut et doyt appartenir que comme par l'ordonnance du roy nostre sire et consentement des gens des Troys Estaz du bas pays de Limosin ayt esté mis sus, assis et impousé en icelui certains aides cy après declairez, c'est assavoir l'aide octroyé en sa ville de Bourges ou mois de juillet mil .cccc. trente huit ; *item* ung aide à lui octroyé en la ville d'Userche ou mois de fevrier celui an pour le recouvrement du chastel de Domme, dit Commerque, et de feu Bertran d'Abzac; *item* ung autre à lui octroyé en la ville de Limoges ou mois de mars ensuivant; *item* un autre aide à lui octroyé en la ville de Tulle ou mois de juillet mil .cccc. quarante; *item* ung autre aide à lui octroyé en sa ville d'Ussel ou mois de fevrier celui an ; *item* ung autre aide octroyé en la ville de Tulle ou mois de septembre mil. cccc. quarante ung; *item* ung autre aide à lui octroyé en la ville de La Guenne ou moys d'octobre mil .cccc. quarante deux; *item* ung

autre aide octroyé au roy nostredit seigneur en la ville de
Tulle ou mois d'apvril mil .cccc. quarante troys, de et sur
touz et chascuns lesquelz aides dessusdiz nostre viconté et
ressort de Turenne ayt esté assise et imposée pour sa part
et porcion aux sommez contenues es assiettes sur ce faictes
par les commisseres ordonnez par le roy nostredit seigneur à mettre sur et imposer lesdiz aides dessusdiz ; pour
lesquelx aides recevoir et faire venir ens fut et a esté
ordonné par icellui seigneur Jehan Beaupoil, lequel tant
par lui que par autres ses commis et depputez par pluseurs
foix nous a requis et fait requerir obeissance et nostre
consentement à lever et recevoir sur les hommes de nostredite viconté les sommes en quoy ilz avoient esté tauxez
à cause desdiz aides, ausquelz n'avons voulu seuffrir ne
consentir a riens d'icelles sommes lever ne recevoir
pour causes de certains privileges que nous et noz predecesseurs vicontes de Turenne avons de non paier ne consentir aucunes tailles, subcides ou aides quelxconques en
icelle nostre viconté, comme plus a plain avons autrefoix
certiffié par noz lettres signées et scellées de nostre seel
et seing pour valoir à l'acquit d'icelui receveur pour
certains autres aides precedans iceulx dessus nommez, et
pour plus grant justificacion de son fait derechief le certiffions par ces presentes, lequel de ce nous a requis. En
tesmoing de ce..........chastel de Turenne le troyziesme
jour du moys de juillet audit an .cccc. quarante troys.
Signé : Le conte de Beaufort *et scellé.*

(B. N., *Pièces originales*, tome 240, dossier *Beaufort*,
n° 22.)

XLIX

1443, 28 septembre.

Certificat des commissaires des États d'Auvergne en cette partie constatant que Martin Roux a payé par leur ordre la somme de 100 réaux d'or dont il lui sera tenu bon compte en temps et lieu.

Nous Jehan, seigneur de Laughat et de Bressac, seneschal d'Auvergne, et Draguinet, seigneur de Lastic, chevallier, commisseres ordonnez par mons' le Duc et mess'' des Trois Estatz des pays d'Auvergne à faire partie de certaines composicions et appoinctemens faiz à plusieurs cappitaines et gens de guerre en alant et venant par l'ordonnance du roy ou voyage de Tartax, certiffions que par nostre ordonnance Martin Roux, receveur des tailles pour le roy nostredit seigneur ou hault païs d'Auvergne, a paié, baillé et delivré à Pierre Maury, escuier, maistre d'oustel du bastard d'Armagnac, oultre les parties contenues en l'instruction de la taille derrenierement mise sus oudit hault païs la somme de cent reaulx d'or qui luy ont estez donnez et accordez tant en faveur de ce qu'il a esté en partie moyen et traicté de faire condessendre le bastard d'Armagnac, son maistre, à une moyenne composicion d'une grosse somme d'or et d'argent qu'il demandoit pour mettre hors ceste presente année luy et les gens de sa compaignie desdiz pays et les garder que ilz ne feissent plus si grans inconveniens et innumerables maulx qu'ilz faisoient et avoient acoustumé de faire au peuple, et aussi de non retorner ne entrer de certain long temps esdiz pays, comme aussi pour l'escripture et seel des lettres de la seureté sur ce faictes, que aussi pour autres voyaiges et services faiz par ledit Pierre Maury ausdiz pays, de laquelle somme de cent reaulx d'or audit Martin Roux lui sera tenu bon compte sur ce qu'il doit ou pourra devoir touchant les deniers mis sus pour le fait desdiz pays. En tesmoing de ce nous avons signez ces presentes de noz seingz manuelz et fait seeller de noz seaulx le xxviiie jour du moys de septembre l'an mil cccc quarente et trois. — LANGHAT. — DRAGUINET. — *Sceaux enlevés.*

(*Orig.* B. N., *Cab. des Titres,* dossier *Langeac.*)

L

1444, 12 mars, Tours.

Autorisation du roi pour imposer en Auvergne jusqu'à concurrence de 6,000 liv., outre le principal et les frais ordinaires, ladite somme devant être employée dans l'intérêt de la province et sa distribution certifiée par les commissaires du roi en cette partie.

1. — Charles, par la grace de Dieu roy de France, à noz amez et feaulx conseilliers l'Evesque de Maillezais, maistre Jehan d'Estampes et Jehan de Bar, generaulx conseilliers sur le fait et gouvernement de toutes noz finances tant en Languedoil comme en Languedoc, et Jaques Cuer, nostre argentier, par nous commis et ordonnez à mettre sus et imposer es hault et bas païs d'Auvergne la porcion de l'aide de $\text{II}^c \text{XL}^m$ livres tournois que avons ordonné estre mis sus par tous noz païs de Languedoil, salut et dilection.

2. — Comme par noz autres lettres sur ce faictes à vous adressans vous ayons de nouvel commis pour mettre sus esdiz hault et bas païs d'Auvergne pour leur part et porcion dudit aide certaines sommes de deniers tant pour le principal comme pour les fraiz plus à plain contenues et declairées en nosdictes autres lettres, et il soit ainsi que souventes

foiz surviengnent et de jour en jour puissent survenir aucunes affaires esdiz païs comme autresfoiz ont fait ou temps passé, pour fournir ausquelz et obvier aux inconveniens et dommaiges qui autrement en pourroient advenir, soit expedient avoir et recouvrer argent, lequel lesdiz habitans desdiz païs n'oseroient metre sus sans avoir de nous congié et licence : nous vous mandons et commettons que, oultre et pardessus la somme contenue en nosdictes autres lettres, vous asseés et imposez en iceulx païs d'Auvergne jusques à la somme de six mil livres tournois et au dessoubz, ou cas toutes voies que verrès qu'il soit à faire pour le bien desdiz païs et que ce soit du consentement desdiz habitans ou de la plus grant et saine partie d'iceulx, pour ladicte somme estre baillée et distribuée par vostre ordonnance par les receveurs dudit aide en iceulx païs aux personnes et ainsi que verrés estre à faire pour le bien desdiz païs ; laquelle somme ainsi paiée et distribuée par lesdiz receveurs voulons en rapportant cesdictes presentes ou *vidimus* d'icelles, avecques quittance de ceulx à qui elle aura esté departie et certifficacion de vous ou des troys ou des deux de vous, dont vous, Evesque, soyez l'un, estre allouée es comptes et rabatue des receptes desdiz receveurs et de chascun d'eulx pour tant que à chascun pourra touchier par noz amez et feaulx gens de noz comptes ausquelz nous mandons que ainsi le facent sans difficulté, non obstant que par nosdictes autres lettres vous ayons defendu ne metre autre somme suz oultre lesdiz principal et fraiz, que de ce ne soit levée descharge du receveur general de noz finances et quelxconques ordonnances, mandemens et deffenses à ce contraires.

3. — Donné à Tours le xii° jour de mars, l'an de grace mil cccc quarante troys et de nostre regne le vint deuxiesme soubz nostre seel ordonné en l'absence du grant.

Par le Roy en son conseil. — *(Signature du secrétaire et sceau enlevés.)*

(Orig. B. N., Franç. 20885, fol. 25.)

LI

1444, 3 MAI, SAINT-FLOUR.

Instructions pour la Haute-Auvergne sur le fait d'une aide de 40,000 liv. accordée au roi à Clermont en avril précédent, et autres sommes imposées par les États, outre le principal.

1. Instructions faictes et accordées par messeigneurs les gens d'Eglise et nobles du hault et bas pais d'Auvergne à cause et sur le partaige et division d'un aide de quarante mil livres nagaires ordonné estre mis sus pour le Roy nostre sire en sondit pais d'Auvergne pour l'entretenement de sa guerre, la conduite de son armée et l'ambaxade d'Angleterre que presentement est venue devers le Roy pour le traictié de la paix et autres affaires d'icellui seigneur, ensemble la somme de douze mil livres données à monseigneur le Daulphin par les Gens des Troys Estaz dudit hault et bas pais d'Auvergne assemblez à Clermont ou moys d'avril derr[enier] passé mil cccc quarante et quatre, la porcion de .vi^m. l. ordonnez estre mis sus par mandement du roy pour les causes contenues en icellui mandement, la somme de .iii^c. l. ordonn[ée] estre mise sus oudit hault pais pour monseigneur Charles d'Anjou par mandement du roy; la somme de .v^m. .vi^c. l. ordonn. estre mis sus pour fournir tant à la composition de .xx^m. l. nagaires faicte par Messeigneurs du pais d'Auvergne avecques maistre

Jehan Rabateau, president en Parlement, par mandement du roy, que autres affaires dudit pais ; la porcion de deux mil livres pour monseigneur le Duc et .vi^c. l. pour madame la Duchesse de Bourbonnois et d'Auvergne, données par les Gens desdiz Trois Estaz à ladicte assemblée, et la porcion de mil livres données à messeigneurs les Commisseres du Roy, la porcion de toutes lesquelles sommes a esté par nous commisseres mise sus, ensemble les fraiz raisonnables pour ce faire, oudit hault pais d'Auvergne ; et seront lesdictes sommes paiées et baillées par Martin Roux, receveur dudit aide et dons, aux personnes, pour les causes et en la forme et maniere que cy apres sera dit et declairé sur chascun article, duquel partaige et division la declaration s'ensuit pour ledit hault pais d'Auvergne :

2. — Et premierement, au Roy .x^m. l. pour la quarte partie desdictes .xl^m. l. pour le principal dudit aide, et la somme de .xvii^c. .xl. l. ordonné estre mis sus oudit hault pais pour les fraiz et causes contenues ou mandement patent de la commission dudit aide ; pour ce la somme de.............................. .xi^m. .vii^c. .xl. l. t.

3. — *Item*, pour la porcion de six mil livres ordonné estre mis sus et du consentement des commisseres du roy et gens desdiz Trois Estaz oultre le principal dudit aide, qui seront paiez et distribuez par le receveur ainsi qu'il sera ordonné par monseigneur le Duc et mesdiz seigneurs du païs : pour ce, la somme de................ .xv^c. l. t.

4. — *Item*, pour la quarte partie de .xii^m. l. données à

monseigneur le Daulphin par les gens desdiz Trois Estaz à
ladicte assemblée, la somme de............ .iii^m. l. t.

5. — *Item*, a esté donné à monseigneur Charles d'Anjou
et mis sus par mandement du roy la somme de   .iii^c. l. t.

6. — *Item* a esté accordé par monseigneur le Duc et
et messeigneurs desdiz Trois Estaz estre mis sus oudit
hault païs la somme de .v^m. .vi^c. l. t. pour satisfaire aux
parties du compte rendu et baillé par Martin Roux à mes-
diz seigneurs, lesquelles parties et somme d'argent il avoit
paiées par leur ordonnance et mandement, tant pour fournir
à partie de la somme de .xx^m. l. pour une composicion et
appoinctement fait par Monditseigneur le Duc et Messeigneurs du Pais d'Auvergne avecques monseigneur le President maistre Jehan Rabateau l'année passée, que sur la
reste de son deu des composicions et rançons de pluseurs
cappitaines et gens de guerre des années precedantes, que
aussi pour fournir aux pertes de finance qu'il avoit faictes
au paiement desdictes sommes, ainsi que plus à plain est
contenu es parties de son dit compte, lesquelle sont esté par
mesdiz seigneurs bien veues, examinées et gectées et icelles audit Martin Roux accordées estre allouées en la despense de ses comptes et rabatues de sa recepte en rapportant ces presentes tant seulement et sans pour ce avoir ne
demander autres lettres, certifficacions ou quittances fors
cesdictes presentes tant seulement, pourveu qu'il sera tenu
de rendre et bailler tous seellez, obligacions et quittances
qu'il a ou puet avoir mesdiz seigneurs et desdiz cappitaines
à cause de ladite somme de .v^m. .vi^c. l. t. s'il en a d'au-

tres que les seellez et quittances qu'il a renduz sur les parties de sondit compte, et paiera tous les marchans et gens sur ce assignez et ceulx que mesdiz seigneurs lui ont baillez par declairacion, qui pour les causes dessus dictes auroient baillé denrées, chevaulx et autres marchandises quelxconques, et sera tenu de garder mesdiz seigneurs et tout ledit pais de dommaige, et en ce faisant mesdiz seigneurs lui ont promis et accordé de lui tenir bon compte et rendre et paier tout ce que par la fin de son compte lui pourra estre deu pour les causes contenues en son appoinctement fait à Thiart le xxiime jour d'avril derr[enier] passé et de lui faire mettre sus son deu sur et avecques le premier aide qui sera octroyé et mis sus oudit païs pour le roy nostredit seigneur, pour ce ladicte somme de...................................... .v^m. .v^c. l. t.

7. — *Item*, pour la quarte partie de deux mille livres données et accordées à mondit seigneur le Duc de Bourbonnois et d'Auvergne à ladicte assemblée la somme de.. .v^c. l. t.

8. — *Item*, pour la quarte partie de six cens livres données à Madame la duchesse de Bourbonnois et d'Auvergne à ladicte assemblee, la somme de............ .cl. l. t.

9. — *Item*, à messeigneurs les commissaires du Roy, c'est assavoir : monseigneur l'evesque de Maillezais et sire Jehan de Bar, pour la quarte partie de mil livres à eulx donnée, la somme de............................. .ii^c. .l. l. t.

10. — *Item*, à Madame de la Marche pour faire son bon

plaisir et afin que le fait du roy s'en puisse mieulx lever es terres de monseigneur en Carladés, la somme de. .c. l. t.

11. — *Item*, à monseigneur l'evesque de Saint-Flour, l'un des commisseres à mettre sus la porcion dudit aide, pour avoir envoyé à ladicte assemblée à Clermont, la somme de................................. .lx. l. t.

12. — *Item*, à monseigneur de Lastic pour semblable cause, et aussi commissere pour les seigneurs du païs à mettre sus ledit aide, la somme de........... .xl. l. t.

13. — *Item*, aux esleuz pour le roy oudit hault païs et aussi commisseres à mettre sus ledit aide, à chascun soixante livres, pour [ce] la somme de.. .. . .vi^{xx}. l. t.

14. — *Item*, à Martin Roux, receveur dudit aide, pour ses gaiges et peines de lever et faire venir ens les deniers dudit aide et autres à sommes mises sus, à lui tauxées par mesdiz Seigneurs du païs oultre sa tauxacion et bienfaiz du roy la somme de...................... .iii^c. l. t.

15. — *Item*, au greffier des esleuz pour avoir fait les commissions dudit aide et pour son voyage d'avoir esté à Clermont porter à messeigneurs les commisseres les papiers de l'assiete, la somme de............. .xxv. l. t.

16. — *Item*, au sire de Pierrefort, pour avoir envoyé à ladicte assemblee des Trois Estaz à Clermont et pour avoir envoyé son procureur en ceste ville de Saint-Flour pour

certaines causes touchant le fait dudit aide, la somme
de....................... .... .xx. l. t.

17. — *Item*, au sire de Chasteauneuf pour avoir envoyé
son procureur à Clermont à ladicte journee, la somme
de.. .xv. l. t.

18. — *Item*, audit Martin Roux pour don à lui fait par
mondit seigneur le duc et messeigneurs du païs oultre lesdictes trois cens livres pour le recompenser de pluseurs
voyages et autres pertes de finances qu'il a fait pour les
affaires dudit païs, de quoy il ne sera tenu bailler autre
certificacion ne mandement fors ces presentes tant seulement, la somme de cent reaulx, pour ce....... .cl. l. t.

19. — *Item*, au sire de Montault, bailly pour le Roy es
montaignes d'Auvergne, pour avoir envoyé son procureur
à ladicte journée la somme de.............. .xv. l. t.

20.— *Item*, à Sallezart, seigneur de Chaudesaigues, pour
avoir envoyé à ladicte journée et afin qu'il seuffre lever le
fait du roy sur les terres de monseigneur d'Armaignac qu'il
a de present en gouvernement et afin que le fait du roy en
vaille mieulx, la somme de................ .lx. l. t.

21. — *Item*, aux consoulz de la ville de Saint-Flour
pour avoir esté à ladicte journée la somme de.. .xx. l. t.

22. — *Item*, aux consoulz de la ville d'Orilhac pour
semblablement avoir esté à ladicte journee la somme
de.. .xv. l. t.

23. — *Item*, au procureur de monseigneur l'abbé dudit lieu d'Orilhac, pour semblablement avoir esté à ladicte journée la somme de.......................... .xv. l. t.

24. — *Item*, à Estienne de Champaignac, lieutenant audi Saint-Flour de mondit seigneur le bailly des montaignes pour le roy, fait pour don à lui la somme de. .c. s. t.

25. — *Item*, au baille de Murat, pour estre venu à ladicte assemblée pour monseigneur de la Marche, la somme de... .xx. l. t.

26. — *Item*, à maistre Adam Rolant, secretaire du roy, pour avoir este à faire le taux dudit aide à St-Flour par le commandement de mesdiz seigneurs les commisseres.. .xxx. l. t.

27. — *Item*, à Macé Bardois, clerc et serviteur de monseigneur le general sire Jehan de Bar, pour avoir fait pluseurs lettres closes et vidimus des lettres patentes de la commission du roy pour le fait dudit aide, la somme de.. .x. l. t.

28. — *Item*, au procureur de monseigneur l'abbé de Maurs pour estre venu à ladicte assemblee tant pour mondit seigneur l'abbé que pour la ville, la somme de... .x. l. t.

29. — *Item*, à Verny, procureur du roy sur le fait des aides, pour avoir vacqué à faire pluseurs informacions et

procès contre ceulx d'Orillac pour la rebellion et desobeissance par eulx faite aux gens du roy, la somme de.................................. .x. l. t.

30. — *Item*, à Robert Sauvaige, escuier, et Jehannicot, chevaucheur de l'escuierie de monseigneur de Montpencier, pour avoir vacqué en la compaignie du seigneur de Rochechoart pour faire vuider les gens d'armes hors du hault pais ou moys d'avril derrenier passé par l'ordonnance le mondit seigneur le dauphin, c'est assavoir audit escuier .x. l. t. et audit Jehannicot .c. s. t., pour ce la somme de............................. .xv. l. t.

31. — *Item*, à Brosse, escuier, cappitaine de Ruynes, pour le recompenser de pluseurs voyages par lui faiz la saison passée pour faire vuider les gens d'armes dudit hault païs par l'ordonnance de mondit seigneur le duc et messeigneurs du pais, la somme de......... .xv. l. t.

32. — *Item*, aux lieuxtenans des esleuz à Saint-Flour, c'est assavoir Pierre Saisset, escuier, et maistre Guillaume des Roches, la somme de................. .xii. l. t.

33. — *Item*, à Robin Ogier, chevaucheur de l'escuierie du roy notredit seigneur, pour avoir porté les lettres closes du roy aux seigneurs, et gens de bonnes villes du hault païs pour faire ladicte assemblée et aultres voyages par lui faiz pour le fait dudit aide, la somme de... .x. l. t.

Somme toute des parties contenues es presentes instruccions faictes et accordées par les gens desdiz Trois Estaz : vingt et quatre mil cent vingt sept livres tournois.

34. — Et en tesmoing des choses dessusdictes nous commissaires cy dessoubz nommez, ordonnez de par le roy nostre sire et mesdiz seigneurs des Troys Estaz à mettre sus oudit hault païs d'Auvergne la porcion dudit aide, ensemble les sommes dont dessus est faicte mention, et du vouloir et consentement de monseigneur le duc et d'iceulx gens des Troys Estaz en mettant sus lesdiz aide et sommes, avons signé cesdictes presentes Instruccions de noz seings manuelz et fait seeller de noz seaulx à Saint-Flour le troysiesme jour de may l'an mil cccc quarante et quatre. — *Signé :* JAQUES EVESQUE DE SAINT-FLOUR. — DRAGUINET. — P. DE LASTIC. — CHALMEILH. (Arch., K 68, n° 2, *original.*)

LII

1444, 23 juin, Montilz-lez-Tours.

Commission du roi pour imposer en Bas-Limousin une somme de 6,622 l. 10 s. t. (principal et frais) pour fournir aux compositions faites par les États avec les gens de guerre à leur retour de Guyenne.

1. — Charles, par la grace de Dieu roy de France, à nostre amé et feal conseiller l'évesque de Tuelle, salut et dilection. Comme les gens des Trois Estaz du Bas Païs de Limosin ayent presentement envoyé devers nous et nous ayent fait remonstrer que pour obvier à ce que les capitaines et gens de guerre qui retournerent nagueres des païs de Gascogne et de Rouergue, où nostre tres cher et tresamé filz le dauphin de Viennois les avoit paravant menez, ne passassent par ledit Bas Païs de Limosin, ilz ont promis donner aux cappitaines desdictes gens de guerre et autres la somme de cinq mille livres tournois et plus, laquelle somme d'eulx mesmes, obstans les autres grans charges qu'ilz ont eues et soustenues à cause des tailles et aydes qu'ilz nous ont faiz le temps passé, ilz ne sçauroient où recouvrer ainsi que prestement besoing leur est, et pour ce nous aient requis que, attendu ce que dit est, il nous plaise, afin que lesdictes gens de guerre ne fassent ledit passage, car autrement ilz seroient en voye d'estre du tout

destruiz, leur prester la somme de quatre mil livres tournois, avec commission pour icelle mettre sus dedans la feste de Toussains prouchainement venant, ensemble le pardessus qu'ilz doivent bailler ausdiz cappitaines que ont presté aucuns des gens desdiz Trois Estaz affin que nous et eulx soyons restituez, avec aucune somme moderée pour les fraiz pour ce neccessaires, laquelle somme de quatre mille livres tournois, en obtemperant à la requeste desdictes gens des Trois Estaz, leur avons liberalment prestée,

2. — Pour quoy nous, voulans estre restituez de ladicte somme de .iiii^m. l. t. et aussi les autres desdiz Trois Estaz qui ont presté du leur comme nous avons fait, vous mandons et expressement enjoignons que ladicte somme de .iiii^m. l. t. avec la somme de .ii^m. .vi^c. .xxii. l., .x. s. t., tant pour reste de ce qui a esté baillé oultre lesdictes .iiii^m. l. t. ausdiz capitaines et gens de guerre que pour les fraiz neccessaires à faire venir ens ledit prest, vous dedans la feste de Toussains prouchainement venant asseez et imposez ou faictes asseoir et imposer sur toutes manières de gens.......... sans icelle exceder ne y mettre aucune chose quelconque par dessus pour quelzconques mandemens et causes que ce soient, sur peine d'en estre par nous reprins et le recouvrer sur vous.......... Montilz-lez-Tours, 23 juin 1444.

Par le Roy : CHALIGAUT.

(B. N., *Portef. Fontan.* 119-120, à la date, copie.)

LIII

1444, 23 juin, Montilz-lez-Tours.

Rôle distributif approuvé et signé du roi de la somme de 2,482 liv. imposée en Bas-Limousin, outre le principal d'une aide de 4,000 liv.

1. — Distribucion de la somme de deux mil quatre cens quatre vings et deux livres, dix solz tournois pour partie de la somme de deux mil six cens quatre vings deux livres, dix solz tournois mis sus ou Bas Pays de Lymosin oultre et pardessus la somme de quatre mil livres tournois ordonnez estre mis sus oudit pays à la requeste des Trois Estaz d'icelui, pour icelle donner et distribuer à pluseurs capitaines et gens de guerre qui venoient naguieres du pays de Gascoingne es marches de France et garder que icelles gens de guerre n'entrassent ne feissent leur passaige par ledit pays, aux personnes qui s'ensuivent :

2. — Premierement : aux seigneurs de Ventadour et de Treignac, pour certaines obligacions et promesses par eulx faictes à pluseurs cappitaines et gens de guerre pour le bien dudit pays oultre ladicte somme de quatre mil livres tournois. . . . . mil l. t.

3. — Audit seigneur de Treignac, pour les fraiz, mises

et despenses par lui faictes à venir devers le roy pour ledit pays.. .CXL. l.

4. — A l'evesque de Tuelle, pour semblable, et aussi pour sa commission à imposer ledit ayde.... .IX^{xx}. .X. l.

5. — A Loys de Gimel, pour semblable, et aussi pour pluseurs autres despenses par lui faictes pour lesdictes gens de guerre... .IIII^{xx}. l.

6. — A Guiot de Maumont, pour semblable... .XX. l.

7. — A Pierre de Royere, pour semblable..... .XX. l.

8. — A Jehan Malegat, pour semblable...... .XX. l.

9. — A Jehan Vigier, pour semblable........ .XL. l.

10. — A Jehan de La Porte, pour semblable.. .XX. l.

11. — A Julien Beaupoil, capitaine de Masseré, pour semblable.. .XV. l.

12. — A maistres Jehan de Disnematin et Pierre Saige, à partir entre eulx par égale porcion............ .X. l.

13. — A Martin de Sorris................... .C. s.

14. — A maistre Pierre Geneste et Girart de Melle. .C. s.

15. — A Odin d'Agourt.................... .c. s.

16. — Au prevost de Clergoux, pour semblable. .x. l. t.

17. — A maistre Jehan de Laval, pour semblable.................................. .x. l.

18. — A maistre Hugues Benecte, pour semblable.................................. .x. l.

19. — Au seneschal de Poictou, pour don à lui fait par les gens des Trois Estaz................ .II^c. .LXXV. l.

20. — Au seigneur de Precigny, pour semblable........................... .VI^{xx}. .XVII. l. .x. s.

21. — Au seigneur de Maupas.............. .c. l.

22. — A maistres Charles Chaligaut et Jaques Charrier, pour semblable........................... .XL. l.

23. — A Nicolas Malingre, pour semblable.... .xx. l.

24. — A Pierre Platenay, pour voyages et autres besongnes par lui faictes à la requestes des lictes gens des Trois Estaz, où il a vacqué plus de trois mois... .LXX. l.

25. — Au chancelier de la Marche, pour semblable.................................. .XL. l.

26. — Au receveur dudit ayde, pour ses gaiges. .II^c. l.

27. — Lesquelles parties font en tout ladicte somme de deux mil quatre cens quatre vings et deux livres, dix solz tournois.

20. — Fait aux Montilz-lez-Tours le xxiiie jour de juing l'an mil cccc quarante et quatre. — *Signé :* CHARLES. — CHALIGAUT.

(*Orig.* parchemin : B. N., *Fr.* 21495, p. 19.)

LIV

1445, 14 janvier.

Quittance de Guy de Montaigu de 20 liv. à lui ordonnées pour avoir comparu, au nom de son père, aux assemblées des États d'Auvergne tenues à Thiers et à Clermont.

Saichent tuit que je Guy de Montagu, escuier, comparissant ou nom et comme procureur de monseigneur de Montagu, mon père, aux assemblées des gens des Trois Estaz du bas pays d'Auvergne tenues es villes de Thiart et de Clermont pour conclure devers Monseigneur le Dauphin l'octroy de la porcion de l'aide de .II^c XL. frans que le Roy nostre sire avoit ordonné estre mis sus en ses pays de Languedoil ou mois de fevrier derrenier passé, confesse avoir eu et receu de Pierre Mandonier, commis par ledit seigneur à recevoir oudit bas pays ladicte porcion, la somme de vingt livres tournois, laquelle somme lesdites gens des Trois Estaz par leurs instructions sur ce faictes m'ont ordonné et voulu à moy estre baillée et delivrée par ledit commis, des deniers par eulx ordonnez estre mis en icellui pays oultre et pardessus le principal dudit aide tant pour les fraiz d'icellui que autrement, pour moy aider à deffraier de la despense que faire m'avoit convenu pour estre allé et demouré à ladicte assemblée tenue esdictes villes, comme dit est; de laquelle somme, etc.. le xiii° jour de janvier l'an mil .cccc xliii. — *Signé :* Montagu.

(*Orig.* B. N., *Cab. des Titres*, dossier *Montagu*.)

LV

1445, FÉVRIER ET MOIS SUIVANTS.

Procès devant la Cour des aides au sujet d'un impôt de 6,622 l. 10 s. l. levé en Bas-Limousin à la requête des États au mois de juin 1444.

Du 24 fevrier 1444 (anc. style).

1. — Entre le Procureur general du roy demandeur contre Philibert, seigneur de La Roche, escuier, Jehannot Guitart et Charlot de *Turibus*, tant en son nom comme procureur du seigneur de Lestrange, deffendeurs, d'autre ·

2. — Violle, pour le Procureur du roy, requiert que lesdiz deffendeurs soient interroguez par l'ordonnance de la Cour sur les cas à eulx imposez et dont les informacions sont devers la court pour y prendre telles conclusions apres comme il verra estre à faire.

Et au seurplus dit que, ou moys de juing derrenier passé, pluseurs seigneurs du pays de Limosin, comme l'evesque de Tuelle, de Ventadour et de Treignac, ou les gens et officiers de par eulx, pour empescher le retour des gens d'armes du voyaige qui *(sic)* faisoient en Bourdeloys, affin qu'ilz ne retournassent par iceluy pays et aussi pour les faire desloger d'icelui pays leur avoient promis grant somme de deniers, dont leur faloit paier aux cappitaines d'icelles gens d'armes la somme de .iiiɪᵐ. frans, et pour ce avoient fait requerir au Roy qu'il leur voulsist prester icelle somme, à icelle prendre et avoir sur l'estat de Jehan Beaupoil qui lors estoit commis à recevoir ung autre aide qui de par le Roy avoit esté mis sus oudit pays de Limosin, ce qui leur avoit esté octroyé par le Roy; et à ceste cause lui (*ms.* : leur) avoient derechief requis qu'il leur voulsist bailler ses lettres pour la restitucion d'icelle somme et autres sommes qu'ilz avoient promises ausdiz cappitaines [de] gens de guerre pour la cause dessusdite, et aussi pour les fraiz qui estoient neccessaires à faire pour lever icelle somme, qui povoit monter, tant en principal comme en fraiz, à la somme de vɪᵐ vɪᶜ xxɪɪ l. x s. t. pour l'asseoir et imposer sur les habitans en icelui pays contribuables ausdites tailles, d'icelle somme de vɪᵐ vɪᶜ xxɪɪ l. x s. t., ce qui(1) leur avoit esté octroyé par le Roy en son conseil, et leur avoit fait bailler ses lettres adressantes audit evesque de Tuelle pour mettre sus icelle somme sur les habitans oudit pays de Limosin contribuables ausdites tailles et que ceulx qui y seroient assis et imposez feussent contrains à paier les sommes à quoy ilz seroient assis, nonobstant opposicions ou appellacions, et que pour recevoir icelle somme de vɪᵐ vɪᶜ xxɪɪ l. x s. t. Jehan Beaupoil a esté commis estre receveur d'icelle somme pour la faire venir ens et distribuer ainsi que par le Roy nostredit seigneur avoit esté ordonné.

3. — Dit que lesdites lettres pour asseoir et imposer

icelle somme sur lesdiz habitans a esté presentée *(sic)* audit evesque de Tuelle, lequel, scelon le contenu esdites lettres, a fait asseoir icelle somme sur lesdiz habitans, et icelle assiecte ainsi par lui faite l'a baillée audit Jehan Beaupoil, receveur dudit aide, pour la cueillir et lever et faire venir ens.

4. — Dit que pour ce faire icelui Jehan Beaupoil avoit baillé sa commission à pluseurs sergens du Roy pour contraindre les collecteurs dudit aide à lui paier les sommes à quoy ilz avoient esté assis(es).

5. — Dit que quant iceulx sergent avoient voulu contraindre iceulx habitans oudit pays, iceulx deffendeurs ou leurs gens et officiers pour eulx avoient mandé et deffendu chascun endroit soy aux collecteurs ou commissaires d'icelle taille qu'ilz ne l'asseyssent ne levassent sur leurs hommes et subgetz, et aussi leurs *(sic)* avoient osté les commissions qu'ilz avoient pour asseoir iceluy aide.

6. — Dit aussi que iceulx deffendeurs avoient mandé à leursdiz hommes et subgetz qu'ilz ne payassent point icelle taille, et à ceste occasion, quant le receveur dudit aide a cuidé avoir argent, les collecteurs lui ont dit et fait savoir ce qu'il leur avoit esté fait, et qu'ilz ne se oseroient mesler de le lever.

7. — Dit que lesdiz deffendeurs ou leur juge pour eulx, eulx estans en jugement, ont fait deffendre à leursdiz hommes et subgetz qu'ilz ne payassent icelle taille, et par ce

icelui receveur n'a pu estre paié de ladite somme de .iiii^m. fr. ainsi deue au Roy, comme dit est, ne des autres sommes ordonnées par le Roy estre mises sus ; et à ceste occasion icelui receveur a impestré certennes lettres du Roy par vertu desquelles information a esté faite sur les choses dessusdites et leurs deppendances, et pour ce que lesdiz deffendeurs et autres ont esté trouvez coulpables de ce que dit est, ont esté adjournez à comparoir en personne à la court de ceans.

8. — Et apres ce qu'il a narré le contenu esdites informations, dit que par icelles il treuve que les commissions qui ont esté envoyées aux collecteurs d'icelle ont esté retenues par le seigneur de Saint-Amant, et aussi qu'ilz ont fait deffense à leurs hommes et subgez qu'ilz ne paiassent icelle taille, et que pour ce faire, sans congié du Roy, ont fait assemblée de gens, ont mis taille sur eulx pour conduire le procès qui est de present en la court de ceans.

9. — Dit que lesdiz deffendeurs presens sont grans seigneurs au pays et ont pluseurs hommes et subgetz, et que le Roy pour ses afferes a mis plusieurs tailles sus ; ainsi lesdiz deffendeurs ne les peuent ou doivent empescher.

10. — Dit qu'il treuve que ledit aide a esté mis sus par l'auctorité du Roy à la requeste des gens des Troys Estas dudit pays et pour le bien d'icelui, et de l'avoir empesché lesdiz deffendeurs ont mespris.

11. — Et pour ce conclud qu'ilz soient condempnez et

contrains à faire venir ens les deniers dudit aide et iceulx
mettre es mains du receveur d'icelui pour les distribuer
ainsi que le Roy lui a ordonné, et à reparer les autres
excès, d'amendes honnorables ainsi que par la court sera
ordonné et prouffitables envers le Roy, c'est assavoir : le
seigneur de la Roche, en la somme de iiii^m escuz et les deux
autres en la somme de v^m escuz et à tenir prison, et chascun d'eulx pour le tout jusques à plain paiement d'icelle,
et requiert que par provision les lettres du roy pour mettre
sus icelui aide sortissent leur effect.

12. — Piedefer pour lesdiz deffendeurs deffend et dit
qu'il lui semble que les gens du roy n'ont cause ne accion
de conclurre contre eulx en la manière qu'ilz ont fait. Au
seurplus dit que icelui bas pays de Limosin est confron-
tant et en frontière ou pays d'ennemis ; dit que iceulx deffendeurs, à leurs despens, ont bien gardé icelui pays et tenu
en l'obeyssance du roy. Dit que le roy en alant à Tartas
et en retournant est passé par icelui pays et a logé audit
lieu de Saint-Amand ; dit que lesdiz deffendeurs et les autres seigneurs dudit pays l'ont acompaigné en armes oudit
voyaige et à leurs despens ; dit que, au retour dudit voyage,
les gens d'armes du roy sont rappassez par icelui bas pays
et ont logé et fait tout ce que bon leur a semblé. Dit qu'il
peut bien estre que ledit evesque de Tuelle, Ventadour et
Treignac et ledit Beaupoil (qui dit qu'il a cueilly *beau poil*
oudit pays, par ce que quant il y vint, il estoit trespovres
et de present est ung tres-grant riche homme, ainsy y a
cueilly beau poil), dit que iceulx gens d'armes ainsi estans
logez oudit pays, puet bien estre que lesdiz de Tuelle, Ven-

tadour et Treignac pour trouver manière de lever aucune somme sur les habitans en icelui pays avoient publié en icelui qu'ilz avoient composé à Chabannes, Folquet et autres cappitaines des principaulx de la compaignie du roy à ce qu'ilz ne rappassassent point par icelui bas pays, leurs avoient promis la somme de .II^m. frans; et à ceste occasion, au retour desdiz gens d'armes, les habitans en icelui pays n'avoient riens retrait es bonnes villes, et à ceste occasion ont tout perdu et en sont destruis. Dit que ce nonobstant la promesse que lesdiz de Tuelle, Ventadour et Treignac disoient avoir desdiz cappitaines, iceulx cappitaines et leurs gens et toute l'armée du roy en retournant dudit voyaige ont passé par ledit pays et logé en icelui, ont bouté feux, prenoient gens et bestail et mettoient à raençon et ont tout destruit, et encore que pour eulx desloger d'icelui ont ra[n]çonné les villages.

13. — Dit que iceulx gens d'armes ainsi estans au pays les bonnes gens d'icelui pays sont alez devers lesdiz de Tuelle, Ventadour et Treignac, mais ne les ont peu trouver; et ne scet se iceulx gens d'armes ont point passé par les pays de ceulx de Tuelle, Ventadour et Treignac, et pour ce s'ilz n'y sont point passez dit qu'ilz doivent paier la promesse qu'ilz dient qu'il leur a esté faite.

14. — Dit que pour lever la somme de II^m frans ainsi promisse, comme dit est, lesdiz de Tuelle, Ventadour et Treignac se sont tirez devers le roy, disans que les gens des Trois Estas d'icelui bas pays assemblez avoient accordé que pour le paiement et promesse que avoient esté faite

ausdiz cappitaines leur avoit esté accordé la somme de
.iiii^m. frans, dont n'estoit riens, car lesdiz gens des Trois
Estas n'avoient esté pour ce assemblez ne oncques les seigneurs du pays n'avoient ce consenty ne pour ce [avoient
esté] assemblez; mais dit que lesdiz de Tuelle, Ventadour
et Treignac, pour trouver manière d'avoir argent, avoient
donné à entendre au roy ce qu'il a dit. Dit que le mandement du roy par vertu duquel lesdiz deffendeurs et autres
ont esté adjournez n'est que de .iiii^m. fr. et touteffoiz ilz
en veulent bien lever soubz umbre d'icelui la somme de
.x^m. Dit que pour lever icelle somme ont envoyé les commissions par les villages et en icelles n'a point de nom, et
les sergens et autres qui les portent et aussi le receveur y
ont mis et mettent telz noms que bon leur semble, et affin
que aucun n'y soit mis les raençonnent à ung ou deux
escus. Pareillement les ont assis hault affin de venir au
rabaix pour lequel avoir donnent les habitans de chascun
village une vache ou deux vaches ou de l'argent. Dit que
iceulx deffendeurs et autres seigneurs dudit bas pays en
bien grant nombre, veans que la commission dudit aide
contenoit que c'estoit à la requeste desdiz Trois Estaz et
pour le paiement desdiz gens d'armes, dont n'estoit riens,
s'estoient assemblés et avoient appelé de ladite commission et assiette; dit que icelui appel ilz avoient fait notifier ausdiz de Tuelle, Ventadour, Treignac et Beaupoil, en
leur disant qu'ilz ne mettoient point d'empeschement que
ladite somme de .iiii^m. fr. feust paiée et offroyent la faire
paier par leursdiz hommes et subgez. Dit que depuis
un nommé Platenay, qui est commis dudit Beaupoil, est
alé par les villages d'icelui bas pays et a voulu contrain-

dre les habitans en iceulx à paier leur assiette, à quoy iceulx habitans ont dit qu'ilz estoient appellans, et nonobstant, par vertu de certain mandement, les ont executez; et avecques ce a fait commandement au s^r de La Roche, au lieutenant de Donzenac qu'ilz l'acompaignent à soixante hommes pour mener aucuns desdiz habitans prisonniers, et pour ce qu'ilz ne l'ont fait, les a fait adjourner à comparoir en personne en la court de ceans, disant qu'ilz estoient rebelles et desobeyssans au roy. Dit que de les avoir fait adjourner à comparoir en personne est amendable.

15. — Ad ce qu'ilz ont dit que le roy a ordonné ung mandement à la requeste des gens des Trois Estas de lever sus la somme de .IIII^m. fr. sur eulx, dit que icelles gens des Trois Estas ne l'acorderent ne consentirent oncques et le veulent monstrer et prouver.

16. — Aussi dit que la somme de .IIII^m. fr. que le roy a prestée n'a esté baillée ne distribuée aux cappitaines et gens d'armes, mais est demourée es bources desdiz de Tuelle, Ventadour, Treignac et Beaupoil; dit aussi qu'ilz n'en saroient monstrer quittances desdiz cappitaines.

17. — Dit aussi que nul seigneur dudit pays de Limosin n'a octoyé icelui aide, et n'y a eu seulement que lesdiz commissères, pour avoir argent et pour le mettre en leurs bources.

18. — Dit que veu ce qu'il a dit et aussi que les gens

d'armes n'y ont point laissié à rappasser, ainsi *materia deffecit*.

19. — Dit que ce ne sont les deniers du roy, et n'y a eu que deux ou trois du pays qui ont accordé icelui aide, et ce qu'ilz ont dit veulent monstrer, et parce dit qu'ilz doivent estre oïz, et alleguant sur ce unes lettres impestrées contre les heritiers de Sauquin pour avoir certains joyaulx, ilz se sont opposez ad ce; on ne les a voulu recevoir à opposicion, et pour ce ont baillé une requeste à la court de Parlement, et a esté dit qu'ilz seroient oïz.

20. — Ad ce qu'il a dit que les deffendeurs ont prins et retenu les commissions dudit aide, dit que, s'ilz les ont prinses, les ont rendues, ou s'ilz en ont aucunes retenues, ce a esté pour approuver la mauvaistié des commissores, et les rendront volentiers.

21. — Ad ce qu'il a dit que iceulx deffendeurs ont deffendu à leurs hommes et subgetz qu'ilz ne paient, etc., dit que non, mais ont dit qu'ilz estoient appelans et que, jusques ad ce qu'il feust discuté de l'appel, n'estoient tenuz de paier.

22. — Ad ce qu'il a dit que iceulx deffendeurs ont fait assemblée et lever argent, etc., dit que iceulx deffendeurs sont haulx justiciers en leurs terres, et que ung hault justicier, sans congié et lettres du roy, peut donner congié à ses hommes d'eulx assembler, passer procuracion entre eulx et lever argent sur eulx pour leur prouffit, et allegue sur ce la loy.

23. — Et ce fait, le procureur du roy requiert que iceulx deffendeurs soient interroguez s'ilz ont prins les commissions dudit aide et s'ilz ont donné congié à leurs hommes d'eulx assembler et de lever argent sur eulx.

24. — Au seurplus, dit que lesdites commissions n'ont esté volées et qu'elles sont ou elles ont esté baillées, et que, quant les habitans oudit pays ont aucune chose à fere pour leur prouffit, leur seigneur leur peut donner congié d'eulx assembler, passer procuracion entre eulx et de lever argent pour leur prouffit.

25. — Dit qu'ilz n'ont empesché que les deniers du roy soient paiez, mais que par leurdit appel appert qu'ilz ont consenty que les .iiii^m. fr. soient paiez et levez egalment sur eulx.

26. — Dit que les executeurs ne se pleignent sinon de ce que lesdiz deffendeurs ne les ont voulu acompaigner ainsi qu'ilz leur avoient requis, et pour ce dit que ledit demandeur d'avoir prinses contre lui telles conclusions a tort, et par ce sont lesdiz deffendeurs en voye d'absolucion ; et à ses fins conclud que ainsi soit dit par l'arrest de la court, et requiert que ledit demandeur se face partie pour savoir se lesdiz Trois Estas ont consenty ledit ayde, et aussi requiert son adjoinction pour eulx informer de ce que dit est, et requiert delivrance de leurs corps et biens par provision durant le procès.

27. — Appoincté est que ledit demandeur vendra rep-

plicquer au premier jour; et, sur la provision requise, iceulx deffendeurs mettront leurs informacions et relacions devers la court pour leur pourveoir.

(Reg. de la Cour des aides, Arch. nat., Z ¹ A 14 fr.)

Du .xx⁰. jour de mars (1444/5).

28. — En la cause pendant en la court de ceans d'entre le procureur general du roy sur le fait des aides, demandeur en cas d'excès, d'une part, et frere Jehan de La Cueille, prieur du Port Dieu, mess^{rs} Guillaume de Rochefort, chevalier, s^r de Saint Marsal, et Anthoine de Moriac, adjournez à comparoir en personne et comparans en leurs personnes deffendeurs esdiz cas d'excès, d'autre part, pour raison de certaine taille que le roy avoit nagueres ordonnée estre levée ou bas pays de Limosin, montant, en principal et fraiz, la somme de .vi^m. .vi^c. .xxii. l. .x. s. t., que iceulx deffendeurs et autres dudit bas pays empeschoyent à lever en icelui bas pays, la Court a ordonné :

29. — Que lesdiz de La Cueille, Rochefort et Moriac seront receuz par procureurs *quousque* et que leurs biens, prins et saisiz à ceste cause soubz la main du roy, seront recreuz à leur caucion pour en joyr soubz icelle main pendant le procès, et avec ce que ladite somme de .vi^m. .vi^c. .xxii. l. .x. s. t. se levera oudit bas pays de Limosin sur tous les manans et habitans en icelui contribuables aux tailles, ainsi et par la maniere que le roy nostre sire, par ses lettres données le .xxiiie. jour de juing derrenier passé, l'a ordonné,

et que à icelle paier seront contrains lesdiz deffendeurs et chascun d'eulx, se mestier est, et que d'icelle somme ainsi receue par Jehan Beaupoil que le roy a commis à la recevoir sera baillé royaument et de fait au roy et là ou il a ordonné la somme de .IIII^m. frans et le seurplus de ladite somme montant .II^m. .VI^c. .XXII. l. .X. s. t. demourra [en la main] dudit Jehan Beaupoil comme en main de justice, sans en faire aucune delivrance, sur peine de le recouvrer sur luy exepté des fraiz necessères qu'il conviendra faire à cueillir et lever icelle somme jusques ad ce que par le roy ou la Court autrement en soit ordonné, non obstant certain autre appoinctement fait par la Court touchant ceste matière le .V^e. jour de ce present moys, entre ledit procureur du roy, d'une part, et Philibert, seigneur de la Roche, escuier, Jehan Guitart et Charlot de *Turibus*, d'autre. Et a reservé et reserve la Court ausdiz deffendeurs et à autres à qui il peut toucher leur action et demande contre aucuns seigneurs et autres dudit pays que l'on dit qui ont employé à leur prouffit la somme de .IIII^m. l. prestée par le roy aux gens des Trois Estas d'icelui bas pays comme dit est, avec leurs dommaiges-interestz et despens qu'ilz ont faiz et qu'il leur convendra avoir et faire à l'occasion des choses dessusdites.

(Z ^{1} A 15, fol. 11.)

LVI

1445, 27 mars, Bourges.

Assiette sur la Marche d'une aide de 8,000 liv. pour le roi, suivie de la distribution de 2,050 liv. imposées par les États outre le principal.

1. — C'est le taux et assiette de la somme de huit mille livres tournois, à laquelle pour principal le roy nostre sire, par ses lettres patentes données le .ixe. jour de janvier dernier passé, avoit et a tauxez et imposez les pays de la Marche, la chastellenie de Montagu-en-Combraille et leurs ressors (à la somme de huit mil livres tournois) pour leur part et porcion de l'aide de .iii^c. .m. frans que ledit seigneur a voulu et ordonné estre mis sus en tous ses païs de Languedoil deça et dela la riviere de Loire, tant pour le paiement et entretenement des gens d'armes et de trait hors du royaume et pour garder que la pillerie et lesdictes gens de guerre ne retournent en icellui comme pour autres ses affaires; et avecques ce de la somme de .ii^m. .l. l. t., laquelle les gens des Trois Estaz d'iceulx païs ont voulu, consenti et ordonné estre sur eulx mise et imposée oultre et pardessus ladicte somme principale, tant pour Monsr le Daulphin et autres seigneurs nommez cy après en la fin dudit taux et assiette et pour les causes illec touchées, comme pour les frais et affaires des pays

dessusdiz; fait en la ville de Bourges le .xxviie. jour de mars l'an mil .cccc. .xliv. avant Pasques, par nous Jehan Barton, chancellier de la Marche, conseiller, Nicole du Brueil, secretaire, et Pion de Bar, varlet de chambre du roy nostredit s[r], ad ce fere par lui commis et ordonnez par sesdictes lettres.

(*Suit l'assiette.*)

2. — Cy après s'ensuit la distribucion de .n[m]. .l. frans assis en ce present papier oultre et pardessus ladicte somme de .viii[m]. frans appartenant au roy, laquelle somme y a esté assise du voloir et conscutement des gens des Trois Estaz dudit païs et de ceulx qui ont esté presens à fere ce present taux, et ordonné au receveur dudit aide de la distribuer aux personnes et en la maniere cy après declarée :

3. — Et premierement, à mons[r] le Daulphin, auquel mons[r] le conte de la Marche et les gens de sondit païs et conté avoient donné la somme de .m. frans à paier sur deux aides, c'est assavoir : les .v[c]. sur l'aide precedant ce present et les autres .v[c]. sur ce present aide, par ce.. .v[c]. f.

4. — A messeigneurs de Chauvigny, de Sainte-Severe et de La Borne, la somme de .vi[c]. frans, à chascun d'eulx .ii[c]. fr., pour chevaulx par eulx baillez en don à aucuns capitaines de gens d'armes qui vouloient entrer et louger oudit païs, pour moyen duquel don iceulx capitaines n'y ont point lougé, par ce.................................... .vi[c]. f.

5. — A sire Jehan de Bar, general de France, la somme de cent l. t. à lui donnée par lesdiz Trois Estaz pour certains plaisirs et services par lui faiz oudit païs de la Marche et afin d'avoir les affaires d'icellui en bonne recommandacion envers le roy nostredit seigneur, pour ce... .c. l. t.

6. — A maistres Jehan Barton, conseiller, Nicole du Brueil, secretaire, et Pierre de Bar, escuier, varlet de chambre dudit s^r, commissaires oudit païs pour avoir imposé et mis sus ladicte porcion, à chascun, .c. l. t. pour ce .... .iii^c. l. t.

7. — Au receveur d'icellui aide......... .vi^{xx}. l. t.

8. — Au seneschal de la Marche, pour don à lui fait par lesdiz Estatz pour certains voyages, plaisirs et services par lui faiz pour le bien dudit païs......... .iiii^{xx}. l. t.

9. — Audit maistre Jehan Barton, chancellier de la Marche, pour semblable................ .iiii^{xx}. l. t.

10. — A Me Guillaume Piedieu, garde de la Marche, pour semblable.......................... .lx. l. t.

11. — A Jaques de La Ville, tresorier de ladicte Marche, pour semblable........................ .lx. l. t.

12. — A Me Anthoine Alart, secretaire de Monsr de la Marche, pour semblable................. .xxv. l. t.

13. — A Monsʳ du Monteil, pour semblable. .xxv. l. t.

14. — A Macé Bardoys, clerc, pour avoir fait les letres patentes et closes par vertu desquelles ledit aide a esté mis sus, ensemble pluseurs lettres closes du roy nostredit sʳ pour l'assemblée desdiz Estatz.......... .x. l. t.

15. — Pour certaine despence faicte en la ville de Guaret, en laquelle a esté faicte l'assemblée d'iceulx Estatz pour le fait de l'octroy dudit aide, tant pour leur despence de bouche que autrement................ .LXXV. l. t.

16. — A Jehan de Maillat et Pierre Rousselot, clercs, c'est assavoir : à icellui Maillat, .c. s. t., et audit Rousselot, .x. l. t., pour avoir escriptes les assiettes de ladicte porcion, fait les commissions pour icellui mettre suz, ensemble pluseurs lettres closes à eulx ordonnées faire par lesdiz commissaires, pour ce............ .xv. l. t.

17. — Ceste assiette a esté faicte à Bourges par nous commissaires dessusdiz et signée de noz saings manuelz le .xxviiᵉ. jour de mars l'an mil .cccc. .xliiii., avant Pasques. — J. Barton. — N. du Brueil. — P. de Bar.

(*Orig.* B. N., *Fr*. 23901, *Marche*, n° 2.)

LVII

1445, 10 avril, Riom.

Distribution certifiée par les commissaires du roi d'une somme de 4,500 liv. imposée avec son autorisation dans la Basse-Auvergne pour les affaires du pays.

Nous Thibault, evesque de Maillezais, Jehan d'Estampes et Jehan de Bar, generaulx conseilliers sur le fait et gouvernement de toutes finances, et Jaques Cuer, argentier du Roy nostre sire, commissaires ordonnez par icellui Seigneur à mettre sus et imposer es hault et bas païs d'Auvergne la porcion de l'aide de .II^c. .XL^m. frans, faisons assavoir à tous que comme, par vertu des lettres du roy nostre sire, ausquelles ces presentes sont atachées soubz l'un de noz signetz, et du congié contenu en icelles, ait esté ou bas pays d'Auvergne assise et imposée la somme de quatre mille cinq cens livres tournois du consentement des gens des Troys Estaz d'icellui pays, oultre et pardessus la portion dudit aide de .II^c. .XL^m. frans à eulx appartenant, pour icelle somme de .IIII^m. .V^c. fr. estre par nostre ordonnance emploiée, baillée et distribuée pour le bien dudit pays et des habitans d'icellui, laquelle somme a esté cueillie et levée par Pierre Mandonier, receveur à ce ordonné par le roy nostredit seigneur, et par nostre ordonnance baillée et distribuée par ledit receveur en la matiere qui s'ensuit, c'est assavoir : à Monseigneur Charles d'Anjou, conte du Maine et de Mortaing, .II^m. frans dont le roy lui a ordonné prendre .VII^c. .L. l. t. sur les fraiz et icy sur lesdiz .IIII^m. V^c. frans .XII^c. .L. l. t., afin qu'il soit plus enclin d'avoir ledit païs d'Auvergne recommandé ; à Monseigneur le duc de Bourbonnois et d'Auvergne, pour semblable cause et pour plus liberalment se employer en la deffense d'icellui, .XI^c. .LXVI. l. .XIII. s. .IV. d. ; à Monseigneur l'evesque de Clermont et à messire Jaques de Chabannes, seneschal de Bourbonnois, .VIII^c. .XXXIII. l. .VI. s. .VIII. d. t. ; à certains conseilliers du roy, cappitaines et gens de guerre et autres qui se sont emploiez pour le fait dudit pays, .XII^c. .L. l. t., ainsi qu'il peut plus à plain apparoir par les quittances particullieres sur ce baillées audit receveur, lesquelles choses nous certiffions estre vrayes et en avons audit receveur donné noz presentes lettres pour lui valoir en son acquit, ainsi qu'il a pleu au roy nostredit seigneur l'ordonner par sesdictes lettres. En tesmoing de ce nous avons mis à ces presentes noz seings manuelz en la ville de Riom le dixziesme jour du mois d'avril l'an mil .CCCC. quarante et cinq après Pasques. — *Signé :* T., EVESQUE DE MAILLEZAYS. — BAR.

(*Orig.* B. N., *Fr.* 20885, fol. 27. — *Sceaux enlevés.*)

LVIII

1445, AVRIL ET AOUT, RIOM.

Instructions pour la Basse-Auvergne sur le fait d'une aide de 52,000 liv. octroyée au roi en deux termes, et autres sommes imposées outre le principal.

1. — Instruccions et ordonnances faites, passées et accordées en la ville de Riom, ou mois d'avril l'an mil .cccc. quarante et cinq, par les gens d'eglise et nobles du Bas Païs d'Auvergne, sur le partaige et division d'un aide de la somme de cinquante deux mil livres tournois, octroyé au roy nostre sire par les gens des Trois Estas dudit Bas Païs et du Hault Païs d'Auvergne pour ce assemblez en ladicte ville de Riom oudit mois d'avril cellui an pardevant monsr l'Evesque de Maillezais, conseillier, et sire Jehan de Bar, aussi conseillier du roy nostredit seigneur, et general de France, commissaires à ce depputez et envoiez de par le roy nostredit sr pour requerir et demander ledit aide pour la porcion d'un aide de trois cens mil francs mis sus par icellui seigneur en ses païs de Languedoïl ou mois de janvier precedent pour l'entretenement et souldoyement des gens [de] guerre, affin de les tenir hors du royaume et es frontieres, et pour ses autres affaires;

2. — Laquelle somme de .lii^m. fr. on a ordonnée estre mise sus et imposée à deux foiz, c'est assavoir, à chascune foiz vint six mil livres tournois oudit bas et hault païs; dont on a ordonné estre mis sus avecques lesdiz .xxvi^m. fr. premiers la somme de six mil livres tournois que le roy nostredit seigneur, par ses lettres patentes, a ordonnée estre mis sus pour certains fraiz avecques certaines autres sommes accordées estre mises sus par le consentement desdictes gens desdiz Trois Estaz desdiz Bas et Hault Païs, ainsi que ci après sera declairé; et les autres vint six mil livres tournois restans dudit octroy fait au roy, comme dit est, ont esté ordonnez estre mis sus à ung autre terme ensuivant.

Et s'ensuit ledit partaige :

3. — Premierement ledit Hault Païs des Montaignes d'Auvergne est et sera tenu paier pour sa quarte partie de ladicte somme de .xxvi^m. l. t., ainsi qu'il a acoustumé à faire de toutes tailles et aides, la somme de six mil cinq cens livres tournois ;

4. — *Item*, est et sera tenu paier pour sa quarte partie à lui appartenant de la somme de treize cens soixante quinze livres tournois, pour .m. escus donnez et octroyez par lesdictes gens desdiz Trois Estaz à Monsr le daulphin de Viennois affin qu'il ait le païs en especial recommandacion et y garde de venir logier les gens d'armes à son povoir, la somme [de] trois cens quarante trois livres, quinze solz tournois ;

5. — *Item*, est et sera tenu paier pour sa quarte partie à lui appartenant de la somme de deux mil livres tournois donnée et octroyée par lesdictes gens desdiz Trois Estaz à mons' le duc de Bourbonnois et d'Auvergne pour lui aidier à entretenir son estat et affin qu'il ait le païs pour recommandé envers le roy et mondit s' le Daulphin, et que à son povoir il garde de venir logier les gens d'armes oudit païs, la somme de cinq cens livres tournois ;

6. — *Item*, est et sera tenu paier pour sa quarte partie à lui appartenant de la somme de mil livres tournois donnée et octroyée par lesdictes gens desdiz Trois Estaz à mons le conte de Clermont pour lui aidier à entretenir son estat et estre plus honorablement en la compaignie et service du roy, la somme de deux cens cinquante livres tournois ;

7. — *Item*, est et sera tenu paier pour sa quarte partie à lui appartenant de la somme de unze cens livres tournois donnée et octroyée par lesdictes gens desdiz Trois Estaz ausdiz commissaires depputez et envoiez de par le roy nostredit s' requerir et demander cedit aide oudit païs, comme dessus est dit, et à certains secretaires du roy nostredit s' estans en leur compaignie cy après escriptz, c'est assavoir : à mondit s' de Maillezais et à sire Jehan de Bar, à chascun .v^c. l. t., font mil livres tournois ; à maistre Jehan de La Loere, soixante livres tournois ; à maistre Nicole du Brueil, vint livres tournois, et à maistre Jehan Thierry, vint livres tournois, pour leur aidier à deffraier

des despenses qu'il leur a convenu faire à venir audit païs demander ledit aide, comme dit est, la somme de deux cens soixante quinze livres tournois ;

8. — *Item*, est et sera tenu paier pour sa quarte partie à lui appartenant de la somme de cinquante livres tournois donnée et octroyée par lesdictes gens desdiz Trois Estaz à maistre Jehan de Poictiers, secretaire de mondit s^r le daulphin de Viennois, pour le aidier à le deffraier de la despense qu'il a faicte en deux voyages qu'il a esté oudit païs de par mondit s^r le daulphin pour requerir ausdictes gens desdiz Trois Estaz qu'ilz voulsissent donner et octroyer à mondit s^r aucune somme de deniers pour lui aidier à supporter les charges et despenses que chascun jour lui convient faire et soustenir ou service du roy et autrement, la somme de douze livres, dix solz tournois ;

9. — *Item*, est et sera tenu paier pour sa quarte partie à lui appartenant de la somme de neuf cens soixante quinze livres tournois pour .xiiie. moutonn. (*sic*) d'or donnée et octroyée par lesdictes gens desdiz Trois Estaz au bastart d'Armaignac affin que lui et ses gens qui estoient logiez oudit païs vuidassent et s'en alassent hors d'icellui, la somme de deux cens quarante trois livres, quinze solz tournois.

10. — *Item*, les habitans des Bonnes Villes dudit Bas Païs, qui ont acoustumé prendre la .vi^e. partie de tous aides et tailles. seront tenuz paier pour leur .vi^e. partie de ladicte somme de .xxvi^m. l. t. ordonnée estre mise sus,

comme dit est, la somme de quatre mil trois cens trente trois livres, six solz, huit deniers tournois;

11. — *Item*, seront tenuz paier pour la .vi^e. partie à eulx appartenant de la somme de .xiii^c. .lxxv. l. t., pour .m. escus, donnée et octroyée, comme dit est, à mondit s^r le daulphin, la somme de deux cens vint neuf livres, trois solz, quatre deniers tournois;

12. — *Item*, seront tenuz paier pour la .vi^e. partie à eulx appartenant de la somme de .ii^m. l. t. donnée et octroyée à mondit s^r le duc de Bourbonnois et d'Auvergne, comme dessus est dit, la somme de trois cens trente trois livres, six solz, huit deniers tournois;

13. — *Item*, seront tenuz paier pour la .vi^e. partie à eulx appartenant de ladicte somme de .m. l. t. donnée et octroyée à mondit s^r le conte de Clermont, comme dit est, la somme de huit vins six livres, treize solz, quatre deniers tournois;

14. — *Item*, seront tenuz paier pour la .vi^e. partie à eulx appartenant de ladicte somme de .xi^c. l. t. donnée et octroyée ausdiz commissaires envoiez de par le roy demander ledit aide audit pais et ausdiz secretaires d'icellui s^r venuz en leur compaignie, comme dit est, la somme de neuf vins trois livres, six solz, huit deniers tournois;

15. — *Item*, seront tenus paier pour la .vi^e. partie à eulx appartenant de ladicte somme de .l. l. t. donnée et oc-

troyée audit maistre Jehan de Poictiers, secretere de mondit s^r le daulphin, comme dessus est dit, la somme de huit livres, six solz, huit deniers tournois ;

16. — *Item*, seront tenuz paier pour la .vi^e. partie à eulx appartenant de ladicte somme de .ix^c. .lxxv. l. t. pour .xiii^c. moutonn. donnée et octroyée au bastart d'Armaignac, comme dit est, la somme de huit vins deux livres, dix solz tournois,

17. — *Item*, a esté ordonné par lesdictes gens des Trois Estaz dudit bas païs d'Auvergne que Pierre Mandonnier soit receveur dudit aide oudit bas païs aux gaiges et somme de trois cens livres tournois et aux autres prouffiz et emolumenz acoustumez, de laquelle somme de .iii^c. l. t. il se paiera par sa main des deniers de sa recepte; et monte la .vi^e. partie appartenant aux habitans desdictes Bonnes Villes d'icelle somme de .iii^c. l. t. la somme de cinquante livres tournois. Ainsi monte la .vi^e. partie appartenant ausdiz habitans desdictes Bonnes Villes des sommes et parties dessusdictes la somme de [.v^m. .iiii^c. .iiii^{xx}. .iii. l. .xiii. s. .iiii. d. t.]

18. — Et le residu des sommes et parties dessusdictes avecques certaines autres parties et sommes qui seront ci après escriptes et declairées seront mises sus par les commisseres ci après escrips ordonnez par lesdictes gens d'église et nobles dudit Bas Païs à fere les taux et impostz des tailles et aides mis sus oudit Bas Païs et autrement, tauxées et imposées sur les habitans dudit plat païs dudit

Bas Païs et par eulx baillées par escript en ung cayer de pappier signé de leurs mains audit Pierre Mandonier, receveur, par vertu duquel pappier icellui receveur fera sa recepte, et les deniers qui seront ainsi mis sus et imposez et à lui bailliez par ledit cayer de pappier, et aussi par le taux et impost desdiz habitans desdictes Bonnes Villes, il recevra tant desdiz habitans desdictes Bonnes Villes comme de ceulx dudit plat païs dudit Bas Païs d'Auververgne, et les distribuera ainsi qu'il s'ensuit :

19. — Premierement, il sera tenu paier pour le roy nostre s^r à maistre Jehan de Xaincoins, receveur general de toutes les finances d'icellui s^r et par ses lettres et descharges ou d'autres qui de ce fere ont ou auront la puissance ou par lettres et mandemens du roy nostredit s^r, la somme de dix neuf mil cinq cens livres tournois appartenant audit Bas Païs d'Auvergne pour sa part de ladicte somme de .xxvi^m. l. t. que on mettra presentement sus, comme dit est, en prenant par ledit Mandonier, receveur, ses descharges, lettres et acquiz telz qu'ilz lui seront neccesseres ;

20. — *Item*, sera tenu paier pour la porcion appartenant audit plat païs dudit Bas Païs d'Auvergne pour sa part et porcion de ladicte somme de .xiii^c. .lxxv. l. t. pour mil escus d'or donnée et octroyée, comme dit est, à mondit s^r le daulphin : mil trente une livre cinq solz tournois ;

21. — *Item*, sera tenu paier à mondit s^r le duc de Bourbonnois et d'Auvergne pour la porcion appartenant audit Bas Païs d'Auvergne de ladicte somme de .ii^m. l. t. à lui

donnée, comme dessus est dit, la somme de quinze cens livres tournois, en prenant quittance de lui ou de son tresorier ou autre ayant puissance de ce fere de par mondit s^r ;

22. — *Item*, sera tenu de paier à mon dit s^r le conte de Clermont pour la porcion appartenant audit Bas Païs de ladicte somme de .M. l. t. à lui donnée, comme dit est, la somme de sept cens cinquante livres tournois, en prenant quittance de mondit s^r le conte ou de monsieur le duc son pere ou d'autre ayant puissance de ce fere ;

23. — *Item*, sera tenu de paier à mesdiz seigneurs les commisseres envoiez de par le roy, comme dessus est dit, en cedit païs d'Auvergne, requerir et demander cedit aide, et aux secreteres du roy ci dessus escrips, pour la porcion appartenant audit bas païs de ladicte somme de .XI^c. l. t. à eulx donnée, comme dit est, la somme de huit cens vint cinq livres tournois, c'est assavoir : à mondit s^r l'evesque de Maillezais, trois cens soixante quinze livres tournois ; audit sire Jehan de Bar, general de France, trois cens soixante quinze livres tournois ; audit maistre Jehan de La Loere, quarante cinq livres tournois ; audit maistre Nicole du Brueil, quinze livres tournois, et audit maistre Jehan Thierry, quinze livres tournois, en prenant quittance pour son acquit desdiz commisseres et secretaires tant seulement ;

24. — *Item*, sera tenu paier audit maistre Jehan de Poictiers, secretaire de mondit s^r le daulphin, pour la porcion appartenant audit Bas Païs de la somme de .L. l. t.

à lui donnée, comme dit est, la somme de trente sept livres dix solz tournois, en prenant quittance de lui tant seulement ;

25. — *Item*, aura et prendra ledit Pierre Mandonier, ordonné receveur, comme dit est, ladicte somme de .iii^c. l. t., par sa main, des deniers de sa recepte dudit aide, à lui ordonnée comme dessus est dit ;

26. — *Item*, a esté ordonné par lesdictes gens d'église et nobles dudit Bas Païs que ledit Pierre Mandonier, receveur, paie, baille et delivre des deniers de sa recepte qui seront mis sus oultre l'octroy principal dudit aide à certains seigneurs dudit païs d'Auvergne et autres qui seront ci après escrips, les sommes qui leur ont esté ordonnées, ainsi et pour les causes qui seront cy après declairées, en prenant leurs quittances d'icelles sommes tant seulement ;

27. — Premierement, à mondit s^r le duc de Bourbonnois et d'Auvergne, pour ses fraiz et despenses d'estre venu à deux journées tenues en ladicte ville de Riom pour appoincter et conclurre le fait dudit aide, quatre cens livres tournois ;

28. — A madame la duchesse de Bourbonnois et d'Auvergne, qui lui a esté ordonné et donné par lesdictes gens des Trois Estaz [1] pour lui aidier à entretenir son estat et

---

1. Il faut lire évidemment *gens d'eglise et nobles*, au lieu de *gens des Trois Estats*.

pour aucuns services que elle a faiz audit païs, et aussi affin que elle l'ait pour recommandé, quatre cens livres tournois ;

29. — A mondit s^r le conte de Montpensier, daulphin d'Auvergne, pour semblable cas que à mondit s^r le duc, deux cens soixante livres tournois ;

30. — A madame la contesse de Montpensier, pour semblable cas que à madame la duchesse, et aussi que le païs ne lui donna jamais rien, deux cens livres tournois ;

31. — A Monseigneur le conte de Bouloigne et d'Auvergne, pour semblable cas que à mondit s^r le duc, deux cens soixante livres tournois :

32. — A monseigneur l'evesque d'Alby, pour semblable, cent livres tournois ;

33. — A mons^r de Dampierre et de Revel, pour semblable, neuf vins livres tournois ;

34. — A messire Loys de Beaufort, conte d'Aleps, viconte de la Mote et seigneur de Canilhac, pour semblable cause, neuf vins livres tournois ;

35. — A messire Jehan, seigneur de Langhac et de Brassac, seneschal d'Auvergne, pour semblable, neuf vins livres tournois ;

36. — A messire Jehan, seigneur de Chazeron, pour semblable, neuf vins livres tournois ;

37. — A mons^r d'Arlenq, pour semblable, trente livres tournois ;

38. — A messire Anthoine de Tournoelle, seigneur de Chasteauneuf, pour semblable, trente livres tournois ;

39. — A Jaque, seigneur du Monteil, pour semblable, quarante livres tournois ;

40. — A messire Jehan de Chauvigny, chevalier, seigneur de Blot, pour semblable, quarante livres tournois ;

41. — A messire Loys de Banson, abbé de Mouzat, pour semblable, vint livres tournois ;

42. — A mons^r le prieur de la Voulte, pour semblable, trente livres tournois ;

43. — A mons^r de La Fayette, mareschal de France, pour aucuns services qu'il a faiz au païs, tant devers le roy pour aucunes besongnes que ledit païs y avoit à faire comme autrement, neuf vins livres tournois ;

44. — A messire Bertrand de La Tour, seigneur de Montgascon, pour semblable, neuf vins livres tournois ;

45. — A messire Jaques de Chabanes, chevalier, seneschal de Bourbonnois, pour certains voyages qu'il a faiz pour ledit païs devers les gens d'armes de la com-

paignie du bastart d'Armaignac et autres cappitaines affin de les fere vuidier hors dudit païs, et pour autres services qu'il a faiz audit païs, et pour partie d'un cheval qu'il a baillée au lieutenant dudit bastart d'Armaignac, neuf vins livres tournois ;

46. — A   , seigneur de Montagu, pour semblable que aux autres seigneurs devant nommez, trente livres tournois ;

47. — A   , seigneur d'Alegre, pour semblable cause, quarante livres tournois ;

48. — A   , procureur et comparissant pour mons^r l'abbé de la Chaze-Dieu, pour ses despens faiz à estre venu de par mondit s^r l'abbé ausdictes journées, cent solz tournois ;

49. — A Anne du Boschet, procureur et comparissant pour mons^r d'Oliergnes, pour semblable cause que dessus, cent solz tournois ;

50. — A   , procureur et comparissant pour mons^r de La Roe, pour semblable cause, dix livres tournois ;

51. — Audit bastard d'Armaignac pour le parpaiement de .ix^c. .lxxv. l. t. pour .xiii^c. moutonn. que on lui a donnez et ordonnez affin que lui et les gens d'armes et de trait de sa compaignie s'en alassent et vuidassent hors

dudit païs et n'y feissent dommage, sept cens trente une livres cinq solz tournois ;

52. — A Pierre Mandonier, qu'il a paié pieça par l'ordonnance et commandement de messeigneurs dudit païs à messeigneurs l'evesque de Maillezais et sire Jehan de Bar, general de France, conseillers du roy, pour aucuns services qu'ilz ont faiz audit païs, cinq cens livres tournois ;

53. — A Robert de Guierros, sergent d'armes du roy, pour aucuns voyages qu'il a faiz pieça par l'ordonnance de mons^r le daulphin et de mess^{rs} dudit païs devers la compaignie des Bretons et autres cappitaines, eulx estans es marches du Puy et de Velay, et leur deffendre de par mondit s^r le daulphin qu'ilz n'entrassent et ne feissent dommaige audit païs d'Auvergne, quarante livres tournois ;

54. — A Guillaume Morant, escuier, cappitaine de la Mote, qui lui a esté delivré à son partement d'un voyage qu'il a fait dudit païs d'Auvergne devers le roy à Nancy en Lorraine affin d'avoir diminucion de certaine grant somme que le roy demandoit audit païs d'Auvergne et en autre terme, et sur sondit voyage, .xxx. escus, vallent quarante une livres quinze solz tournois ;

55. — A maistre Jehan de Pouzoulx, docteur en loys, pour estre venu à Riom devers mesdiz s^{rs} d'Auvergne, pour aucunes choses touchans le bien dudit païs, affin de l'envoyer devers le roy en ambaxade pour lui remonstrer

les affaires et necessitez dudit païs, cinquante livres tournois ;

56. — A Merlin de Cordebeuf, escuier, pour ung voyage qu'il a fait à estre venu de Nancy, où il estoit, oudit païs d'Auvergne pour aucunes choses à lui enchargées par le roy et mons^r de La Fayette, mareschal de France, dire à mess^{rs} dudit païs d'Auvergne et y retourner de par lesdiz Trois Estaz, cinquante livres tournois ;

57. — A Lancelot de Bonneville, escuier, pour certains voyages et despenses qu'il a faictes à avoir esté devers les gens du bastard d'Armaignac affin de les faire aler hors dudit païs et pour autres voyages qu'il a faiz pour le fait dudit païs et pour ung cheval qu'il a delivré audit bastart d'Armaignac, pour tout, quatre vins livres tournois ;

58. — A maistre Oignon, pour semblable cause, vint livres tournois ;

59. — A Galant, trompette de mondit s^r le duc, pour semblable cause, et pour aucuns autres services qu'il a faiz audit païs, quarante livres tournois ;

60. — Au dessusdit Robert de Guierros, sergent d'ar- du roy, pour avoir esté faire commandement par vertu d'un mandement du roy au bastart d'Armaignac et sa compaignie qu'ilz n'entrassent point ou païs d'Auvergne pour y faire dommaige, lesquelz bastart et sa compaignie estoient oudit païs d'Auvergne, vint livres tournois ;

61. — A Carles de Castillon, maistre Pierre des Crosses et Morelet Le Viste et Charlot de Roolot, grenetier de Nysmes, commisseres ordonnez par le roy à venir prendre le sel en certaines parties du païs d'Auvergne, que on leur a donné affin de surseoir et qu'ilz ne procedassent plus avant jusques on eust nouvelles du conseil du roy, deux cens livres tournois ;

62. — Au dessusdit Guillaume Morant, cappitaine de La Mote, pour la parpaye dudit voyage qu'il a fait dudit païs d'Auvergne devers le roy à Nancy pour la cause dessusdicte, ouquel voyage il a perdu ung cheval qui est mort par fortune, cinquante livres tournois ;

63. — A maistre Jehan Le Viste, lieutenant general de mons* le seneschal d'Auvergne, pour aucuns services qu'il a faiz oudit païs et pour soy aidier à habiller pour aler en ambaxade de par ledit païs devers le roy avecques les autres à ce ordonnez, cinquante livres tournois ;

64. — A Acx, le herault, pour certains voyages qu'il a faiz pour le fait dudit païs, dix livres tournois ;

65. — A Rodés, le herault, pour semblable cause, vint livres tournois ;

66. — A messire Jehan du Chastel, chevalier, pour certains voyages qu'il a faiz pour ledit païs, tant devers les gens d'armes que ailleurs affin de fere vuidier lesdiz gens d'armes, cent livres tournois ;

67. — A Jehan Gon, secretaire de mondit sr le duc de Bourbonnois et d'Auvergne, pour avoir fait pour ledit païs certaines lettres closes et autres escriptures touchans le fait dudit païs, quarante livres tournois ;

68. — A Guillemin de Reilhac, pour ung voyage qu'il a fait devers le roy pour le fait du païs, vint livres tournois ;

69. — A messire Jaques de Chastillon, seigneur de Dampierre et de Revel, pour lui aidier à soy habiller pour aler à l'ambaxade ordonnée fere devers le roy par lssdictes gens desdiz Trois Estaz pour remonstrer au roy et à messeigneurs de son conseil certaines choses touchans les charges et affaires dudit païs, six vins livres tournois ;

70. — Audit messire Jaques de Chabanes, chevalier, seneschal de Bourbonnois, pour aucuns services qu'il a faiz audit païs en pluseurs voyages par lui faiz devers les gens d'armes, oultre ce qu'il lui a esté ordonné cy devant, six vins livres tournois ;

71. — A monsr de Gaucourt, pour lui aidier à paier la raençon de ses enfans qui sont és mains des Anglois prisonniers pour le fait de mondit sr de Gaucourt qui fut prins desdiz Anglois, lui estant ou service du roy et emmené prisonnier, cinq cens trente livres tournois, dont il y a pour son clerc, Jehan le Mire, quarante deux livres dix solz tournois, et le seurplus, qui est quatre cens

quatre vins deux livres dix solz, pour mondit s^r, pour lui parfere la somme de cinq cens escus, que le païs lui a donnez à prendre ladicte somme tant ou hault païs que au bas, pour ce : cinq cens trente livres tournois ;

72. — A mess^rs Jehan, s^r de Langhac et de Brassac, seneschal d'Auvergne, et Jehan de Chauvigny, s^r de Blot, chevaliers, maistre Pierre Boniol, official de Clermont, messire Guiot du Ruif, abbé d'Artbonne, Pierre Voulpilliere, escuier, maistre d'ostel de mons^r le conte de Montpensier, et Robert Coustave, escuier, commisseres ordonnez par lesdictes gens d'eglise et nobles dudit Bas Païs à fere le taux et imposiz des tailles et aides octroyez au roy et autrement sur les habitans du plat païs d'icellui bas païs, qui leur a esté ordonné pour fere le taux et impost de l'aide dont cesdictes Instruccions font mencion, à chascun cinquante livres tournois, font trois cens livres tournois ;

73. — A Perrinet Gascourt, greffier des esleuz de Clermont sur le fait des aides ordonnez pour la guerre, pour avoir fait pluseurs lettres et escriptures touchans ledit païs et pour avoir fait ces presentes instruccions et ordonnances, minuté et grossoyé par deux foiz, trente livres tournois ;

74. — A Montargis, chevaucheur de l'escuierie du roy nostre sire, pour deux voyages qu'ilz ont faiz (*sic*), l'un és païs de Nivernois et de Berry pour enquerir du convive des

gens du bastart d'Armaignac, et l'autre devers le roy pour enquerir se les gens d'armes vendroient vivre en Auvergne, vint livres tournois ;

75. — Audit Mandonier, receveur, qu'il prendra par sa main, pour certaine despense faicte en la ville de Riom par les commisseres ordonnez à fere le taux dudit aide par trois jours qu'ilz y ont esté sur aucunes choses touchans le fait dudit païs, treize livres tournois.

76. — *Item*, et depuis, c'est assavoir ou mois d'aoust ensuivant, cellui an mil .ccccxlv., a esté ordonné par les gens des Trois Estas estre mis sus oudit bas Païs le second et derrenier terme dudit aide de .lii^m. l. t., ainsi qu'il avoit esté accordé, dont la part et porcion appartenant ausdictes Bonnes Villes et audit plat païs dudit Bas Païs monte la somme de dix neuf mille cinq cens livres tournois, laquelle somme de .xix^m. .v^c. l. t. ledit Mandonier, ordonné receveur dessusdit, sera tenu paier pour le roy nostredit s^r audit maistre Jehan de Xaincoins, receveur general, ou autre ayant la puissance en prenant ses descharges et acquitz telz qu'il appartiendra ; et avecques la porcion appartenant audit plat païs de ladicte somme de .xix^m. .v^c. l. t., a esté ordonné par les gens d'église et nobles d'icellui bas païs estre mis sus par les dessusdiz commisseres la porcion appartenant audit bas païs des sommes cy après escriptes, et desdictes parties iceulx commisseres dessus nommez feront faire ung papier signé de leurs mains de l'impost qui en sera fait, lequel sera par eulx baillé audit receveur pour faire sa recepte, lesquelles sommes cy après escrip-

tes qui seront mises sus tant par ceulx desdictes bonnes villes comme par lesdiz commisseres seront paiées, baillées et delivrées par ledit Mandonier, receveur, aux personnes et pour les causes cy après declairées en prenant leurs quittances d'icelles sommes tant seulement :

77. — Premierement, à mons^r de Culant et ledit sire Jehan de Bar, general de France, qui leur a esté ordonné pour leur voyage d'estre venuz de par le roy oudit Bas Païs d'Auvergne faire et departir par les bonnes villes et aucunes des parroisses dudit Bas Païs les logeis où sont logiez les gens de guerre estans de par le roy oudit Bas Païs et mettre sur les habitans desdictes Bonnes Villes et dudit plat païs les vivres qui ont esté ordonnez estre delivrez par lesdiz habitans dudit pais ausdiz gens de guerre, ainsi que le roi a ordonné, ouquel voyage ilz ont vacqué par long temps, cinq cens livres tournois ;

78. — Audit seneschal d'Auvergne, qui lui a esté ordonné pour semblable cause, et pour oyr et decider des debaz qui pourroient survenir entre lesdictes gens de guerre et lesdiz habitans d'icellui païs, à quoy il a esté commis par le roy, cent livres tournois ;

79. — A mons^r d'Orval, cappitaine et chief desdictes gens de guerre logiez de par le roy oudit Bas Païs, la somme de treize cens trente cinq livres tournois qui lui a esté ordonnée pour la delivrer et distribuer ausdictes gens de guerre pour avoir leurs vivres neccesseres aux jours

qu'on ne mengue point de char pour certain temps lors avenir, pour ce .xiii*ᶜ*. .xxxv . l. t. ;

80. — A monsʳ de Revel et de Damppiere, pour avoir pourchacé et obtenu du roy les lettres neccesseres adreçans aux commisseres ordonnez par le roy à faire la visitacion des feux et beluges desdiz Bas et Hault Païs d'Auvergne, et pour les avoir fait veriffier, ainsi que besoing en estoit, quatre cens cinquante livres tournois ;

81. — A Guillemin de Reilhac, secretaire et maistre de la chambre aux deniers de monsʳ le conte de Montpensier, et Rodés, le herault, pour ung voyage qu'ilz ont fait devers le roy ou païs de Champeigne par l'ordonnance des gens d'eglise et nobles dudit païs pour avoir provision sur aucunes choses que lesdictes gens de guerre demandoient avoir du païs, soixante quinze livres tournois, et pour la perte de finance qu'il a convenu paier pour finer promptement leurdit paiement, six livres tournois, font : quatre vins une livres tournois ;

82. — A Lancelot de Bonneville, escuier, qui lui a esté ordonné pour certains voyages qu'il a faiz de par ledit païs ou païs de Velay, et en recompensacion de partie d'un cheval qu'il bailla pieça pour les raençons dudit païs, cinquante livres tournois.

83. — A messire Jehan, seigneur de Langhac, seneschal d'Auvergne, maistre Pierre Boniol, official de Clermont, Pierre Voulpilhiere, et Robert Coustave, escuiers,

et Pierre Mandonier, cinq des commisseres ordonnez par le roy et ledit païs à departir et imposer sur les habitans des Bonnes Villes et parroisses d'icellui Bas Païs les porcions des vivres que le roy a ordonné estre delivrez par les habitans desdictes Bonnes Villes et parroisses aux gens de guerre qui y sont logiez de par le roy, qui leur a esté ordonné pour faire ledit departement et impostz où ilz ont vacqué par long temps, la somme de deux cens quarante livres tournois, c'est assavoir : à mondit s^r de Langhac, seneschal d'Auvergne .IIII^{xx}. l. t., audit official .xxx. l. t., ausdiz Voulpilhière et Coustave, à chascun .xl. l. t., et audit Pierre Mandonier, .l. l. t., pour ce.. . . . . .II^c. .xl. l. t.

84. — A Anthoine Mandonnier, Tourguet Doymet et Henry Le Roussel, clers, pour avoir esté en la compaignie des dessusdiz commisseres et fait les papiers, registres, roolles et impostz qui ont esté faiz pour le fait d'iceulx vivres, la somme de cinquante trois livres tournois, c'est assavoir audit Anthoine Mandonier, .xxxv. l. t., audit Tourguet .xii. l. t., et audit Roussel .vi. l. t., pour ce . . . . .liii. l. t.

85. — En tesmoing desquelles choses nous Loys de Bourbon, conte de Montpensier, daulphin d'Auvergne, Bertrand, conte de Bouloigne et d'Auvergne, s^r de La Tour, Jehan, s^r de Langhac et de Bressac, seneschal d'Auvergne, et Loys de Beaufort, marquis de Canilhac et viconte de La Mote, avons fait mettre noz seaulx à ces presentes instruccions faictes et données esdiz mois

d'avril et aoust l'an dessudiz mil .cccc. quarante cinq.

(*Orig.* B. N., *Fr.* 22296, n° 5. — *La pièce a été coupée au bas ce qui a enlevé les sceaux et le revers.*)

LIX

1445, 12 juin.

Quittance de l'évêque de Saint-Flour, commissaire pour l'assiette des impôts dans la Haute-Auvergne, de 100 liv. à lui données par les États.

Nous Jaques, par la permission divine, evesque de Saint-Flour, conseiller du roy nostre sire et l'un des commisseres ordonné par les Troys Estaz des Pays d'Auvergne à mettre sus, asseoir et imposer en iceulx la porcion de l'aide de .iiie. .m. fr. mis sus par le roy nostredit s^r en ses pays de Languedoïl ou mois de janvier derrain passé, confesse avoir eu et receu de Martin Roux, receveur dudit aide ou hault pays d'Auvergne et des deniers mis sus pour les afferes communs dudit pays, la somme de cent livres tournois à nous ordonnée par les instrucions faictes et accordées par les Troys Estaz dudit pays à l'assemblée par eulx faicte à Ryon pour le fait dudit aide ou mois d'avril derrain passé, tant pour avoir esté à ladicte assemblée comme pour noz peines et saleres d'avoir vacqué au fait et impost de ladicte porcion et desdiz afferes communs pour le premier terme dudit aide, de laquelle somme de .c. l. t. nous nous tenons pour contens et bien paiez et en quittons ledit receveur et tous autres. En tesmoing de ce nous avons signé ces presentes de nostre seing manuel et fait seeller de nostre seel le .xiie. jour de juing l'an mil .cccc. quarente et cinq. — *Signé :* Jaques, evesque de Saint-Flour. — (*Le sceau est enlevé.*)

(*Orig.* B. N., *Fr.* 20883, n⁰ 44.)

LX

1445, 24 novembre.

Quittance de Pons de Lastic, élu sur le fait des aides à Saint-Flour, de 30 liv. à lui donnees par les États de la Haute-Auvergne.

Je, Pons de Lastic, chevalier, seigneur de Montsut, esleu pour le roy nostre sire sur le fait des aides ordonnez pour la guerre ou hault pays d'Auvergne et diocese de Saint-Flour, et l'un des commissaires ordonné par ledit s^r tant à mettre sus, asseoir et imposer en icelui la porcion de l'aide de .iii^c. .m. frans mis sus par le roy nostredit s^r en ses pays de Languedoïl ou mois de janvier derrenier passé comme les vivres des gens d'armes logiez oudit pays par l'ordonnance d'icellui seigneur, confesse avoir eu et receu de Martin Roux, receveur dudit aide oudit hault pays d'Auvergne et des deniers mis sus par les gens des Troys Estaz dudit pays oultre et pardessus le principal dudit aide pour les affaires communs d'icellui, la somme de trente livres tournois à moy ordonnée par le .iie. et derrenier roule des Instruccions faictes et accordées par lesdiz Troys Estaz, tant pour le fait dudit aide que pour lesdiz affaires communs.

De laquelle somme, etc..., le .xxiiii⁰. jour du mois de novembre l'an mil .cccc. quarente et cinq. — *Signé :* P. DE LASTIC.

(B. N., *Clair.* 171, p. 5537.)

LXI

1445, 18 décembre.

Quittance d'Amauri du Montal, bailli des montagnes, de 110 liv. à lui données par les États de la Haute-Auvergne.

Nous Amauric, seigneur du Montal, escuier, bailli des Montaignes d'Auvergne pour le roy nostre sire, et commis par ledit seigneur, avec Jehan d'Aulon, à faire les monstres et reveues des gens d'armes logiez par les bonnes villes d'icellui, confessons avoir eu et receu de Martin Roux, receveur oudit pays de la porcion de l'aide de .iiie. .m. frans mis sus par le roy nostredit s^r ou mois de janvier derrain passé, et aussi des deniers mis sus par les gens des Troys Estaz dudit pays, oultre et pardessus le principal dudit aide, pour les affaires communs d'icellui pays, la somme de cent dix livres tournois, c'est assavoir : .l. l. t. à nous ordonnées par les Instruccions faictes et accordées par lesdiz .iii. Estaz à l'assemblée par eulx faicte pour le fait dudit aide à Ryon ou mois d'avril derrain passé pour le premier terme d'icellui, pour nous recompenser de la despense par nous faite pour avoir esté et sejourné à ladicte assemblée, et .lx. l. t., à nous ordonnées par les Instruccions faictes par lesdiz Troys Estaz pour le .iie. et derrenier terme dudit aide, pour avoir esté avec ledit d'Olon à fere lesdictes monstres et reveues desdictes gens d'armes et iceulx avoir fait logier par lesdictes bonnes villes dudit pays.

De laquelle somme, etc.... le .xviiie. jour du mois de decembre l'an mil .cccc. quarante et cinq. — *Signé :* Montal.

(Orig. B. N., *Cab. des Titres,* dossier *Montal.)*

LXII

1446, 5 janvier, Chinon.

Commission pour imposer dans la Basse-Auvergne, après l'o-troi des États, sa part d'une aide de 36,000 liv. et du paiement de 160 lances fournies.

1. — Charles, par la grace de Dieu Roy de France, à noz amés et feaulx Jehan, sire de Langhac, (le) senechal d'Auvergne, Jehan de Sauvigny [1], sire de Blot, chevaliers, noz chambellans, et noz chiers et bien amés Pierre Boniol, official de Clermont, Guyot du Rifz, abbé d'Arthone, Pierre Voulpilliere et Roubert Coustave, escuyers, commis à imposer et mectre sus les tailles et aides par nous ordonnées estre mises sus ou bas païs d'Auvergne, salut et dilection.

2. — Comme en ayant pitié et compassion de nostre povre peuple qui, le temps passé, a eu tant à souffrir pour les guerres que si longuement ont esté et duré en nostre roiaulme à l'encontre des Angloiz, et pour la pillerie qui, durant lesditez guerres, a esté en nostredit royaulme à la grande destruction et depopulacion d'icellui, Nous ayons nagueres fait cesser ladicte pillerie, ce que jusques à pre-

---

1. *Sic* pour Chauvigny

sent n'av[i]ons peu fere, et aussi avons mis ordre ou fait des gens d'armes et fait ¹ logier par tous noz païs de Languedoil où ilz sont encores de present, et après la treve par nous faicte et prinse l'année passée avec nostre neveu d'Angleterre en entencion de parvenir au bien de paix final, ce que, de nostre part, avons tousjours requis et desiré, et, entre autrez choses, ait esté pourparlé du passaige de nostredit nepveu d'Angleterre qu'il doit faire ceste prochaine saison nouvelle ² deça la mer et venir en France pour convenir avec nous, traictier et conclurre au plesir nostre seigneur sur ladicte matiere de paix d'entre les royaulmes de France et d'Angleterre, pour ce que c'est matiere si haulte et pesante, comme chascun puet cognoistre, et à ladicte convencion nous convendra pour nostre honneur estre acompaignés des seigneurs de nostre sang, nobles et barons de nostredit royaulme et en grant nombre, et aussi que pendent ladicte treve qui encores dure, et jusques à ce que nous voyons se nous aurons paix ou guerre, nous est besoing entretenir nosdiz gens d'armes en nosdiz païs, mesmement esdiz hault et bas païs d'Auvergne jusques au nombre de huit vins hommes d'armes et .vi^{xx}. archiers, ainsi qu'ilz sont de present ou par autre voye mieulx ordonnée et de mendre charge à nostredit peuple, et à ceste cause nous convient et convendra faire et porter de tresgrandes charges et despences, ausquelles bonement ne nous est possible à fournir sans l'aide de tous noz loyaulx subgicz, aions pour ce avisé et ordonné par deliberacion eue sur ce avec pluseurs des seigneurs de

1. *Ms.* taux logiez.
1. *Ms.* nouvelleté.

nostre sang et autrez gens de nostre grant conseil que pour entretenir lesdiz .vIII^{xx}. hommes d'armes esdiz païs sans pillerie, ilz seront d'ores en avant paiez selon ceste presente ordonnance, à commancer le premier jour de ce mois de janvier, laquelle ordonnance chet en troix voyes et condicions, lesquelles avons ordonné estre remonstrées à tous noz subgiez et mesmement ausdiz gens des Trois Estas d'Auvergne par noz amés et feaulx conseilliers l'arcevesque de Raims, le sire de La Fayete, mareschal de France, et Jehan de Bar, general conseillier sur le fait de noz finances et chascun d'eulx, affin qu'ilz puissent choisir et eslire laquelle qu'ilz voudront et qui leur semblera estre plus aisée et supportable pour eulx, c'est assavoir : au regart de la premiere voye, que se les vivres et autrez provisions dont ilz ont jusques cy fourni et encores fournissent ausdiz gens d'armes leur estoi[en]t trop grevable[s], tant pour la charté des vivres que pour le debbat que à ceste cause ou autrement porroit souvent entrevenir entre eulx et lesdiz gens de guerre, nous serons contans que, au lieu d'iceulx vivres et provisions, leur paient et baillent en argent les souldes et gaiges de toute ancienneté(s) acoustumés qui sont de quinze livres tournois pour mois pour homme d'armes, lui .IIIe. de personnes et de chevaulz, et autant pour deux archiers et leur varlet, avec ung franc pour l'estat du cappitaine, qui est en tout .XXXI. frans pour mois pour lance fournie de six personnes et six chevaulx ; et au regart de la seconde voye, se ainsi estoit que noz subgiez se tenissent trop chargés de fournir tout le paiement desdiz gens de guerre en argent comptant, attendu l'aide que ceulx dudit païs d'Auvergne nous font presentement, d'autre part, tant pour ladicte convencion que pour la conduite de noz autrez afferez, nous serons pareillement contens que en lieu desdiz quinze frans pour chascune paie ne baillent, se bon leur semble, en argent que dix frans, c'est assavoir pour hommes d'armes .x. frans et pour les archiers et pour leur varlet autrez dix frans avec ung franc pour l'estat du cappitaine, qui est en tout pour mois pour lance fournie de six personnes et six chevaulx .xxi. fr. et que pour les dix frans restant pour le paiement de ladicte lance fournie, comme dit est, ilz puissent et leur loise livrer et bailler par chascun mois les vivres qui s'ensuyvent, c'est assavoir : une charge trois quars de blé, froment et soille par moitié, chascune charge pesant .ii^c. livres au poix de Paris, trois charrettées de boix competans et convenables, six sextiers avoyne en la maniere acoustumée et deux charrettées de foin et palle, les deux pars foin et le tiers paille, chascune charrettée pesant .x. quintaulx audit poix de Paris; ou pour la tierce voye, se nosdiz subgiez ou aucuns d'eulx estoient plus contans de fournir lesdiz gens de guerre de tous vivres comme ilz ont fait jusques cy sans leur fere fere les paiemens dessusdiz, nous en serons bien contens, pourveu toutes voyes que avecques iceulx vivres (qu')ilz paient par chascun mois audiz gens de guerre les .ix. frans pour lance que jusques cy leur avons fait paier de nostre argent, c'est assavoir pour chascune paie .iiii. frans, qui sont huit frans pour les deux paies et ung franc pour l'estat du cappitaine, parmy ce que en prenant l'une desdictes trois voyes par les gens dudit païs lesdiz gens de guerre seront tenus de paier leurs hostelaiges moderés et raisonnables; Et avec ce pour le fait de ladicte

convencion et autrez noz affaires eussions taxé et imposé
ledit païs d'Auvergne, hault et bas, à la somme de .xl^m. fr.,
et soit ainsi que les gens des Trois Estas dudit hault et bas
païs d'Auvergne aient puis nagueres envoyé devers nous
nostre chier et amé cosin le seigneur de La Tour, conte
d'Auvergne, nos amez et feaulx chevaliers et chambellans
les sires de Damppierre et de Lastic et autres en leurs
compaignies tant des nobles que des villes des hault et bas
païs d'Auvergne, lesquelx nous aient remonstré les grans
taux à quoy ilz ont le temps passé esté imposez pour le fait
de noz tailles, la tresgrant et importable charge qu'ilz ont
desdiz .viii^{xx}. hommes d'armes et les archiers lougiez oudit
païs par nostre ordonnance, la mortalité que longuement y
a esté et est, la grant depopulacion et autrez pluseurs ad-
versitez et tribulacions dudit païs, nous requerant humblement que pour eschever la destruction et deppopulacion
d'icellui qu'il nous pleust oster et diminuer dudit nombre
de gens d'armes vint hommes d'armes et les archiers et
leur moderer et baillier taux et impost du present aide tel
et si moderé qu'ilz le puissent porter; Savoir vous faisons
que eue sur les choses dessusdictes grande et meure deliberacion avec les gens de nostre grant conseil, veu mesmement que desja nousdiz gens de guerre sont lougiez par
tous nosdiz païs, en chascun selon que avons veu qu'ilz le
peuent porter, par quoy bonement n'est possible sans trop
grant charge à nous que y puissions fere à present aucune
diminucion; maiz au regard du taux dudit aide, combien
que les eussions tauxés et imposés pour leurdicte porcion
à ladicte somme de .xl^m. frans, toutes voyes pour aucunement soubziagier nosdiz subgiez avons icellui taux moderé

à la somme de trente six mille frans, laquelle les gens d'icelle ambaxade nous aient acordée et promise pour et au nom desdiz Trois Estas, pourveu que ce ne leur tourne à dommage ou prejudice pour le temps advenir, et que soubz umbre dudit taux on ne les puisse mettre à plus grant impost des tailles à venir, laquelle chose leur avons acordée ; et en oultre aions volu et octroyé aux gens de ladicte ambaxade que l'une desdictes troix voyes esleue et choisie par les Trois Estas dudit païs, après que par nosdiz conseïlliers ou l'un d'eulx leur auront esté remonstrées, ilz puissent par vous faire mettre sus et imposer le fait desdiz gens de guerre, ensemble ladicte somme de .xxxvi^m. frans, et icelle somme voulons estre departie ainsi qu'il s'ensuit : c'est assavoir : sur ledit hault païs d'Auvergne, la quarte partie de toutes lesdictes sommes ; sur les bonnes villes dudit bas païs d'Auvergne, la .vi^e. partie de toute ladicte somme et la reste sur les villages et plat païs du bas païs d'Auvergne, ainsi et en la maniere qu'il est accoutumé de fere, avecques ce la somme de six mille frans pour tous frais que volons et avons ordonné estre mise sus oudit plat païs du bas païs d'Auvergne et distribuée et departie par les seigneurs dudit païs ainsi qu'ilz ont acoustumé de faire ;

3. — Pour ce est il que nous vous mandons et commettons par cesdictes presentes et aux quatre ou trois de vous que l'une desdictes trois voyes ainsi esleue et choisie par lesdictes gens des Trois Estas, vous incontinent mettes sus et imposes audit plas [païs] du bas païs d'Auvergne la pourcion appartenant audit plat païs pour le fait desdiz gens de guerre, ensemble la pourcion d'icellui plat païs des-

diz .xxxvi^m. frans acordés par les gens de ladicte ambaxade pour le fait dudit aide, et avecques ce ladicte somme de .vi^m. frans par nous ordonné estre mis sus oudit plat païs pour la part dez fraiz dudit aide, sur toutes manieres de gens laiz.... .... exceptés gens d'eglise nobles vivans noblement, etc......... et à recevoir les deniers et payement desdiz gens d'armes commettés telles personnes que par lesdictes gens des Trois Estas sera advisé, et ledit aide voulons estre receu par ceulx que par noz lettres de commission y avons commis et ordonnés......... Et se paiera le fait desdiz gens d'armes de mois en mois à commencer du premier jour de ce present mois de janvier et ledit palement dudit aide à deux termes, le premier au premier jour d'avril prochain venant et le second au premier jour de septembre ensuivant. Et si de partie à partie naist sur ce aucun debat, le fait desdiz gens d'armes et ledit aide premierement paiés, volons et mandons par cesdictes presentes aux esleuz oudit bas païs d'Auvergne et à leurs commis faire raison aux parties. Et, en oultre, avons volu et octroyé, volons et octroyons que ladicte somme de .vi^m. frans pour les fraiz ainsi distribuée et departie par lesdiz seigneurs dudit païs d'Auvergne soit allouée es comptes dudit receveur et rebatue de sa recepte par noz amés et feaulx les gens de noz comptes ausquelz nous mandons et enjoingnons que ainsi le facent sans contredit ou difficulté, en rapportant seulement cesdictes presentes ou vidimus d'icelles et ladicte distribucion certiffiée par lesdiz seigneurs et quittances des parties à qui elle aura esté distribuée et paiée, et pour ce, etc., etc........ Donné à Chinon le cinquiesme jour de janvier l'an de grace mil .cccc. quarante et cinq, et de nostre règne le .xxiiiie.

Par le Roy en son conseil : DE LA LOERE.

(*Vidimus* sous le sceau de la chancellerie d'Aigueperse du 28 mars 1447/8. — B. N., *Fr.* 24031.)

LXIII

1446, 10 mars.

Quittance d'Amauri du Montal de 25 liv. à lui données par les États de la Haute-Auvergne.

Nous Amaulry, seigneur de Montal, bailly pour le roy nostre sire des Montaignes d'Auvergne, confessons avoir eu et receu de Martin Roux, commis à recevoir ou hault pays d'Auvergne le payement ou ordonnance de quarante lances fournies illec logées par l'ordonnance du roy nostre sire pour les mois de novembre, decembre, janvier et fevrier derreniers passés, la somme de vingt cinq livres tournois que les gens des Trois Estaz dudit pays, par leurs Instruccions faictes sur la distribution des deniers mis sus en icellui païs pour raison et à cause dudit paiement, tant pour le principal que pour les fraiz, m'avoyent ordonné et voulu à moy estre baillée et delivrée par ledit commis des deniers de sadicte recepte pour moy aydier à deffrayer de la despense que faire m'avoit convenu tant pour avoir vacqué à mettre sus ledit payement comme aussi à faire le taux et assiette d'icellui, en quoy j'ay vacqué à diverses foiz par plusieurs journées, si comme par lesdictes Instruccions puet plus à plain apparoir

De laquelle somme, etc......., le .x^e. jour de mars l'an mil quatre cens quarente cinq. — *Signé* : Montal.

(*Orig*. B. N., *Cab. des Titres*, dossier *Montal*.)

LXIV

1446, 11 AOUT.

Quittance de Jean de Langeac de 200 liv. à lui donnees par les États de la Basse-Auvergne.

Nous Jehan, seigneur de Langhac, chevalier, seneschal d'Auvergne et commissaire ordonné par le roy nostre sire sur le fait des debatz et procès qui peuent survenir à cause du fait des gens d'armes estans logez de par ledit seigneur ou bas païs d'Auvergne, confessons avoir eu et receu de Pierre Mandonier, commis par ledit seigneur à recevoir oudit bas païs d'Auvergne la porcion de l'aide de .II^c. .XXVI^m. fr. que icellui seigneur a ordonné estre mis sus en ses païs de Languedoïl ou mois de janvier derrenier passé, tant pour le fait de la convencion de la paix comme pour ses autres affaires, la somme de deux cens livres tournois que les gens des Trois Estaz dudit païs, par leurs instruccions faictes à cause des sommes de deniers par eulx mises sus oultre et pardessus le principal dudit aide, nous ont ordonnée estre baillée et delivrée par ledit commis, tant pour nostre peine et sallaire d'avoir decidé et determiné desdiz debatz et procès, comme aussi d'avoir aidé à faire le taux et impost des vivres ordonnés ausdiz gens de guerre avecques autres commissaires sur ce ordonnez, ainsi que par lesdictes instruccions puet plus à plain apparoir, de laquelle somme, etc... Donné soubz mon seel et seing manuel en tesmoing de ce, le .xie. jour d'aoust l'an mil .cccc. quarante six. — *Signé* : LANGHAT. — *(Scellé.)*

(Orig., B. N., Cab. des Titres, dossier Langeac.)

LXV

1446, 28 OCTOBRE.

Certificat des seigneurs d'Auvergne constatant que le receveur James Laubespin a payé par leur ordre à différentes personnes, pour menues dépenses, la somme de 622 liv., sur 2,000 liv. imposées pour eux outre le principal, par autorisation du roi.

Nous Louis de Bourbon, conte de Montpensier, daulphin d'Auvergne, conte de Clermont et de Sanserre et seigneur de Combraille, Bertrant, seigneur de La Tour, conte de Boulogne et d'Auvergne, Jacquet de Chasteillon, seigneur de Dampierre et de Revel, et Louis, seigneur de Canilhac et viconte de La Mote, salut. Savoir faisons à tous qu'il appartient que par l'ordonnance d'aucuns seigneurs d'eglise, de nous et de pluseurs autres nobles, Jamez Laubespin, receveur de l'aide presentement mis sus ou païs d'Auvergne pour y faire cesser la refformacion, a poié et baillé des deniers de sa recepte la somme de six cens vint et deux livres tournois sur la somme de .II^m. l. t. que le roy avoit ordonné à nous et autres du païs d'Auvergne pour pluseurs assemblées faictes es villes de Ussoierre et de Ganat, esquelles ont esté assemblez les Estaz dudit païs és mois d'aost et septembre darrains passés pour le fait de ladicte refformacion, et laquelle somme de .VI^c. .XXII. l. t. dessusdiz nous avons fait paier par ledit receveur en noz presences à pluseurs personnes qui avoient travaillié et mis du leur pour le bien et augmentacion de la chouse publique de ce païs d'Auvergne, et estoit ladicte somme pour aucuns des autres seigneurs de ce païs d'Auvergne et pour nous lesquielx et nous n'en avons riens prins, pour ce qu'il eust esconvenu mettre ladicte somme oultre et par-dessus les .II^m. l. t. dessusdiz pour paier à ceulx à qui ledit receveur l'a baillée; et de laquelle somme de .VI^c. .XXII. l. t. dessusdiz nous et les autres à qui il povoit competer et appartenir, nous tenons pour contens et bien poiez et en quittons ledit receveur et l'en prometons acquitter et faire tenir quitte partout où il appartendra. En tesmoign de ce nous avons signé ces presentes de noz mains et en plus grant confirmacion fait sceller de noz seaulx cy mis le .XXVIIIe. jour du mois d'octobre l'an mil quatre cens qua-rante et six. — *Signé :* Loys de Bourbon. — Bertrant. — Loys. — *Et scellé de trois sceaux.*

(*Orig.* B. N., *Fr.* 22296, n° 10.)

LXVI

1447, 18 FÉVRIER.

Quittance de Troulhard de Montvert de 12 liv. à lui accordées par les États du Franc-Alleu.

Je Troulhard de Montvert, chevalier, seigneur dudit lieu de Montvert et de Maignat, cognois et conffesse avoir eu et receu par la main de maistre Pierre de Beauquere, commis à recevoir l'aide de .vi^c. livres tournois octroié au roy nostre sire par lez gens dez Trois Estas de son pais du Franc-Aleu à l'assemblée par eulx faicte en sa ville de Bellegarde ou mois de novembre derrin passé, la somme de douze livres tournois, laquelle somme m'a esté ordonnée estre paiée par ledit commis sur lez frais qui, oultre et par dessus le principal dudit aide, ont esté mis sus ledit pais par lesdittes gens des Trois Estas, de laquelle somme de .xii. l. t., etc.... En tesmoing de ce j'ay signé ceste presente quittance de mon seing manuel et sellé du seel de mez armes le .xviiie. jour du mois de fevrier l'an mil quatre cens quarante et six. — *Signé :* TROLHART.

(*Orig.* B. N., *Cab. des Titres,* dossier *Montvert.* — *Le sceau a été enlevé ainsi que la queue.*)

LXVII

1448, 28 février, Saint-Flour.

Préambule de l'assiette sur la Haute-Auvergne de sa part de l'aide de 200,000 liv. imposée par ordre du roi, avec les frais votés par les États (premier terme).

C'est le taux et impost fait par nous commissaires ordonnez par le roy nostre sire à mettre sus et imposer ou hault païs d'Auvergne la porcion et premier terme de l'ayde de deux cens mille frans mis sus par le roy nostredit s^r, ceste presente année, en ses pays de Languedoil pour l'entretenement de ses affaires et ordonné estre mis sus par les gens des Trois Estaz dudit païs d'Auvergne à Montferrand, en janvier derrenier passé, laquelle porcion a esté mise sus et imposée par nous commisseres dessusdiz avecques les frais et autres chairges dudit païs ordonnez estre mis sus avecques ledit premier terme dudit ayde, et la somme departie sur les villes et parroisses dudit hault païs d'Auvergne ainsi et par la maniere qui s'ensuit. Fait à Sainct-Flour le .xxiiiie. jour de fevrier l'an mil .cccc. quarante et sept. — *Suit l'assiette montant à* 6,058 *l.* 16 *s.* 9 *d. t., et signée* : Jaques, evesque de Saint-Flour. — Draguinet. — P. Jovenros. — Chalmelh. — Escorole, graffier.

(*Orig.*, B. N., *Fr.* 23897, à la date).

LXVIII

1448, 17 avril, Montilz-lez-Tours.

Distribution contrôlée par le roi d'une somme de 1,400 liv. imposée outre le principal par les États du Bas-Limousin.

1. — La distribucion des .xiii^c. fr. ou bas païs de Lisin mis et imposez pour les frais de la porcion de l'aide de .ii^c. .m. fr. mis sus en Languedoïl pour l'année commençant le premier jour de janvier mil .ccccxlvii.

2. — Pour les trois commissaires à mettre sus ledit aide .v^c. l., c'est assavoir : à maistre Jehan Bureau .ii^c. l., au sire de Maupas .ii^c. l. et au sire de Clere .c. l., pour ce... .v^c. l.

3. — Pour le receveur, que les Estas dudit païs lui ont donné à l'octroy dudit aide pour et ou lieu des droiz de recepte qu'il souloit prendre...... .... .ii^c. l.

4. — Pour mons^r de Precigny, semblablement .iii^c. l.

5. — Pour mons^r de Reims, pareillement..... .c. l.

6. — Pour mons^r de Magalonne, semblablement. .c. l.

7. — Pour mons^r de Maillerais, semblablement. .c. l.

8. — Pour maistre Estienne Chevalier, semblablement................................ .L. l.

9.— Pour les clercs des commissaires et autres. .L. l.

Somme : .xiiii^c. l. t.

10. — Fait aux Montilz-lez-Tours le .xviie. jour d'avril l'an mil .iiii^c. xlviij, après Pasques. — *Signé* : CHARLES. — DE LA LOERE.

(*Orig*. B. N., *Fr*. 20,437, p. 10.)

LXIX

1449, 22 février, Clermont.

Partage fait entre les Bonnes Villes d'un mois du paiement des gens de guerre.

1. — C'est le partaige des Bonnes Villes du Bas Pais d'Auvergne de la somme de quatre mille neuf cens soixante livres tournois que montent par mois les huit vins lances de guerre logez de par le roy nostre s^r es Hault et dit Bas pais, de laquelle somme de .IIII^m. .IX^c. .LX. l. t. ledit hault pais prent pour sa portion la quarte partie qui monte douze cens quarante livres t. et par ainsi reste à partir sur ledit bas païs la somme de trois mil sept cens vint livres t., ensemble cinquante livres t. pour les gaiges du receveur par mois qui monte pour tout (*sic*) la porcion appartenant oudit bas pais trois mil sept cens soixante dix livres tournois de laquelle somme dudit bas païs lesdictes bonnes villes en prennent pour partir et diviser entre elles la septiesme part qui monte cinq cens trente livres, onze solz, cinq deniers, pict[e] t[ournois], laquelle somme par icelles bonnes villes a esté partie et divisée en la maniere cy dessoubz declairée, et a esté fait ledit partaige et signé des dictes villes en la ville de Clermont le .XXIIe. jour de fevrier l'an mil .CCCC. quarante huit.

Et premierement :

2. — La ville de Clermont, quatre vins dix neuf livres douze solz .viii. d[eniers] ob[ole] t[ournois] .iiii^{xx}. .xix. l. .xii. s. .viii. d. ob.

3. — La ville de Riom, quatre vins livres, quinze sols, huit deniers, obole, picte demie : .iiii^{xx}. l. .xv. s. .viii. d. ob. pict. demie.

4. — La ville de Montferrand, quarante huit livres, neuf solz, six den[iers], quart de pict[e] : .xlviij. l. .ix. s. .vi. d quart de pict[e].

5. — La ville d'Aiguesparse, quarante trois livres, sept solz, ob[ole], pict[e] : .xliij. l. .vii. s. ob. pict.

6. — La ville de Saint-Poursain, trente huit livres, dix solz, deux den[iers], ob[ole], pict[e] : .xxxviij. l. .x. s. .ii. d. ob. pict.

7. — La ville de Cucy, trente six livres, dix sept solz, neuf den[iers], ob[ole], pict[e] : .xxxvj. l. xvij. s. .ix. d. ob. pict.

8. — La ville de Billom, quarante cinq livres, quinze solz, sept den[iers], pict[e] : .xlv. l. .xv. s. .vii. d. pict.

9. — La ville de Brieude, quarante quatre livres, quatorze solz, ung den[ier] : .xliiij. l. .xiiii. s. .i. d. t.

10. — La ville d'Issoyre, trente sept livres, dix-neuf solz, cinq den[iers], pict[e] : .xxxvij. l. .xix. s. .v. d. pict.

11. — La ville de Langhat, vint six livres, dix huit solz, sept den[iers] t. : .xxvj. l. .xviij. s. .vii. d. t.

12. — La ville d'Auzon, douze livres, sept solz, sept den[iers], ob[ole], pict[e] : .xij. l. .vij. s. .vij. d. ob. pict.

13. — La ville de Saint-Germain, douze livres, quatre solz, onze den[iers], ob[ole] t. : .xij. l. .iiij. s. .xi. d. ob.

14. — La ville d'Esbruelle, dix livres, dix-huit solz, ung den[ier], demie picte : .x. l. .xviij. s. .i. d. dem. pict.

Somme toute d'icelles bonnes villes :

Cinq cens trente huit livres, .xi. s. .v. d. ob. t. — N. BERNART, pour Saint-Poursain. — J. DU CHALAR, eslu de Clarmon. — ROBINET SEGUIN, consulz de Bilhom. — CHATARD, pour Cucy. — BACHELIER, consul de Montferand.

(B. N., *Fr.* 26078, n° 6074, *original.*)

LXX

1449, 24 juin.

Certificat d'une allocation de 25 liv. faite à M. Roux, au nom des États d'Auvergne, pour un voyage auprès du conseil du roi afin de faire décharger la province de 40 lances fournies.

Nous Loys de Bourbon, conte de Montpensier, dauphin d'Auvergne, Bertrand, conte de Bouloigne et d'Auvergne, Jehan, seigneur de Langhac et de Bressac, et Draguinet, seigneur de Lastic, cerctiffions à tous qu'il appartendra que ou mois d'avril darrain passé Martin Roux, receveur ou Hault Païs d'Auvergne de la porcion de l'aide de .xxxv^m. .v^c. frans octroyée au roy nostredit s^r et mise sus ceste presente année, a esté par l'ordonnance de nous et les autres seigneurs des païs d'Auvergne envoyé devers les s^{rs} de Montgascon et de La Fayete et autres seigneurs du Grant Conseil du Roy nostredit s^r, à Tours, leur soliciter la poursuite qu'ilz devoient faire envers le roy nostredit s^r que la communaulté des païs d'Auvergne feust deschargie du payement de quarante lances fournies dont les habitans desdiz païs estoient trop chargez, et aussi pour autres affaires desdiz païs, et pour partie de son voyage où il a vacqué par l'espace d'un mois ou environ, lui troysiesme à cheval, lui a esté ordonné la somme de vint cinq livres tournois mise en la première partie des Instruccions dudit aide.

En tesmoing de ce nous avons signé ces presentes de nos mains et fait seeller de noz seaulx cy mis le .xxiiiie. jour de juing l'an mil .cccc. .xlix. — *Signé :* Loys de Bourbon. — Langhat. — Bertrant. — Draguinet, *et scellé de quatre sceaux.*

(*Orig.* B. N., *Fr.* 22296, n° 11.)

LXXI

1449, 18 SEPTEMBRE.

Quittance de l'évêque de Saint-Flour de 150 liv. à lui données en deux fois par les États d'Auvergne.

Nous Jacques, par la permission divine evesque de Saint-Flour, conseillier du roy nostre sire et l'un des commissaires ordonnez à mettre sus et imposer ou hault païs d'Auvergne les tailles et paiement des gens d'armes, confessons avoir eu et receu de Martin Roux, receveur desdictes tailles et commis à faire le paiement desdictes gens de guerre, la somme de cent et cinquante livres tournois à nous ordonnée estre paiée et baillée par ledit receveur des deniers mis sus oultre le principal desdictes tailles pour les affaires communs dudit païs, c'est assavoir : des deniers mis sur oultre ledit principal avecques la porcion de l'aide de .xxxv^m. .v^c. fr. mis sus l'année passée, tant pour partie de nostre despense d'avoir esté par mandement du roy à Montferrand, à l'assemblée illec tenue pour l'octroy dudit aide, que pour avoir vacqué à faire le taux dudit aide audit Saint-Flour et autres causes contenues es Instructions sur ce faictes, la somme de .c. l. t., et pour samblable cause nous a esté ordonné estre paié des deniers mis sus oultre le principal de la porcion de l'aide d'autres .xxxv^m. .v^c. fr. octroyé audit Montferrand et mis sus pour fournir aux affaires du roy ceste presente année la somme de .L. l. t.; lesquelles parties font ladicte somme de cent .L. l. t., de laquelle somme, etc. En tesmoing de ce, etc., le .XVIIIe. jour de septembre l'an mil quatre cens quarante et neuf. — *Signé :* JAQUES, EVESQUE DE SAINT-FLOUR. — *Sceau enlevé.*

(*Orig.* B. N., *Fr.* 20883, n° 45.)

LXXII

1450, AOUT.

Mémoire produit devant la Cour des Aides par les Etats de la Basse-Auvergne demandeurs contre les Élus de Clermont sur le fait des aides.

C'est la demande et prouffit de deffault que baillent par devers la court et que requierent à eulx estre faiz et adjugiez par vous, nosseigneurs les generaulx cons^{rs} du roy nostre s^r sur le fait de la justice des aydes ordonnez pour la guerre, hault et puissant prince et seigneur mons^r le conte de Montpensier, daulphin d'Auvergne, reverend pere en Dieu mons^r l'evesque de Clermont, mons^r le conte de Boulongne, les s^{rs} de Chaseron et de Langhac et les esleux et gouverneurs des villes de Clermont et de Riom pour eulx et leurs adherans et faisant les Trois Estas du bas pays d'Auvergne, appellans de Jehan Barré, s^r de Bourressol, Berthelemy de Nesson et Robert Cheron, eulx disans commissaires ou esleux par le roy à mettre sus, imposer, cuillir et lever certain aide ou taille octroyée au Roy nostre sire par lesdiz Trois Estaz ou mois de janvier derrain passé et demandeurs en cas d'appel, d'une part, à l'encontre desdiz commis et, en tant que mestier seroit, contre Pierre Gascourt et Pierre Riviere, appellez intimez oudit cas d'appel et defendeurs, d'autre part, disant lesdiz appellans aux fins cy apres

eslevées que d'ancienneté et de tel et si long temps qui
n'est memoire du contraire, et tant par previlleiges royaulx
et par ordonnances anciennes et par l'usaige et observance
que on a acoustumé garder es mettes du bas pays d'Auvergne, toutes et quantes fois que par l'ordonnance du roy
aucune taille ou impost, aide, subside ou fouaige sont imposez ou miz sus et ordonnez estre levées es mettes d'icellui bas pays soit pour les vivres des gens d'armes ou autres
choses neccessaires et qui sont acoustumées, l'usaige et
coustume sont telz et sont lesdiz appellans pour eulx et
leursdiz adherans en saisine et possession pour icelles imposer, asseoir, cuillir et lever, et est tousjours acoustumé de
convoquier et assambler les Trois Estas d'icellui bas pays
et aprez qui sont assamblez sont en possession, et est acoustumé de tout temps à iceulx Trois Estaz de eslire et ordonner commissaires pour mettre sus et esgaler par la commission du roy lesdiz tailles et impostz qui sont baillez et accordez par les gens d'iceulx Trois Estas et en ont ainsi usé
et acoustumé user lesdiz appellans et demandeurs et les
Trois Estas dudit pays sans ce que lesdiz esleuz, soit comme
eulx disans esleux ou autrement comme commissaires s'en
puissent ou doient entremettre en quelque maniere que ce
soit et jusques au mois de fevrier derrain passé l'an mil
.cccc. quarante neuf que aucuns desdiz esleuz ou tous en-
samble de leur auctorité privée ou aultrement par lettres
royaulx que ilz se dient avoir impetrées et qui, comme on
monstrera et declarera en temps deu, avoient et ont esté
obtenues par et soubz faulx donné entendre, ont voulu
mettre et avant en se sont efforcez de imposer et asseoir et
de vouloir esgaler sur les parrossiens manans et habitans

en icellui bas pays d'Auvergne la somme ou sommes de .xxxv. mil cincq cens francs octroyé au roy nostre sire ou mois de janvier derrain passé, la soulde de huit vins lances garnies pour ung au commençant oudit moys de janvier l'an mil .iiiie. .xlix., finissant l'an revolu que on dira mil .cccc. cinquante, en troublant et empeschant lesdiz appellans et demandeurs et aussy lesdiz Trois Estas en leurs drois et possessions et en voulant pervertir l'ordre, adnuller et mettre au neant les ordonnances anciennes deuement approuvées par le Roy et dont ilz ont tousjours usé....... (aussi lesdiz appelants ont appelé en Parlement parce que les élus se disoient commissaires du roy; là, sans autrement procéder, la cause fut envoyée devant la Cour des aides au 20 juin, auquel jour les élus firent défaut. La cour, ne voulant pas adjuger aux demandeurs le benefice du defaut et du gain de cause, ajourne de nouveau des défenseurs à certain jour compétant.) — Donné à Paris le 1er jour d'aoust l'an de grace 1450 et de nostre regne le .xxviiie.

Par le Conseil estant en la chambre de la Justice des aides : J. Clerc.

(*Orig. parchemin*, Arch. de Clermont.)

LXXIII

1451, 25 mars.

Allocation à Baudot de Haloy de 12 l. parisis pour un voyage auprès des États de la Marche et du Haut-Limousin.

Les Tresoriers de France à Colin Martin, receveur ordinaire de Xantonge, ville et gouvernement de La Rochelle, salut. Nous vous mandons que des deniers de vostre recepte vous paiez, baillez et delivrez à Baudot de Haloy, clerc, la somme de douze livres parisis, laquelle somme nous lui avons tauxée et ordonnée, tauxons et ordonnons par ces présentes pour ses peines d'avoir esté par le commandement du roy nostre sire et de nous de la ville de Tours en la ville de Limoges et en la conté de la Marche devers les gens des Trois Estatz desdiz pais pour leur porter certaines instruccions, memoires et autres advertissements et illec avoir attendu leur reponce et retourné par devers le Roy nostredit s^r et nous en ladicte ville de Tours, ouquel voyage il a vacqué, tant en alant, sejournant que retournant, l'espasse de .xxv. jours entiers; et par rapportant..... Donné soubz noz signetz le .xxve. jour de mars l'an mil .cccc. cinquante. — *Signé* : J. Bureau. — *Signets enlevés.*

(Arch. nat., KK 648, pièce n° 91.)

LXXIV

1451, 14 mars.

Quittance de Jean Barton de 40 liv. à lui données par les États de la Marche.

Je Jehan Barton, conseillier du roy et chancellier de la Marche, congnois et confesse avoir eu et receu de Jacques de La Ville, commis de par le Roy nostredit s^r à recevoir la porcion de l'aide de par lui imposé ou païs de la Marche en l'an commançant mil .iiij^c. quarante-neuf et finissant iiij^c cinquante, la somme de quarante liv. tourn. à moy deue et ordonnée estre restituée par les gens des Estas dudit païs sur les fraiz dudit aide imposez oultre le principal d'icellui pour avoir paié et soustenu la despense tant pour mess^{rs} les commissaires que les gens desdiz Estaz à deux foiz qu'ilz ont esté assemblez à cause dudit aide, de laquelle somme de .xl. l. t... En tesmoing de ce j'ay signé ces presentes de ma main le .xiiij^e . jour de mars l'an mil .cccc. cinquante. — J, Barton.

(B. N., *P. orig.*, 207, *Barton*, n° 37.)

LXXV

1451, 29 mars.

Quittance de Jean du Mesnil-Simon, commissaire du roi dans la Marche, de 100 liv. à lui données par les États de ce pays.

En la presence de moy Jaques de Marcillac, clerc, notaire et juré de la court du seel royal estably aux contraulx à Limoges [et] de la chancellarie de la Marche, et des tesmoins cy dessoubz nommez, noble et puissant s^r Jehan du Mesnil Simon, s^r de Maupas, et seneschal de Limosin, a confessé avoir eu et receu de honorable homme et sage Jaques de La Ville, tresourier de la Marche et receveur de l'aide du roy et payement des gens d'armes de par le roy, la somme de cent livrez tournois, laquelle somme luy a esté ordonnée par les gens des Trois Estatz dudit païs pour sa peine d'estre venu en personne à asseoir l'aide pour le fait et poyement des gens d'armes de ceste presente année commençant en janvier mil .iiii^c. cinquante et comme commissaire, de laquelle somme de cent livres s'est tenu par content et bien poyé et en a quitté mondit s^r le tresourier et tous autres et promis tenir quitte envers tous, ad ce presens et tesmoins noble homme Guiot de la Riviere, escuier, et maistre Jehan Chardebeufz, licencié en loix, tesmoins ad ce appellez le .xxixe. jour de mars l'an mil .iiii^c. cinquante ung. — J. DE MARCILLAC. — *Sceau enlevé.*

(*Orig.* B. N., *Cab. des Titres*, dossier *Mesnil-Simon*.)

LXXVI

1453, 26 mars.

Nomination par les commissaires du roi sur le fait de l'équivalent aux aides à lui accordé par les États de Limousin, la Marche et Périgord, de sous-commissaires pour imposer sur le Périgord sa part dudit équivalent,

Guy Bernard, arcediacre de Tours, maistre des requestes de l'ostel du roy nostre sire, et Jehan du Mesnil Simon, escuier, seigneur de Maupas et seneschal de Limosin, conseilliers du roy nostredit seigneur et commissaires de par ledit seigneur à mettre sus et imposer es païs de Limosin, la Marche et Perigort la somme de .xx^m. frans à lui octroiez par les gens des Trois Estatz desdiz païs pour ceste presente année ou lieu et equivalent aux aides, à messire Gautier de Peruce, chevalier, seigneur des Cars, et Hugues Bailly, chevalier, s^r de Razat, esleu, et à chascun de vous, salut. Comme par l'ordonnance dudit seigneur nous nous soyons transportez ou païs de Limosin et illec aions assis et imposé es hault et bas païs leur part et porcion dudit aide de .xx^m. fr. et presentement nous soyons occuppez pour aler ou païs de la Marche y mettre sus leur quotité d'icellui aide et en autres affaires touchans nostredite commission, par quoy ne nous povons transporter au païs de Perigort parachever de mettre à excecucion nostredite commission si briefment comme le cas le requiert, nous à plain informez de voz sens, discreccion et bonne diligence vous avons commis et ordonnez, commettons et ordonnons par ces presentes et vertu du povoir à nous donné à mettre sus, asseoir et imposer oudit païs de Perigort la somme de deux mil deux cens trente livres tournois, c'est assavoir : pour le principal dudit aide octroyé au roy, deux mil livres tournois; item pour les gaiges de l'esleu ou commissaire oudit païs : soixante livres tournois; item pour le commis à recevoir ledit aide, sept vings dix livres tournois; item pour le greffier qui escripra les papiers, commissions et autres lettres et escriptures à ce appartenans, vint livres t., avecques autres fraiz raisonnables que adviserez. Si mandons et commandons à tous les justiciers, officiers et subgetz dudit seigneur que à vous en ce faisant obeissent et entendent diligemment et vous prestent et donnent conseil, confort et aide et prisons, se mestier en avés, et par vous requis en sont. Donné soubz noz seings manuelz le .xxvie. jour de mars l'an mil .cccc. cinquante et deux, avant Pasques. — G. Bernard. — Mesnil. —

(Orig. Arch. Nat., K 692^B, n° 11.)

LXXVII

1457, 15 octobre, La Chaucière en Bourbonnais.

« *Commission pour l'equivalent ou bas pays de Lymosin.* »

Charles, etc., aux commissaires sur le fait de l'equivalent aux aides par nous ordonné avoir cours ou bas païs de Limosin, salut. Comme nous à la tres grant instance et requeste des gens des Trois Estaz des hault et bas pays de Limosin leur aions ottroié que lesdiz aides ordonnez pour la guerre ne le .VIIIe. du vin vendu à destail ne seroient point levez oudit païs de Limosin ne es païs de la Marche et Perigourt, mais y aura cours ledit equivalent pour trois années dont en est encores à escheoir une qui commancera le premier jour de ce present mois d'octobre ainsi qu'il a esté fait par aucunes precedentes, par quoy soit besoing mettre sus et imposer ledit equivalent oudit hault (*sic*) païs pour cestedite année,

Savoir faisons que nous, confians de voz sens, loiaulté et bonne diligence, vous mandons et commettons par ces presentes que, appellez [avecques] vous deux ou trois des plus notables dudit pays, vous mettez sus et imposez oudit bas pays de Limosin pour et ou lieu dudit equivalent la somme de .VI^m. .III^c. .IIII^{xx}. .I. livres .XV. sous tournois que monte la porcion dudit bas païs d'icelui equivalent, deduicte la somme de .ɪɪᶜ. .ʟxvɪɪɪ. livres .v. souz tournois que emporte le hault dudit païs de Limosin pour la moitié de la porcion de la viconté de Turenne, les habitans de laquelle n'y ont voulu contribuer, par quoy aions recours sur ledit hault païs pour ce qu'ilz nous promisdrent à l'octroy dudit equivalent nous fere bonne nettement la somme dudit equivalent montant .xxᵐ. frans, ensemble la somme de .ɪɪɪᶜ. .xxv. l. t. pour les fraiz, c'est assavoir : pour chascun de vous deux commissaires .ʟ. l. t., pour vostre greffier .xxv. l. t. et pour Guillaume Gougnon, receveur dudit equivalent, .ɪɪᶜ. l. t., le plus justement et egallement que fere se pourra en la maniere acoustumée, et à icelles sommes paier audit receveur aux termes acoustumez contraignez ou faictes contraindre tous ceulx qui auront esté imposez à en paier leur quotes et porcions les termes escheuz par toutes voies et manieres acoustumées à fere pour noz propres debtes, nonobstans opposicions ou appellacions quelzconques, par lesquelles [ne voulons] estre en ce aucunement differé; de ce fere, etc., mandons, etc., prestent, etc. Donné à la Chauciere en Bourbonnois le .xvᵉ. d'octobre .ᴍ. .ɪɪɪɪᶜ. .ʟvɪɪ., regne .xxxvᵉ.

(*Copie dans un formulaire du* xvᵉ *s*, B. N., *Fr.* 5909, fol. 175.)

LXXVIII

1459, 31 décembre, Riom.

Certificat de la distribution d'une somme de 1,361 l. 17 s. 6 d. t. levée par ordre du roi sur la Basse-Auvergne au profit des États de cette province.

1. — C'est la distribucion de la somme de .xiii^c. .lxi. l. .xvii. s. .vi. deniers tournois, venant et yssue de la somme de quinze cens livres tournois octroiée par le roy nostre sire estre mis sus ou Bas Païs d'Auvergne, comme appert par ses lettres patentes données à Monbason le .xvie. jour de janvier l'an mil .cccc. cinquante huit, faisant mencion pour convertir et emploier ou fait de la recherche et reveue dudit Bas Païs d'Auvergne et depuis par autres lettres patentes dudit seigneur a esté mandé à Michel Gaillart, commis à recevoir le paiement des gens [d'armes] du roy nostredit s^r ordonnez estre paiez oudit Bas Païs pour l'année commencée le premier jour dudit mois de janvier mil .cccc. cinquante huit, icelle somme de .xv^c. livres tournois paier pour les affaires et par l'ordonnance des seigneurs dudit Bas Païs qui ont acoustumé avoir cognoissance de la distribucion des derniers establiz pour iceulx affaires; laquelle somme de .xiii^c. .lxi. l. .xvii. s. .vi. d. t. a esté

distribuée par icellui Gailhart, commis, par l'ordonnance de messʳˢ le conte de Montpencier, daulphin d'Auvergne, l'evesque de Clermont, Bertrand, sʳ de La Tour, le conte d'Ales, visconte de La Mote et marquis de Caniliat et messire Hugues de Chauvigny, seigneur de Blot, seneschal d'Auvergne, eulx estans assemblez et tenans les Trois Estaz dudit Bas Païs en la ville de Riom le derrenier jour de decembre l'an mil .cccc. cinquante neuf, aux personnes, pour les causes et en la forme et maniere qui s'ensuit. — *Suit la distribution.*

2. — Nous Loys de Bourbon, conte de Montpancier, daulphin d'Auvergne, Jacques, evesques de Clermont par la permission divine, Bertrand, seigneur de La Tour, Loys de Beaufort, conte d'Alès, visconte de La Mote et marquis de Canilhat, et Hugues de Chauvigny, chivalier, seigneur de Blot, seneschal d'Auvergne, certiffions que par nostre ordonnance ledit Gaillart, commis devant dit, a paié, baillé et delivré aux personnes et pour les causes dessusdictes pour le bien et utilité dudit Bas Païs ladicte somme de .xiiiᶜ. .lxi. l. .xvii. s. .vi. d. tournois. Si prions et requerons aux Gens des Comptes dudit seigneur que icelle somme ilz vueillent alouer en la despence dez comptes et rabatre de la recepte dudit commis en rapportant cest present roolle ensemble les quictances des personnes dessusdictes.

3. — En tesmoing de ce nous avons cy mis noz seingz manuelz et fait seeller de noz seaulz à Riom le derrenier jour de décembre l'an mil .cccc. cinquante neuf. — *Signé* :

Loys de Bourbon. — Ja., evesque de Clermont. — Bertrand. — Loys. — Blot; *et scellé de cinq sceaux pendants*.

(*Orig.* B. N., *Fr.* 22296, p. 12.)

TABLE

DES

PIÈCES JUSTIFICATIVES

TABLE

DES

PIÈCES JUSTIFICATIVES

I. — 1419, 4-6 septembre, Tulle. — Procès-verbal d'une session des États du Limousin pour voter 24,000 liv. afin d'assiéger la place anglaise d'Auberoche......... 1

II. — 1423, février. — Assiette sur le Haut-Limousin du premier terme de l'aide accordée au roi par les États généraux de Bourges............................ 13

III. — 1423, juin? — Assiette sur le Haut-Limousin des deux derniers termes de l'aide de Bourges............ 15

IV. — 1423, juin? — Assiette sur le Haut-Limousin de 1,473 liv. levées par ordre des États outre le principal de l'aide de Bourges................................. 17

V. — 1423, juillet? — Assiette sur le Bas-Limousin des deux derniers termes de l'aide de Bourges............ 19

VI. — 1423, 15 juillet. — Traité d'alliance défensive conclu par les députés des États d'Auvergne avec les pays de Bourbonnais, Forez, Beaujolais et Combraille...... 21

VII. — 1423, décembre, Tours. — Nomination de commissaires par le roi contenant pleins pouvoirs de traiter avec les États d'Auvergne l'octroi d'une taille équivalente aux aides pour trois ans.................... 24

VIII. — 1424, 20 février. — Quittance d'Aubert Foucaud, sr de Saint-Germain, de 60 liv. à lui données par les États du Limousin...................... 29

IX. — 1424, 21 avril. — Quittance de Bertrand de La Tour de 700 liv. à lui données par les États de la Basse-Auvergne.. 31

X. — 1424, 25 décembre. — Quittance du bâtard d'Apchon de 20 liv. à lui données par les États de la Haute-Auvergne.. 32

XI. — 1426, 30 avril. — Quittance de Jean Barton de 70 liv. à lui données par les États de la Marche...... 33

XII. — 1426, 2 mai. — Quittance du même de 200 liv. à lui données par les États du Haut-Limousin........ 35

XIII. — 1426, 15 mai. — Quittance de Ramnoux de Péruce, évêque de Limoges, de 200 liv. à lui données par les États du Haut-Limousin...................... 36

XIV. — 1426, 18 mai. — Certificat constatant que le receveur de la Marche a payé par ordre des États 510 liv. à divers capitaines de gens d'armes pour les empêcher de piller le pays...................................... 37

XV. — 1430, 27 mai, Issoire. — Procès-verbal d'une session des États d'Auvergne dans laquelle ils organisent des troupes pour la défense du pays et des pays voisins et alliés.. 39

XVI. — 1430, juillet? — Assiette sur la Haute-Auvergne de la portion d'une aide de 20,000 liv. accordée au roi par les États d'Auvergne réunis à Issoire au mois de juin.. 43

XVII. — 1430, 18 novembre. — Quittance de Louis du Breuil, bailli pour le roi des Montagnes d'Auvergne, de 200 liv. à lui données par les États de la Haute-Auvergne.. 45

XVIII. — 1431, 23 juillet. — Quittance d'Antoine de Cugnac de 77 liv. 10 s. t. à lui donnés par les États de la Haute-Auvergne.. 47

XIX. — 1431, 25 décembre, Chinon. — Nomination de commissaires par le roi pour requérir des États d'Auvergne une aide de 25,000 liv...................... 48

XX. — 1433, 4 juin, Amboise. — Allocation à Etienne

Froment, secrétaire du roi, de 100 liv. pour deux voyages auprès des États de la Marche.............. 51

XXI. — 1435, 12 mai. — Quittance de Bernard d'Armagnac de 1,780 liv. à lui données par les États de la Marche.. 54

XXII. — 1435, 20 mai. — Procès-verbal, visé par les commissaires du roi, constatant que P. de Beaucaire, receveur de l'aide de 3,000 liv. accordée au roi, au mois de novembre 1434, par les États du Haut-Limousin, n'a pu percevoir la quote-part du Franc-Alleu 56

XXIII. — 1435, 13 juillet. — Décharge délivrée par les commissaires des États de la Basse-Auvergne au receveur P. Mandonier, d'une somme de 12,000 liv., levée par ordre des États, qu'il a distribuée conformément à leurs mandements et dont il a compté devant eux... 60

XXIV. — 1435, 26 septembre. — Assiette sur le Haut-Limousin d'une aide de 5,000 liv. accordée au roi par les États, suivie de la distribution de 4,800 liv. levées par ordre des États outre le principal.............. 62

XXV. — 1436, 8 janvier, Tours. — Don par le roi aux États du Bas-Limousin d'une somme de 3,650 liv. sur l'aide de 5,000 liv. à lui par eux octroyée au mois d'août 1435, pour employer et distribuer par leurs commissaires au fait de la reprise de la place anglaise de Domme... 71

XXVI. — 1436, 15 mars. — Certificat du vicomte de Limoges constatant qu'il a levé lui-même sur ses terres leur quote-part de l'aide de 5,000 liv. accordée au roi en septembre 1435 par les États du Haut-Limousin, pour se dédommager des dépenses faites par lui aux sièges des places d'Aucor et de Mareuil occupées par les Anglais... 75

XXVII. — 1436, 18 mars. — Quittance de Tandonnet de Fumel de 200 liv. à lui données par les États du Haut-Limousin.. 78

XXVIII. — 1437, 12 août. — Assiette sur le Haut-Limousin d'une aide de 10,000 liv. accordée au roi dans la ville du Dorat, suivie de la distribution de 2,490 liv. levées, outre le principal, par ordre des États........ 80

XXIX. — 1438, 20 février. — Certificat constatant qu'une somme de 600 liv. votée par les États de la Basse-Auvergne pour rendre l'Allier navigable, a dû être employée, avec leur assentiment, à défrayer les ambassadeurs chargés de conclure une alliance avec le Velay et le Gévaudan pour résister à Rodrigue de Villandrando.. 86

XXX. — 1438, 17 mars. — Assiette sur le Franc-Alleu d'une aide de 500 liv. (au lieu de 700 liv. demandées par le roi), suivie de la distribution de 90 liv. imposées, outre le principal, par ordre des États............... 89

XXXI. — 1438, 23 juin. Bourges. — Commission pour imposer sur le Haut-Limousin 9,000 liv. accordées au roi par les États au lieu de 12,000 liv. demandées par lui.. 92

XXXII. — 1438, juillet? — Assiette sur le Bas-Limousin d'une aide de 8,000 liv. accordée au roi, plus 2,024 liv. pour le sénéchal de Limousin, suivie de la distribution de 639 liv., imposées, outre lesdites sommes, par ordre des États.. 95

XXXIII. — 1438, 12 septembre. — Assiette sur le Haut-Limousin d'une aide de 9,000 liv. accordée au roi, suivie de la distribution de 4,400 liv. imposées, outre le principal, par ordre des États....... 99

XXXIV. — 1438, 21 novembre, Blois. — Nomination de commissaires auprès des États du Limousin pour aviser, de concert avec eux, aux moyens de mettre en la main du roi la place de Domme, récemment reprise aux Anglais, et les châteaux et personnes de Bertrand d'Abzac et d'un de ses fils, partisans des Anglais...... 109

XXXV. — 1439, février? — Assiette sur le Bas-Limousin d'une aide de 2,246 liv. 1 s. 6 d. t. pour le fait de

TABLE DES PIÈCES JUSTIFICATIVES 283

Domme, suivie de la distribution de 560 liv. imposées outre le principal du consentement des États......... 113

XXXVI. — 1439, 9 octobre, Orléans. — Nomination de commissaires chargés d'imposer en Bas-Limousin 3,000 liv. et au-dessus, avec le consentement des États, pour reprendre Thénon, récemment tombée au pouvoir des Anglais.. 116

XXXVII. — 1440, 2 juin, Clermont-Ferrand. — Nomination de commissaires pour imposer sur le Bas-Limousin une aide de 9,000 liv....................... 120

XXXVIII. — 1440, 14 août, Chénerailles. — Assiette sur la Marche d'une aide de 4,000 liv. pour le roi, suivie de la distribution de 3,022 liv. imposées par les États outre le principal................................. 123

XXXIX. — 1441, 27 avril, Laon. — Confirmation par le roi de la distribution d'une somme de 4,115 liv. imposée par les États du Haut-Limousin, outre le principal d'une aide accordée par eux au roi à Saint-Léonard au mois de janvier précédent......................... 29

XL. — Même date. — Confirmation de la distribution de 2,284 liv. imposées, outre le principal d'une aide de 6,000 liv. accordée au roi à Ussel au mois de février précédent, par les États du Bas-Limousin........... 134

XLI. — 1441, juillet. — Assiette sur le plat pays de la Basse-Auvergne de sa part de l'aide de 18,000 liv. accordée au roi à Montferrand par les États d'Auvergne.. 139

XLII. — 1441, 15 octobre, Paris. — Commission pour imposer en Bas-Limousin une aide de 9,000 liv. accordée au roi par les États........................ 141

XLIII. — 1442, 17 janvier, Bressuire. — Doléances des États d'Auvergne suivies des réponses du roi article par article.. 144

XLIV. — 1442, 3 février. — Quittance de Bernard d'Armagnac, comte de la Marche, de 2,000 liv. à lui données par les États de la Marche....................... 154

XLV. — 1443, 12 février. — Assiette sur le Franc-Alleu d'une aide de 300 liv. pour le roi, suivie de la distribution de 130 liv. levées par les États outre le principal..... 156

XLVI. — 1443, 17 mars, Toulouse. — Lettres de rémission pour les gens d'église et nobles de l'Auvergne qui avaient imposé, sans autorisation du roi, une somme de 24,000 liv. outre le principal........................... 160

XLVII. — Même date. — Autorisation donnée par le roi aux receveurs de la Haute et de la Basse-Auvergne de distribuer les sommes imposées outre le principal conformément aux instructions des États, avec défense de le faire à l'avenir sans une autorisation expresse... 165

XLVIII. — 1443, 3 juillet, Turenne. — Certificat du vicomte de Turenne constatant qu'il n'a rien laissé lever sur sa vicomté de plusieurs aides accordées au roi par les États du Bas-Limousin, sa dite vicomté étant, par privilège royal, exempte de tout impôt..... 167

XLIX. — 1443, 28 septembre. — Certificat des commissaires des États d'Auvergne constatant que Martin Roux a payé par leur ordre la somme de 100 réaux d'or dont il lui sera tenu bon compte en temps et lieu..... 169

L. — 1444, 12 mars, Tours. — Autorisation du roi pour imposer en Auvergne jusqu'à concurrence de 6,000 liv., outre le principal et les frais ordinaires, ladite somme devant être employée dans l'intérêt de la province et la distribution d'icelle certifiée par les commissaires du roi.. 171

LI. — 1444, 3 mai, Saint-Flour. — Instructions pour la Haute-Auvergne, sur le fait d'une aide de 40,000 liv. accordée au roi à Clermont au mois d'avril et d'autres sommes imposées par les États outre le principal...... 174

LII. — 1444, 23 juin, les Montilz-lez-Tours. — Commission du roi pour imposer en Bas-Limousin une somme de 6,622 liv. 10 s. t. (principal et frais) pour fournir aux compositions faites par les États avec les gens de guerre à leur retour de Guyenne.................... 183

LIII. — Même date. — Rôle distributif approuvé et signé par le roi de la somme de 2,482 liv. imposée en Bas-Limousin outre le principal........................ 185

LIV. — 1445, 15 janvier. — Quittance de Guy de Montaigu de 20 liv. à lui ordonnées pour avoir comparu, au nom de son père, aux assemblées des États d'Auvergne tenues à Thiers et à Clermont.................... 189

LV. — 1445, février et mois suivants. — Procès devant la Cour des aides au sujet d'un impôt de 6,622 liv. 10 s. t. levé en Bas-Limousin à la requête des États au mois de juin 1444................................ 191

LVI. — 1445, 27 mars, Bourges. — Assiette sur la Marche d'une aide de 8,000 liv. pour le roi, suivie de la distribution de 2,050 liv. imposées par les États outre le principal.............................. 203

LVII. — 1445, 10 avril, Riom. — Distribution certifiée par les commissaires du roi d'une somme de 4,500 liv. imposée avec son autorisation sur la Basse-Auvergne pour les affaires du pays.................... 207

LVIII. — 1445, avril et août, Riom. — Instructions pour la Basse-Auvergne sur le fait d'une aide de 52,000 liv. octroyée au roi en deux termes, et d'autres sommes imposées, outre le principal, par les États............ 209

LIX. — 1445, 12 juin. — Quittance de l'évêque de Saint-Flour, commissaire pour l'assiette des impôts dans la Haute-Auvergne, de 100 liv. à lui données par les États. 231

LX. — 1445, 24 novembre. — Quittance de Pons de Lastic, élu sur le fait des aides à Saint-Flour, de 30 liv. à lui données par les États de la Haute-Auvergne...... 233

LXI. — 1445, 18 décembre. — Quittance d'Amauri, seigneur du Montal, bailli royal des Montagnes, de 110 liv. à lui données par les États de la Haute-Auvergne.... 235

LXII. — 1446, 5 janvier, Chinon. — Commission pour imposer sur la Basse-Auvergne, après l'octroi des États, sa part d'une aide de 36,000 liv. et du paiement de 160 lances fournies.. 237

LXIII. — 1446, 10 mars. — Quittance d'Amauri, seigneur du Montal, de 25 liv. à lui données par les États de la Haute-Auvergne.. 245

LXIV. — 1446, 11 août. — Quittance de Jean, seigneur de Langeac, de 200 liv. à lui données par les États de la Basse-Auvergne.. 247

LXV. — 1446, 28 octobre. — Certificat des seigneurs d'Auvergne constatant que le receveur James Laubespin a payé par leur ordre à différentes personnes pour menues dépenses la somme de 622 liv. sur 2,000 liv. imposées pour eux, outre le principal, par autorisation du roi.. 249

LXVI. — 1447, 18 février. — Quittance de Trolhart de Montvert de 12 liv. à lui données par les États du Franc-Alleu.. 251

LXVII. — 1448, 28 février, Saint-Flour. — Préambule de l'assiette sur la Haute-Auvergne de sa part de l'aide de 200,000 liv. imposée par ordre du roi en Languedoïl, avec les frais votés par les États. (Premier terme.).... 252

LXVIII. — 1448, 17 août, les Montilz-lez-Tours. — Distribution contrôlée par le roi d'une somme de 1,400 liv. imposée, outre le principal, par les États du Bas-Limousin.. 253

LXIX. — 1449, 22 février, Clermont. — Partage fait entre les Bonnes Villes d'un mois du paiement des gens de guerre.. 255

LXX. — 1449, 24 juin. — Certificat des seigneurs d'Auvergne constatant qu'une somme de 25 liv. a été allouée à Martin Roux pour un voyage fait dans l'intérêt du pays.. 258

LXXI. — 1449, 18 septembre. — Quittance de l'évêque de Saint-Flour de 150 liv. à lui données par les États d'Auvergne.. 260

LXXII. — 1450, 1er août. — Arrêt de la Cour des aides

TABLE DES PIÈCES JUSTIFICATIVES 287

ajournant les élus de Clermont-Ferrand dans un procès entre eux et les États de la Basse-Auvergne...... 262
LXXIII. — 1451, 5 mars. — Allocation à Baudot de Haloy de 12 liv. parisis pour un voyage auprès des États de la Marche et du Haut-Limousin.......... 265
LXXIV. — 1451, 14 mars. — Quittance de Jean Barton de 40 liv. à lui données par les États de la Marche pour dépenses faites par eux dans son hôtel.......... 266
LXXV. — 1451, 29 mars. — Quittance de Jean du Mesnil-Simon de 100 liv. à lui données par les États de la Marche..................................... 267
LXXVI. — 1453, 26 mars. — Sous-commission donnée par les commissaires du roi pour imposer sur le Périgord sa part de l'équivalent aux aides accordé au roi par les États du Limousin, de la Marche et du Périgord................................... 269
LXXVII. — 1457, 15 octobre, La Chaucière en Bourbonnais. — Commission pour imposer sur le Bas-Limousin sa part de l'équivalent aux aides.................. 271
LXXVIII. — 1459, 31 décembre, Riom. — Certificat de la distribution d'une somme de 1361 liv. 17 s. 6 d. t. dont le roi avait accordé la levée aux États de la Basse-Auvergne....................................... 273

TABLE ALPHABÉTIQUE
DES NOMS PROPRES

TABLE ALPHABÉTIQUE

DES NOMS PROPRES[1]

A

Aalant (Pierre), secrétaire du roi, I 300.

Abzac (Bertrand d'), chevalier tenant le parti des Anglais, II 109 et s., 113, 167.

Acx, héraut, II 223.

Agde, *Hérault*. Évêques, voy. Charrier (Guillaume), et Cambray (Etienne de).

Agourt (Odin d'), II 187.

Ahun, *Cr.* Châtelain, voy. Bony (Barthélemy). — Châtellenie, I 179.

Aigueperse, *P.-de-D.* Chancellerie, I 213; II 244. — Ville, I 35, 44, 57, 75, 107, 112, 159, 204, 207, 213, 215, 219, 295, 345; II 89, 161, 165.

Aillac, *Dord.*, place occupée par les Anglais, II 196.

Aix, *Corr.* Seigneur, I 34 · II 11.

Alais, *Gard.* Comte, voy. Beaufort (Louis de).

Alard (Antoine), secrétaire de Bernard d'Armagnac, receveur de l'équivalent dans la Marche, I 272; II 205.

Albigeois, pays, I 151, 195.

Albret (Amanieu d'), seigneur d'Orval, capitaine de gens d'armes, I 153; II 227.

---

1. Dans cette table nous avons autant que possible identifié et ramené à la forme moderne les noms de lieux et de seigneuries auxquels nous avons quelquefois conservé, dans le cours de l'ouvrage, la forme du xvᵉ siècle. Des renvois facilitent les recherches lorsque les formes sont assez différentes. Les noms précédés d'un * sont ceux des commissaires auxquels nous avons consacré des notices biographiques ; le chiffre précédé d'un * indique la page de ces biographies. — Nous avons des remercîments particuliers à exprimer à notre savant confrère, M. A. Chassaing, juge au Puy, qui nous a fourni quelques renseignements précieux sur la topographie de l'Auvergne.

ALBRET (Charles II, seigneur d'), I 224, 247; II 69-70, 102.

ALBRET (Guillaume d'), seigneur d'Orval, lieutenant général du roi en Limousin et Périgord, I 243.

Alby. Évêque, voy. Dauphin (Robert).

Alençon, ville, I 239.

Aleps, voy. Alais.

ALIDAS (David d'), capitaine de gens d'armes, II 103.

Allègre, *H.-L.* Bailli, voy. Sailhens (Antoine de). — Seigneur, I 33, 89; II 39, 220.

Allier, rivière, I 163, 197; II 86.

Amboise, *Indre-et-Loire*. Capitaine, voy. Bar (Jean de). — Ville, I 242, 264, 288, 290, 324; II 51-53, 61.

ANDUZE (Louise d'), femme de Guichard, vicomte de Comborn, I 311.

Angers. Évêque, I 43. — Trésorier, voy. Vitry (Thibaud de). — Ville, I 43, 76, 129, 207, 209, 250, 288, 321.

Anglars, commune de Sainte-Marie-la-Panouse, *Corr.*, seigneurie, I 33.

ANGLARS (Hector d'), II 2 *et suiv.*

ANGOULÊME (Jean, duc d'), I 144, 216.

Angoumois, pays, I 38.

Anjou. Duc, voy. Anjou (René d'). — États, I 42. — Pays, I 297.

ANJOU (Charles d'), comte du Maine et de Mortain, gouverneur de Limousin, I 150, 201, 245, 246, 251, 321; II 62-66, 83, 130, 135, 174, 176, 208.

ANJOU (René d'), duc d'Anjou, roi de Sicile, etc., I 42, 303.

Apchon, *Cant.* Bâtard, voy. Calsat (Pierre de). — Seigneur, voy. Tinière (Guillaume de).

APCHON (Guillaume d'), voy. Tinière (Guillaume de).

ARAGON (Alphonse V, roi d'), I 288, 358.

ARAGON (Yolande d'), reine de Sicile, I 42.

Arlanc, *P.-de-D.* Seigneurs, voy. Vissac (Antoine et Claude de).

ARMAGNAC (le bâtard d'), chef de routiers, I 151, 210; II 169, 212, 214, 220, 222.

ARMAGNAC (Bernard d'), comte de Perdriac, de la Marche et de Castres, gouverneur de Limousin, I 37, 75, 84, 121, 128, 233, 234, 236, 251, 252, 263, 264, 267, 268, 270, 271, 282, 298, 337, 342; II 51, 54, 105, 124, 130, 135, 146, 154, 180, 204.

Armagnac (Jacques d'), fils du précédent, comte de Castres, I 270, 271, 272.

Armagnac (Jean, comte d'), seigneur de Chaudesaigues et de Pierrefort, I 144, 293; II 146, 150, 179.

Arnal (frère Jean), prévôt de Vallette, II 9.

* Arnal (Jean), notaire et bourgeois de Tulle, II 12.

Arramit (Bertrand), I 52, 102, 139; II 4 et suiv.

Arras. Doyen, voy. Juvenel (Jean). — Traité, I 357.

Artois (Charles d'), comte d'Eu, I 202, 203; II 140.

Artonne, *P.-de-D.* Abbaye, I 30. —Abbé, voy. Riuf (Guiot du).

Asac, voy. Abzac.

Asnières (Jean d'), serviteur de Charles d'Anjou, I 140, 227; II 66, 83.

Auberoche, comⁿᵉ du Change, *Dord.*, château, I 39, 50, 138, 145, 225; II 1 et suiv.

Aubière (Louis d'), I 157.

Aubusson, *Cr.* Châtelain, voy. Lanne (Pierre). — Châtellenie, I 179.

Aubusson (Antoine d'), seigneur du Monteil-au-Vicomte, bailli de Touraine, I 259, 271; II 206.

Aubusson (Hugues d'), évêque de Tulle, I 307.

Aubusson (Jean d'), seigneur de la Borne et du Dognon, I 34, 269, 270, 353; II 204.

Aubusson (Jeanne d'), fille du précédent, femme de Bertrand de Saint-Avit, I 353.

Aubusson (Louis d'), évêque de Tulle, I 311.

Aucor, commune de Beaussac, *Dord.*, château, I 139, 140, 246; II 64, 65, 68, 76.

Aude (Jacques), secrétaire du roi, I 357.

Aulon (Jean d'), conseiller du roi, I 155, 357; II 235.

Aunay ou Aulnay, *Charente-Inf.* Vicomte, voy. Montberon (François de).

Auriat (Guinot d'), capitaine de gens d'armes, II 103.

Aurillac. Abbaye, I 30. — Abbés, voy. Saint-Bauzire (Bertrand de) et Rochedagoux (Hugues de). — Ville, I 35, 49, 216; II 45, 179, 181.

Aurouse, *Cant.* Seigneur, voy. Breuil (Louis du).

Autort (Pierre), châtellain de Guéret, commissaire particulier de la châtellenie du Dognon, I 168; II 125.

Auvergne. Comte, voy. Tour (Bertrand, seigneur de La). — Dauphins, voy. Beraud et Bourbon (Louis de). — Duc, voy. Bourbon (Charles de). — Duchesse, voy. Bourgogne (Agnès de). — États, I 6, 8 et s., 21 et s., 27, 30, 32-33, 35, 37, 41, 44, 45, 48, 53, 56 et s., 59, 64, 65, 67, 71, 73 et s., 81, 88 et s., 107 et s., 114 et s., 118 et s., 126, 129, 134, 136 et s., 145 et s., 151, 154 et s., 165 et s., 175, 183-219, 274, 289, 290, 292, 294, 295, 300 et s., 308, 312 et s., 323, 333 et s., 344 et s., 355-356, 360-361 ; II 21 et s., 24 et s., 31, 32, 39 et s., 43, 45, 47 et s., 60, 139, 144 et s., 161 et s., 169, 174 et s., 209 et s., 231, 235, 252, 258, 260.— Grand-prieur, I 30.— Procureur, voy. Mareschal (Guillaume Le). — Sénéchaux, voy. Langeac (Jean, seigneur de) et Chauvigny (Hugues de).

Auvergne (Basse). États, II 60, 87, 214, 247, 262 et s., 274.— Élus, voy. Clermont-Ferrand. — Receveurs, voy. Croiset (Etienne), Villeneuve (André de), Noel (Gaillard), Mandonier (Pierre), Laubespin (James) et Gaillart (Michel).

Auvergne (Haute). Baillis pour le duc, voy. Rocque (Jeannet de La) et Beaucler (Rigon de). — Baillis pour le roi, voy. Breuil (Louis du) et Montal (Amaury du). — Élus, voy. Saint-Flour. — États, II 32, 233, 245. — Receveurs, voy. Pailloux (Bernard), Maynard (Jean), Courtet (Etienne) , Mandonier (Pierre), Roux (Martin), Borderie (Jean de La) et Laubespin (James).

Auvergne (Martial d'), poète, I 121, 199.

Auvergne (Pierre d'), greffier de la sénéchaussée de Limoges, I 223.

Auzon, P.-de-D., I 35; II 257.

Avaugour (Guillaume d'), I 321.

Avignon, I 361.

Avin (Guillaume), I 363.

Avin (Jean), conseiller en parlement, père du précédent, I 363.

Avoir (Macée d'), femme de Geoffroy Chaperon, I 303.

Azay (le bâtard d'), capitaine de routiers, II 68-69.

Aze (Gonzalez d'), huissier d'armes du roi, II 68.

Azentières (Léonet d'), bailli du dauphin d'Auvergne, autrement appelé bailli de Montpensier, I 146, 191, 192, 193, 195, 198 ; II 40.

B

Bachelier (N...), consul de Montferrand, II 257.
Baillet (Thibaud), petit-neveu de Thibaud de Vitry, I 365.
Bailly (Hugues), sr de Razat, élu en Périgord, II 269.
*Ban (Étienne du), I 233, 251, *273-274, 292; II 131, 136.
Ban (Jean du), secrétaire du roi, I 274.
Banson (Louis de), abbé de Mozat, I 191, 198, 208; II 39, 219.
Bar, *Corr.* Seigneur, voy. Molcéon (Jacques de).
Bar (Denis de), évêque de Tulle et de Saint-Papoul, I 276.
Bar (Jean de), seigneur de Baugy, père du précédent et des deux suivants, I 274.
*Bar (Jean de), I 61, 65, 104, 155, 159, 208, 209, 211, 213, 216, 217, *274-276, 295, 302, 308, 315, 323, 336; II 171, 177, 180, 205, 207, 208, 209, 211, 216, 221, 227, 230.
*Bar (Pierre, *alias* Pion de), I 212, 237, 255, 268, 269, *276-278, 356; II 204, 206.
Bar (Tachon de), élu sur le fait des aides à Saint-Flour, I 96, 186, 188, 191, 192; II 43.

Bardois (Macé), clerc, secrétaire du roi, I 41, 62, 235, 237; II 180, 206.
Bardot (Giron), écuyer, prisonnier des Anglais, I 144; II 133, 136.
Barmont, commune de Mautes, *Cr.* Seigneur, I 33; II 57.
Barré (Jean), seigneur de Bourresol, élu sur le fait des aides à Clermont, I 95, 172, 196; II 262 *et s.*
*Barre (Nicole de La), I 224, 225, 241, 242, *278-279, 282, 320; II 13, 15, 17, 19.
Barrois, pays, I 152.
Barry (Guinot du), écuyer, I 140, 254; II 68, 102.
Barton (Antoinette), femme de Guillaume de Vic, I 286, 363.
*Barton (Jean), I 44, 60, 65, 66, 141, 142, 162, 221, 223, 226, 227, 228, 229, 232, 233, 235, 236, 237, 239, 240, 243 *et s.*, 262 *et s.*, 277, *279-286, 292, 297, 299, 312, 315, 316, 318, 324, 325, 327, 329, 335, 350, 351, 356, 357, 363; II 33, 35, 37, 59, 62 *et s.*, 69, 70, 80-81, 85, 92, 95 *et s.*, 100, 104, 108 *et s.*, 120, 124, 128, 131, 136, 141, 187, 204, 205, 206, 266.
Barton (Jean II), fils du précédent, abbé du Dorat, puis évêque de Limoges, I 286.

Barton (Mathurin), général des aides, frère du précédent, I 285, 286.

Barton (Pierre), clerc, chancelier de la Marche, père de Jean Barton, I 280.

Barton (Pierre II), clerc de la chancellerie de la Marche, puis seigneur de Montbas, et chancelier de la Marche, I 226, 286; II 127.

Baudignon (Jean), conseiller du roi, I 290.

Baude (Henri), poète, élu en Bas-Limousin, I 168.

Baudricourt (Robert de), bailli de Chaumont, I 325.

Baudry (Jean), procureur général de Guyenne, I 358.

Baugy, *Cher*. Seigneur, voy. Bar (Jean de).

Bayard (Mathieu), bourgeois de Limoges, II 107.

Beard, voy. Bayard.

Beaucaire, *Gard*, I 361.

Beaucaire (Pierre de), receveur du Haut-Limousin et du Franc-Alleu, I 101, 220-223, 245 *et s.*; II 56 *et s.*, 64, 75-76, 78, 81, 82, 89-90, 100, 102-103, 108, 129, 131, 157, 158, 251.

Beauchamp, capitaine anglais, I 138, 240; II 2.

Beaucler (Guiot, seigneur de), I 186.

Beaucler (Rigon de), bailli de la Haute-Auvergne pour le duc de Bourbon, I 188, 190, 191.

Beaufort (Jean de), écuyer, I 99; II 98, 115.

Beaufort (Louis de), comte d'Alais, marquis de Canilhac, vicomte de La Mothe, I 33, 46, 89, 107, 122, 123, 147, 191, 195, 197, 198, 200, 203, 204, 208, 210, 214, 217; II 39, 86-88, 218, 229, 269, 274.

Beaufort (Pierre de), vicomte de Turenne, I 142, 149, 227, 230, 231, 232, 233, 234, 235, 236, 249, 523; II 73, 74, 167-168.

Beaujolais, pays, I 82, 145, 147, 185, 332; II 21-23, 40-41.

Beaulieu, *Corr*. Abbaye, I 31. — Abbé, I 15; II 9.

Beaumanoir (le bâtard de), capitaine de gens d'armes, II 103.

Beaumont, commune de St-Victor-sur-Arlanc, *H.-L.* Seigneur, voy. Chalencon (Louis de).

Beaumont (Louis de), sénéchal de Limousin, I 235, 253, 325.

Beaupoil (Alain), écuyer, I 235.

Beaupoil (Guillaume), procureur du vicomte de Limoges, II 2 *et s.*

Beaupoil (Jean), receveur du Bas-Limousin, I 104, 226-339 *passim*; II 72, 73, 74, 96, 115, 136, 168, 187, 192 *et s.*

Beaupoil (Julien), capitaine de Masseré, II 186.

Beauquère, voy. Beaucaire.

Beauvais. Archidiacre, voy. Vitry (Thibaud de).

Beauvarlet (Mathieu), II 233.

Beauvau (Bertrand de), seigneur de Précigny, I 237, 239, 310; II 67, 187, 253.

Beauvoir, commune d'Échassières, *Allier*. Seigneur, voy. Loup (Blain).

Becuit (Jean), habitant de Clermont, I 198.

Bellac, *H.-V.* Châtellenie, I 179. — Ville, I 36, 38, 47; II 68.

Bellechassaigne, *Corr.* Commanderie, I 34. — Commandeur, I 52; II 9.

Bellefontaine, *Seine-et-Marne*, I 365.

Bellegarde, *Cr.*, I 44, 177, 222; II 251.

Bénecte, voy. Beynète.

Bénévent, *Cr.* Archiprêtré, I 179. — Prieuré, I 31. — Prieur, voy. Foucaud (Louis). — Ville, I 178.

Benoiton (Roger), secrétaire du roi, II 131.

Bérart (Pierre), commissaire de Louis XI dans la Basse-Auvergne, I 276.

Béraud, dauphin d'Auvergne, I 187, 287.

Bermont, voy. Barmont.

Bernard (Gui), archidiacre de Tours, I 167, 341, 348; II 269.

Bernart (N.), bourgeois de Saint-Pourçain, II 257.

Bernet (Gabriel de), commissaire auprès des États du Dauphiné, I 361.

Berry. Baillis, voy. Escorailles (Louis d') et Saintrailles (Poton de). — Duc, voy. France (Jean de). — Élus I 308. — Pays, I 55, 185, 274, 306; II 225.

Berton (Jehan), voy. Barton (Jean).

Bertrand (Pierre), I 231.

Besançon, I 296.

Beynète (Hugues), I 99; II 97, 187.

Béziers, *Hérault*. Évêque, voy. Comberel (Hugues de).

Bézu (Jacques), écuyer, I 148; II 126.

Billom, *P.-de-D.*, I 35, 44, 203; II 256.

Billon (Philippe), prieur de Jarnage, I 100; II 125.

Blaiz, voy. Blois.

Blanchefort, commune de La Groliere, *Corr.* Seigneur, voy. Bonneval (Jean de).

Blanchefort (Jean de), capitaine de gens d'armes, II 102.

*Blanchet (Girard), I 65, 66, 70, 190, 191, 192, *287-291, 301, 361 ; II 48 *et s.*

Blanchet (Guillaume), conseiller en Parlement, fils du précédent, I 291.

Blanchet (Jean), secrétaire du roi, père de Girard, I 287.

Bleau (Robert), I 21.

Bléterens (Eynard de), I 361.

Blois, I 129 ; II 109-112.

Blot-l'Église, *P.-de-D.* Seigneur, I 33 ; voy. Chauvigny (Guillaume, Hugues et Jean de).

Blot (Gonnin de), prisonnier des Anglais, I 143.

Bollegny, voy. Boullegny.

Bois-sire-Amé, commune de Vorly, *Cher*, I 256, 283.

Boniol (Pierre), official de Clermont, I 90, 91, 127, 155, 161, 172, 205 ; II 140, 225, 223, 287.

Bonnaigue, commune de St-Fréjoux, *Corr.* Abbaye, I 31. — Abbé, I 51 ; II 9.

Bonnat (Berthe ou Gilberte de), femme de Jean Barton, I 286.

Bonnesaigne, commune de Combressol, *Corr.* Prieuré, 11. — Prieure, I 51 ; II 9.

Bonneval (Guillaume de), frère du suivant, I 343.

Bonneval (Hugues de), fils du suivant, I 33, 343 ; II 158.

Bonneval (Jean de), seigneur de Blanchefort, I 34, 51, 54, 102, 138, 342 ; II 2 *et s.*

Bonnevau et *Bonnevaut*, voy. Bonneval.

Bonneville (Lancelot de), capitaine des archers du duc de Bourbon, prisonnier des Anglais, I 143, 207, 211, 214 ; II 222, 228.

Bony (Barthélemy), châtelain d'Ahun, I 267 ; II 125.

Bordeaux. Parlement, I 285, 358. — Ville, I 184.

Bordelais, pays, II 191.

Borderie (Jean de La), receveur de la Haute-Auvergne, I 203, 204.

Bordes (Les). Commandeur, voy. Riuf (Gonnot du).

Borne (La), commune de Blessac, *Cr.* Seigneur, voy. Aubusson (Jean d').

Borrelone (Pierre de), notaire, II 12.

Borresol, voy. Bourresol.

Bort, *Corr.*, I 233.

Boscheron (Le). *Corr.* Seigneur, voy. Champiers (Garin de).

Boschet (Anne du), procureur du seigneur d'Olliergues, II 220.

Boulanger (Noël Le), I 81.

BOULLEGNY (Renier de), conseiller du roi, général des finances, I 226, 310 ; II 51, 67.
Boulogne, *Pas-de-Calais*. Comte, voy. Tour (Bertrand, seigneur de La).
BOURBON (Charles de), duc de Bourbonnais et d'Auvergne, d'abord comte de Clermont, I 48, 57, 82, 121 *et s.*, 151, 170, 185, 194, 195, 204, 206, 208, 209, 211, 214, 216, 217, 230 ; II 22-22, 39, 40, 169, 175, 176, 177, 208, 211, 213, 215, 217.
BOURBON (Éléonore de), fille de Jacques de Bourbon, comtesse de la Marche, I 84, 210 ; II 177.
BOURBON (Guy, bâtard de), I 198.
BOURBON (Jacques de), comte de la Marche, gouverneur de la Basse-Marche, roi de Hongrie,etc., I 37, 38, 84, 263, 296, 349, 353 ; II 37, 51, 54.
BOURBON (Jean de), duc de Bourbonnais, I 37 ; II 40.
BOURBON (Jean II de), comte de Clermont, I 210, 211, 213, 214, 219 ; II 211, 213, 216.
BOURBON (Louis de), comte de Montpensier et de Sancerres, dauphin d'Auvergne, I 33, 48, 107, 121, 122, 123, 126, 196, 99,I 201, 208, 211, 214,

216 ; II 39, 86-88, 218, 229, 249, 258, 262, 274.
Bourbonnais. Ducs, voy. Bourbon (Charles et Jean de). — Duchesse, voy. Bourgogne (Agnès de) et France (Marie de). — Pays, I. 82, 121, 145, 147, 162, 185, 232 ; II 21-23, 40, 41. — Sénéchal, voy. Chabannes (Jacques de).
Bourg-de-Saleignac (Le), voy. Grand-Bourg-de-Salagnac.
Bourganeuf, *Cr.*, I 177.
Bourges. Archevêque, I 313, 333. — Diocèse, I 55. — Église des Jacobins, I 276. — États généraux, voy. Languedoïl. — Prévôté, II 156. — Ville, I 45, 87, 103, 194, 216, 222, 228, 232, 238, 242, 248, 259, 268, 277, 283, 288, 295, 297, 319, 324, 327, 347 ; II 65, 66, 69, 94, 104, 121, 167, 204, 206.
Bourgogne, pays, II 56.
BOURGOGNE (Agnès de), duchesse de Bourbonnais et d'Auvergne, I 195, 196, 197, 198, 204, 206, 207, 208, 210, 211, 214, 215 ; II 175, 177, 217.
BOURGOGNE (Philippe II, duc de), I 287, 357, 363.
Bourresol. Seigneur voy. Barré (Jean).

Boursier (Girart Le), maître d'hôtel du roi, I 136, 213, 214, 294.

Boussac, Cr. Seigneur, voy. Brosse (Jean de).

* Boyol (Martial), I 241, * 291, 315; II 13, 15, 17.

Boys (Jacques du), gouverneur de la terre de Paulhac, II 84.

Brabant (Pierre de), général des aides, I 317.

Brachet (Jacques), écuyer, seigneur de Magnac, I 243.

Brachet (Jean), seigneur de Peyrusse, père du précédent, I 34, 296.

Braque (Jeanne), femme de Pierre de Tuillières, I 359.

Brassac, P.-de-D. Seigneur, voy. Langeac (Jean, seigneur de).

Bresons, Cant., seigneurie, I 33.

* Bresons (Guillaume de), I 96, 200, 233, 251, * 291-293|; II 131, 135.

Bresson (Girault), médecin, I 164.

Bressuire, Deux-Sèvres, I 114; II 153.

Bretagne (Arthur de), connétable de France, I 189.

Bretagne (Jean V, duc de), I 288, 359.

Bretagne (Jean de), vicomte de Limoges, seigneur de Laigle, comte de Penthièvre, I 140, 142, 229, 231, 232, 237, 242, 243, 245, 246, 248, 249, 253, 254, 255, 325, 335; II 75-76, 83, 84, 117.

Bretagne (Olivier de), vicomte de Limoges, I 39, 318, 328.

Bretagne (Vaudrue de), fille du précédent et femme de Tandonnet de Fumel, I 328.

Breton (Jean Le), conseiller du roi, I 246, 310; II 67.

Breuil (Jean du), seigneur de la Coste-au-Chapt, I 34; II 106.

Breuil (Louis du), seigneur d'Aurouse, bailli de la Haute-Auvergne pour le roi, I 96, 190, 191; II 43, 45.

* Breuil (Nicole du), I 135, 136, 222, 237, 255, 268, 277, * 293-395, 327, 338; II 141, 204, 206, 211, 216.

* Brezé (Pierre de), I 65, 216, * 295, 302; II 187.

Bridiers, commune de la Souterraine, Cr. Capitaine, II 68. — Vicomtes, voy. Naillac (Jean de) et Brosse (Jean de).

Brie (Jean de), conseiller du sire d'Albret, II 102.

* Brion (Guérin, seigneur de),

I 261, 262, 263, 281, * 296-298, 353.

Brion (Louis de), fils du précédent, I 298.

Brioude, *H.-L.* Chapitre, I 30 ; II 39, — Ville, 35 ; II 256.

Brive, *Corr.* Archiprêtré, I 188, lig. 9 (voy. l'*erratum.*) — Bailliage, I 139, 228 ; II 3 *et s.* — Ville, I 32, 35, 51 ; II 2 *et s.*

Brivezac, *Corr.* Archiprêtré, I 178.

Broe (Jean La), commissaire en Auvergne sur le fait des francs-fiefs et nouveaux acquêts, I 294.

Brosse, commune de Chaillac, *Indre.* Vicomte, voy. Chauvigny (Gui, seigneur de).

Brosse, écuyer, capitaine de Ruines, II 181.

Brosse (Blanche de), femme de Guérin de Brion, I 296.

Brosse (Jean de), seigneur de Sainte-Sévère et de Boussac, vicomte de Bridiers, I 269 ; II 204.

Brosse (Pierre de), seigneur de Sainte-Sévère, père des deux précédents, I 298.

Brueil, voy. Breuil.

Brumen (Jeannin Le), clerc, II 107.

Brunet (Bertrand), notaire, I 223.

Brusac (Gautier de), sénéchal du Limousin, I 229 ; II 96, 101.

Brusac (Mondot de), neveu du précédent, I 249 ; II 101-102.

Brusac (Pierre de), écuyer d'écuierie du roi, I 255.

Buchan (la comtesse de), femme du connétable de France, I 278.

Budé (Dreux), secrétaire du roi, I 230, 233, 262 ; II 94, 106, 130, 133, 135, 138, 153.

Bueil (Louis de), capitaine des gens d'armes de Charles d'Anjou, I 150 ; II 103.

Bureau (Gaspard), grand maître de l'artillerie, frère du suivant, I 299.

*Bureau (Jean), I 68, 238, 239, 257, 258, 259, 270, 271, 276, *299, 305, 325, 352 ; II 254, 265.

Bussières (Bernard de), chevalier tenant le parti des Anglais, II 73.

C

*Cachemarée (Aleaume), I 184, *300-301, 334.

Caen. Vicomté et bailliage, I 300.

Calais, près de l'Ile-Jourdain, *Vienne.* Châtellenie, I 179.

Calsat (Pierre de), bâtard

d'Apchon, I 186, 188; II 32.

Cambray (Étienne de), évêque d'Agde, I 336.

Camp (Naudon du), capitaine de Ségur, I 23.

Campis (Jacobus de), voy. Champs (Jacques du).

Campremy (Miles de), secrétaire du comte de la Marche, I 265, 267; II 126.

Canard (Jean), voy. Legrand (Jean).

Canilhac, *Lozère*. Marquis, voy. Beaufort (Louis de).

*Canlers (Jacques de), I 65, 66, 191, 289, *301; II 48 *et s.*

Capdenac (Pierre de), juge-mage de Rouergue, I 282.

Carcassonne. Évêques, voy. Étampes (Jean d') et Pompadour (Geoffroy de).

Carladès, pays, II 178.

Carlat, *Cant.* Seigneur, voy. Armagnac (Bernard d'). — Seigneurie, I 33, 128; II 146.

Cars (Les), *H.-V.* Château, I 346. — Seigneur, I 34; voy. Pérucc (Audoin et Gautier de).

Castille (Jean II, roi de), I 306.

Castillon (Charles de), commissaire en Auvergne sur le fait du sel, I 137, 214; II 223.

Castres, *Tarn.* Comté, I 84. — Comtes, voy. Bourbon (Jacques de), Armagnac (Bernard et Jacques d').

Cedon (Jean), procureur de la Marche, II 125.

Celle (Hilutte de La), femme de Godefroy de La Marche, I 337.

Chabannes (Antoine de), comte de Dammartin, capitaine de gens d'armes, I 151, 210; II 102, 196.

*Chabannes (Jacques de), I 65, 207, 210, 211, 216, 217, 295, *302; II 208, 219, 224.

Chabesson, bourgeois de Saint-Junien, II 68.

Chabocière (la). Seigneur, voy. Chaperon (Geoffroy).

Chabrol, greffier des élus de Saint-Flour, II 44.

Chaise-Dieu (la), *H.-L.* Abbaye, I 30. — Abbé, voy. Chauvigny (Hugues de).

Chalancon, voy. Chalencon.

Chalar (le), château, I 298.

Chalar (J. du), bourgeois de Clermont-Ferrand, II 257.

Chalard-Peyrolier (le), *H.-V.*, monastère, I 240.

Chalencon, commune de Saint-André-de-Chalencon, *H.-L.* Seigneur, voy. ci-dessous.

Chalencon (Guillaume de), I 198.

Chalencon (Louis, seigneur de), I 201.

Chalencon (Louis de), seigneur de Beaumont et de Rendas, I 33, 193, 194, 198.

Chaligaut (Charles), secrétaire du roi, I 253; II 131, 143, 187, 188.

Chalmeilh (Hugues), baile de Murat, I 49, 127, 211, 214, 217; II 180, 182, 252.

Châlons. Évêques, voy. Tudert (Jean) et Tur (Guillaume II Le). — Ville, I 156, 157, 237, 255, 256.

Chalus (Pierre de), abbé d'Ébreuil, I 191; II 39.

Châlusset, commune du Vigen, *H.-V.* Château, I 326.

Chambon-Sainte-Valerie, *Cr.* Château, I 121. — Ville, I 133.

Chambon (Jean de), greffier, II 125.

Champagnac, com^{ne} de Bussière-Poitevin, *H.-V.* Châtellenie, I 179.

Champagnac (Étienne de), écuyer, lieutenant du bailli de la Haute-Auvergne pour le roi, I 186, 192, 209; II 180.

Champagne, pays, I 283, 290, 254; II 228.

Champagne, *Vienne,* château, I 285.

Champaigne (Philippe de), chevaucheur, II 107.

Champeaux (Guillaume de), évêque de Laon, I 288.

Champeaux (Isabeau de), femme de Girart Blanchet, I 288.

Champiers (Garin de), seigneur du Boscheron, I 227.

Champs (Jacques des), prévôt de Naves, I 51; II 9 *et s.*

Chandenier (Catherine de), femme de Jean Tudert, I 358.

Chanerailles, Chancreilles, Chanezailles, Chanezeilles, voy. Chénerailles.

Chanin (maître), envoyé par les États du Haut-Limousin auprès de Charles VII, I 156.

Chapelle-Taillefer (La), *Cr.* Capitaine, voy. Chaussée (Jean de La).

* Chaperon (Auvergnat), I 200, * 302-303, 314.

Chaperon (Geoffroy), seigneur de la Chabocière, père du précédent, I 303.

Chapolie (Raymond de La), chevalier, seigneur de Cornil, I 233.

Cherdebeuf (Jean), licencié en lois, II 267.

Charité (La), *Nièvre,* I 297.

Charles V, roi de France, I 22, 24.

Charles VI, roi de France, I 22, 23, 24, 106, 129.
Charles VII, *passim*.
Charles (Simon), président de la chambre des Comptes, I 234, 332.
Charlus-le-Pailloux, commune de Saint-Exupéry, *Corr.* Seigneur, I 34 ; II 11.
Charny, *Seine-et-Marne*, I 197; II 92.
* Charrier (Guillaume), I 187, 243, * 303, 352 ; II 72.
Charrier (Jacques), II 131, 187.
Charroux, *Vienne*. Châtellenie, I 179.
Chartres. Évêque, voy. Dauphin (Robert). — Ville, I 251.
Chaseron, voy. Chazeron.
Chastillon, voy. Chatillon.
Châtain, commune d'Arfeuille-Châtain, *Cr.* Paroisse, I 343. — Seigneur, voy. Montvert (Trolhart de).
Chatard (N...), bourgeois de Cusset, II 257.
Châteaubrun, commune de Cuzion, *Indre*. Seigneur, voy. Naillac (Jean de).
Château-Landon, *Seine-et-Marne*, I 197; II 92.
Châteauneuf, *Cant.* Seigneur, I 33 ; II 179.
Châteauneuf, *Cher*. Seigneur, voy. Culant (Charles, seigneur de).
Châteauneuf-la-Forêt, *H.-V.* Seigneur, voy. Pierre-Buffière (Louis de).
Châteauneuf-sur-Sioule, *P.-de-D.* Seigneur, voy. Tournoël (Antoine de).
Châteauponsac, *H.-V.*, I 258.
Châteauroux, *Indre*. Seigneur, voy. Chauvigny (Gui, seigneur de).
Château-Thierry, *Aisne*, I 298.
Châteauvert, commune de La Courtine, *Cr.* Seigneur, I 34 ; II 11.
Chateauvert (Frénot de), voy. Rochefort (Frénot de).
Chatel (Jean du), chevalier, II 223.
Chatel (Tanguy du), I 288, 320.
Châtelus-Malvaleix, *Cr.* Seigneurie, I 180. — Seigneur, voy. Malval (Louis de).
Chatillon (Jacques de), sr de Dampierre et de Ravel, I 33, 48, 71, 107, 122, 126, 127, 147, 195, 196, 197, 199, 200, 203, 204, 207, 208, 211; II 39, 40, 86-88, 218, 224, 228, 241, 249.
Chaucière (La), en Bourbonnais, I 172 ; II 272.
Chaudesaigues, *Cant.* Sei-

gneurie, I 33, 128; II 146.
— Seigneurs, voy. Armagnac (Jean, comte d') et Salazar. — Ville, I 35.

Chaudon (Pierre), official de Clermont, I 91, 146; II 41.

Chault (Simon), procureur de Peyrusse, II 68.

Chaumeilh, voy. Chalmeilh.

Chaumont. Bailli, voy. Baudricourt (Robert de).

Chaussée (Jean de La), capitaine de la Chapelle-Taillefer, I 148; II 126.

Chauvet (Hélias), prévôt de Roussac, II 67, 106.

Chauvigny, *Vienne*. Seigneur, voy. ci-dessous.

Chauvigny (Gui, seigneur de), et de Châteauroux, vicomte de Brosse, I 268, 270; II 204.

Chauvigny (Guillaume de), seigneur de Blot, I 193; II 39.

Chauvigny (Hugues de), abbé de la Chaise-Dieu, I 207; II 39, 220.

Chauvigny (Hugues de), seigneur de Blot, sénéchal d'Auvergne, II 274.

Chauvigny (Jean de), seigneur de Blot, I 90, 91, 195, 199, 207; II 140, 219, 225, 237.

Chauvigny (Marie de), femme d'Antoine Greellé, I 333.

Chazeron, commune de Loubeyrat, *P.-de-D*. Seigneur, voy. ci-dessous.

Chazeron (Jean, seigneur de) et de Vollore, I 33, 127, 137, 199, 215, 216, 217; II 39, 218, 262.

Chénerailles, *Cr.* Châtelain, voy. Perpirole (Jean de). — Ville, I 44, 53, 264, 266, 270; II 123, 124, 127, 128.

Cheny (Jean de La), procureur du chapitre de Limoges, II 67, 84, 105.

Chéron (Robert), élu sur le fait des aides à Clermont, I 95, 172; II 262 *et s.*

*Chevalier (Étienne), I 68, 238, 259, 276, 285, *304-305; II 254.

Chevenon (Marguerite de), femme de Georges de Clère, I 306.

Chèze (La), commune de Peyrat-près-Bellac, *H.-V.* Seigneur, voy. Comberel (François de).

Chèze (François de La), seigneur de Val et de Marsac, I 206.

Chinon, *Indre-et-Loire*. États généraux, voy. Languedoil. — Ville, I 157, 190, 191, 212, 213, 256, 288, 289; II 48-50, 243.

Chirouze, archiprêtré, I 178.

Choulet (Gilles), seigneur de la Chouletière, sénéchal de la Marche, I 337.

Chouletière (La). Seigneur, voy. Choulet (Gilles).

Choussée, voy. Chaussée.

Claustre (Barthélemy), conseiller en Parlement, I 358.

Claux (Ymberton des), maître d'hôtel du sire d'Albret, II 68, 69.

Clerc (J.), greffier de la cour des aides, II 264.

Clère, *male* Clères, *Seine-Inf*. Seigneur, voy. ci-dessous.

*Clère (Georges, seigneur de), I 238, 258, 299, *305-306; II 253.

*Clère (Jean, seigneur de), père du précédent, I 305.

Clergous, *Corr*. Prévôt, I 31; II 187.

Clermont, *Oise*. Comtes, voy. Bourbon (Charles et Jean II de).

Clermont-Ferrand. Chapitre, I 30, 312; II 39. — Élus, I 92 *et s.*, 170, 172, 187, 218; II 163, 225, 255, 256, 262. — Voy. aussi Barré (Jean), Chéron (Robert) et Nesson (Barthélemy). — États généraux, voy. Languedoïl. — Évêché, I 30. — Évêques, voy. Gouge (Martin) et Comborn (Jacques de). — Gouverneur, voy. Coustave (Guiot). — Officiaux, voy. Chaudon (Pierre) et Boniol (Pierre). — Prévôt, voy. Comborn (Jacques de). — Ville, I 21, 27, 35, 44, 53, 55, 121, 122, 131, 134, 163, 183, 184, 191, 193, 195, 197-199, 207, 218, 232, 292; II 39, 122, 174, 178, 179, 189, 262.

*Cluys (Jean de), I 226, 227, 229, 231, 232, 235, 236, 237, 239, *306-307, 329; II 63, 70, 114, 116-118, 120, 183, 186, 191 *et s*.

Coëtivy (Prigent de), amiral de France, I 200, 207, 235, 325; II 130, 135.

*Cœur (Jacques), I 68, 206, 209, 211, 285, *307-308, 323, 334; II 171, 207.

Colas (Jean), commissaire pour réformer les abus en Poitou et en Saintonge, I 359.

Comberel (François de ou du), seigneur de la Chèze, I 34; II 83.

Comberel (Hugues de), I 60, 228, 247, *310, 330; II 67, 80-81, 114.

Combes (Chatard de), écuyer du comte de Montpensier, I 206.

Comborn, *Corr*. Vicomtes, voy. ci-dessous.

Comborn (Guichart, vicomte de), père des suivants, I 311.

*Comborn (Guichard de), I 99, 231, 234, 235, *310-311; II 97, 116.

*Comborn (Jacques de), I 213, 217, 229, 232, 250, *312; II 95-98, 105, 120, 262, 274.

*Comborn (Jean, vicomte de), I 33, 39, 138, 225, 233, 236, *313; II 2, 4, 11, 19, 115, 185, 191 et s.

Combraille. Pays, I 82, 121, 133, 145, 179, 185, 280; II 21. — Trésorier, voy. Mas (Jean du).

Combronde, *P.-de-D.* Seigneur, I 33.

Commercy, *Meuse*. Château, I 325. — Seigneur, voy. Sarrebruck (Robert de).

Commerques (le seigneur de), sénéchal de Périgord, II 110.

Comminges (Marguerite de), femme de Mathieu de Foix, I 355, 359.

Compaing (Robert), capitaine de gens d'armes, I 153.

Conches, Eure. Vicomte, voy. Henry (Nicolas). — Ville, I 201, 202, 233, 251; II 134, 139.

Confolens. Seigneur, voy. Saint-Aignan (Béraud de).

Corbaffin, voy. Courbefy.

Cordeboeuf (Merlin de), écuyer, I 172; II 222; voy. aussi Regnault.

Cornil, près de Tulle, *Corr.* Seigneur, voy. Chapolie (Raymond de La).

Cornu, chevaucheur, II 68-69.

Cosne, *Nièvre*, I 297.

Coste-au-Chapt (La), commune de Darnac, *H.-V.* Seigneur, voy. Breuil (Jean du).

Coulz (Las), peut-être Lascaux, *Corr.* Seigneur, voy. Lopbertes (Jean de).

Courbefy, commune de Saint-Nicolas, *H.-V.* Château, I 83, 149, 150, 229, 246, 248; II 66, 67, 68, 70, 95, 99, 101, 102.

Courtet (Étienne), receveur de la Haute-Auvergne, I 189.

Courtine (La), *Cr.* Seigneurie, I 33.

Courtinelles (Jean), secrétaire du roi, I 266; II 53, 119.

Cousinot (Guillaume I), seigneur de Montreuil-sous-Bois, président en parlement, I 314.

*Cousinot (Guillaume II), I 200, 201, 203, 204, *314.

Coustave (Guiot), écuyer, gouverneur de Clermont, I 90, 193, 195; II 41.

Coustave (Robert), écuyer, prisonnier des Anglais, I 90, 91, 127, 155, 172, 193; II 225, 228-229, 237.

Crocq, *Cr.* Châtellenie, I 221, 337. — Dame, II 57, 158. — Seigneur, I 33. — Ville, I 44, 177, 221.

Croiset (Étienne), receveur d'Auvergne, I 183.

Cros (Le), seigneurie, I 34.

Cros (Pierre de), I 146, 187, 193, 197, 199, 202 ; II 41.

Cros (Pierre de), fils du précédent, I 197, 199, 202.

Crosses (Pierre des), conseiller au parlement de Toulouse, commissaire en Auvergne sur le fait du sel, I 137, 284, 292 ; II 223.

Crozant, *Cr.* Château, I 296, 337. — Châtelain, voy. Sandelesses (Pierre de). — Châtellenie, I 179.

Cueille (Jean de La), prieur du Port-Dieu, II 201.

Cuelhe (Jean de La), *Joannes de Ouelha*, notaire et bourgeois de Tulle, II 12.

Cugnac (Antoine de), chambellan du roi, I, 96, 190, 192 ; II 47.

Culan ou Culant, *Cher.* Seigneur, voy. ci-dessous.

Culant (Charles, seigneur de), I 155, 269, 275, *314-315, 356 ; II 227.

Culant (Philippe de), seigneur de Jalognes, sénéchal de Limousin, maréchal de France, I 153, 239, 250, 252, 256, 257, 258, 259, 315 ; II 131.

Cusse, commune de Montclar, *H.-L.* Seigneurie, I 33.

Cussel, *All.*, I 35 ; II 256.

D

Dammartin, *Seine-et-Marne.* Comte, voy. Chabannes (Antoine de).

Dampierre, *Marne.* Seigneur, voy. Châtillon (Jacques de).

Dauphin (Robert), seigneur de Mercœur, évêque de Chartres, puis d'Alby, administrateur de l'abbaye d'Issoire, I 33, 48, 81, 185, 192, 193, 194, 197, 198, 200, 202, 204, 205, 208, 210 ; II 23, 39, 218.

Dauphiné. États, I 102, 290, 335. — Gouverneur, voy. Gaucourt (Raoul, seigneur de).

Daurat (Le), voy. Dorat (Le).

Deaux (Thomas), bourgeois de Guéret, I 100 ; II 126.

Degré (m° Jehan), I 21.

Dienne, *Cant.* Seigneur, I 33 ; II 39.

Dieppe, *Seine-Inf.*, II 157.

Dijon (Jean de), secrétaire du roi, I 230, 233, 290 ; II 112, 122, 131, 135.

* Dinematin (Guillaume), I 241, *315 ; II 13, 15, 17.

Dinematin (Jean de), II 186.
Dognon (Le), commune du Châtenet-en-Dognon, *H.-V.* Châtellenie, I 65, 179, 268. — Seigneur, voy. Aubusson (Jean d').
Domar (Perrin de), écuyer, II 81.
Domme, *Dord.* Château, I 59, 83, 102, 139, 140, 141, 224, 226, 229, 246, 335, 347 ; II 71 *et s.*, 109 *et s.*, 113, 167.
Donzenac, *Corr.* Seigneur, I 34 ; II 9. — Ville, I 35, 51 ; II 8, 198.
Dorat (Le), *H.-V.* Abbés, voy. Ermite (Guillaume de L') et Barton (Jean II). — Capitaine, voy. Prez (Robinet de). — Chantre, I 46. — Chapitre, I 45. — Château, I 39. — Châtellenie, I 178, 179, 240. — Collégiale, I 31. — Ville, I 44, 61, 247, 253, 310 ; II 80.¹
* Double (Charles), I 245, 246, * 316, 328 ; II 59, 65-66.
Double (Martin), avocat au Châtelet, I 316.
Doymet (Tourguet), clerc, II 229.
Drouilles, commune de Saint-Éloy, *Cr.* Châtellenie, I 179.
Dun-le-Paleteau, *Cr.* Seigneurie, I 34.

Dunois, seigneurie, I 180.
Dunois (comte de), voy. Orléans (Jean, bâtard d').

E

Ébreuil, *All.* Abbaye, I 30 (*sic*, et non prieuré). — Abbé, voy. Châlus (Pierre de). — Ville, I 35 ; II 257.
Égletons, *Corr.*, I 237.
Embrun, *Hautes-Alpes.* Archevêque, voy. Girard (Jean).
Enmoustier, voy. Eymoutiers.
Erbois. Commandeur, voy. Riuf (Gonnot du).
Ermite (François de L'), dit Tristan, poète du xviie siècle, I 317.
* Ermite (Guillaume de L'), I 240, 243, 253, 254, 255, 281, * 317 ; II 66, 83, 104, 132.
Ermite (Jean de L'), seigneur de Souliers, I 244, 317.
* Escorailles (Louis d'), I 81, 225, 226, 227, 228, 241, * 319-320 ; II 13, 19.
Esmyer (Heliot, seigneur d'), I 99 ; II 97.
Essay, *Orne*, I 259.
* Estissac (Amaury d'), I 141, 150, 246, * 320-322, 316 ; II

62, 63, 64, 70, 72, 79.
ESTUMES (Guillaume d'), I 231.
* ÉTAMPES (Jean d'), I 201, 206, 208, 209, 308, * 322-323 ; II 130, 171, 207.
Eu, *Seine-Inf.* Comte, voy. Artois (Charles d').
Évaux, *Cr.* Château, I 121. — Ville, I 133.
Évreux. Élus, I 94.
Eygurande, *Corr.* Seigneur, I 34 ; II 11.
Eymoutiers. *H.-V.* Collégiale, I 31. — Prévôt, voy. Comborn (Jacques de). — Ville, I 36, 44, 224, 252, 257, 258, 335 ; II 107, 109, 110.

F

FARGE (Barthélemy de LA), prieur de la Voûte, I 127, 211, 214, 215 ; II 141, 219.
*FAYETTE (Gilbert, seigneur de LA), I 33, 81, 127, 136, 159, 185, 198, 208, 213, 214, 215, 275, 294, * 323-324 ; II 22, 28, 39, 40, 42, 219, 222, 239, 258.
Felletin. *Cr.* Archives communales, I 283. — Châtelain, voy. Lanne (Pierre). — Châtellenie, I 179.
FÈRE (le seigneur de LA), II 39.

FERRANT (Bernard), conseiller du sire d'Albret, II 102.
FERRON (Étienne), garde de la monnaie de Saint-André-lez-Avignon, I 206.
FLOQUES (Robert de), dit Floquet, capitaine de gens d'armes, I 122, 151 ; II 196.
FLORON (Pierre), poursuivant d'armes du marquis de Canilhac, I 200.
Foix. Comte, voy. Grailly (Jean de). — Comte, I 289.
FOIX (Mathieu de), I 355, 359.
FONTAINE (Jacques de LA), I 294.
Fontenay-le-Comte, *Vendée*, I 321.
Forez, pays, I 82, 145, 147, 185, 332 ; II 21, 23, 40, 41.
FORMIER, voy. FOURMIER.
FOROT (Jean), clerc, II 107.
FOUCAUD (Aubert), seigneur de Saint-Germain-Beaupré, I 87, 241, 244 ; II 29.
FOUCAUD (Jean), fils du précédent, fait prisonnier par les Anglais à Laval, I 143, 244.
FOUCAUD (Louis), frère du précédent, prieur de Bénévent, I156, 246 ; II 65, 104.
FOUCHIER (Pierre), seigneur de Sainte-Fortunade, I 34 ; II 2 *et s.*
FOUET (Jean), clerc, II 98.
FOULQUES (Guillaume), I 196.

Fournier (Jourdain), seigneur de la Villatte, I 34, 240 ; II 67.

Fournier (Mathieu), prévôt de la Souterraine, I 282.

Franc-Alleu. Élection, I 177.
— États, I 10, 25, 33, 36, 40, 44, 56, 63, 65, 71, 72, 78, 98, 103, 143, 171, 176, 177, 220-222, 283, 338, 339 ; II 56 *et s.*, 63, 89 *et s.*, 156 *et s.*, 251.
— Pays, I 294.

France (Jean de), frère de Charles V, duc de Berry et d'Auvergne, II 32, 88, 89, 94 ; II 147.

France (Marie de), fille du précédent, duchesse de Bourbonnais, I 185 ; II 22-23.

Froment (Étienne), I 62, 142, 226, 231, 249, 264, *324-326 ; II 51-53, 74, 116-118.

Froment (Jean), greffier, II 125.

Fumat (Jean), bourgeois de Donzenac, II 8.

Fumel (Tandonnet de), I 60, 65, 135, 228, 246, 247, 250, 252, 293, 321, *326-328, 342 ; II 62, 63, 64, 69, 70, 78-79, 80-81, 102, 141.

G

Gaillart (Michel), receveur de la Basse-Auvergne, II, 274.

Galant, trompette du duc de Bourbon, II 222.

Galeran (Jean), prétendant à une prébende à la Sainte-Chapelle de Paris, I 365.

Gand, *Belgique*, I 363.

Gannat, *All.*, I 45, 122, 123, 136, 184, 214, 334 ; II 249.

Garactum, voy. Guéret.

Garnier (Jean), clerc des offices du roi, I 40 ; II 98, 106.

*Garnier (Pierre), I 246, 316, *328 ; II 65-66.

Garonne, rivière, I 293.

Gascogne, pays, I 80, 151, 358 ; II 69, 183, 185 ; voy. Guyenne.

Gascourt (Pierre ou Perrinet), greffier des élus de Clermont, I 212 ; II 225, 262.

Gastineau, capitaine de routiers, II 68-69.

Gastine (La). Seigneur, voy. Saint-Aignan (Béraud de).

Gaucourt (Charles de), I 276.

Gaucourt (Raoul seigneur de), gouverneur de Dauphiné, I 144, 211, 235, 236, 253, 254 ; II 224.

Gênes, *Italie*, I 309, 330.

Geneste (Pierre), II 186.
Genestet (Bernon de), capitaine de Najac, I 282; II 68.
Genève, *Suisse*, I 357.
Gévaudan. Bailli, voy. Bresons (Guillaume de). — États, II 284 292, 359. — Pays, I 82, 154, 163, 197, 296; II 87.
Giac ou Giat, *P.-de-D.* Seigneur, voy. ci-dessous.
Giac (Louis, seigneur de), I 204.
Giac (Le sire de), père du précédent, I 341.
Gimel, *Corr.* Archiprêtré, I 178. — Seigneur, voy. ci-dessous.
Gimel (Jean, seigneur de), père du suivant, I 34, 52, 329; II 9.
*Gimel (Louis de), I 34, 99, 235, 236, *328-329; II 115, 136, 186.
*Girard (Jean), I, 187, 287, *329-330, 361.
Girart (Jean), capitaine de gens d'armes, II 103.
Giron (Alain), capitaine de gens d'armes, II 37.
Givaudan, voy. Gévaudan.
Glandiers, *Corr.* Abbaye, I 313.
Goignon (Antoine), receveur du Haut-Limousin, I 259.
Goignon (Guillaume), receveur du Bas-Limousin, I 239; II 272
Gon (Jean), secrétaire du duc de Bourbon, I 208; II 224.
Gouge (Martin), de Charpaigne, évêque de Clermont, I 147, 188, 192, 193, 196, 201, 208, 209, 251, 266; II 39, 60-61, 130, 135, 208.
Grailly (Jean de), comte de Foix, I 288, 289.
Grand-Bourg-de-Salagnac (Le), *Cr.*, I 178; II 69.
Grandmont, commune de St-Sylvestre, *H.-V.* Abbaye, 131.
Greellé (Antoine), I 205, *330-333, 345.
Greellé (Blaise), neveu du précédent, maître des requêtes du roi, I 333.
Gremont (Jean de), élu en Bas-Limousin, I 167.
Grenoble. Chambre des Comptes, I 102. — Conseil delphinal, 314.
Grimaud (Philippe de), ambassadeur de Charles VII auprès du duc de Milan, I 353.
Grosboys (Guillon de), capitaine de Rochefort, I 148; II 126.
Guannes (Jacques de), I 193.
Guaret, voy. Guéret.
Guenne (La), *Corr.*, I 44, 234; II 167.
Guéret. Capitaine, voy. Pamot (Michel). — Châtelain, voy. Autort (Pierre). — Châtelle-

nie, I 179. — Ville, I 36, 44, 262, 268, 270, 280, 282; II 126, 206.
Guérin (Olivier de), chef de chambre de gens d'armes, I 257, 258.
Guérinet (François), général des aides, I 317.
Gui, abbé d'Userche, I 51, 145 ; II 9.
Guierlay (Antoine de), chef de chambre de gens d'armes, I 258.
Guierros (Robert de), sergent d'armes du roi, II 221, 222.
Guilhon (Bertrand), bourgeois de Donzenac, II 8.
Guionnet (Jean), chevaucheur, II 133, 137.
Guitard (Jeannot), II 191 *et s.*
Guyenne. Pays, I 75, 84, 138, 142, 204, 205, 231, 235, 236, 249, 252, 253, 267, 284, 319, 321, 335, 345, 358 ; II 116, 120, 157, 160; voy. aussi Gascogne. — Procureur général, voy. Baudry (Jean).
Gymonet, voy. Guionnet.

H

Hainaut, pays, I 296.
Haloy (Baudot de), clerc, I 132 ; II 265.
Harcourt (Christophe d'), conseiller du roi, I 195, 197.
Harcourt (Marguerite d'), femme d'Amaury d'Estissac, I 322.
Harengs (Journée des), I 279, 344.
Harfleur, *Seine-Inf.*, I 200.
Hellande (Isabeau de), I 305.
Hélias ou Hélie (Gouffier), seigneur de Villac, I 51, 54, 102, 139 ; II 2 *et s.*
Hélie (Marguerite), femme d'Audoin de Péruce, I 346.
Hélie (Souveraine), femme de Ramnoux de Péruce, I 346.
Hemmoustiers, voy. Eymoutiers.
Henry (Nicolas), vicomte de Conches, receveur du Limousin, I 224, 226, 241, 242 ; II, 17, 29.
Héron (Macé), trésorier général, I 288.
Hire (La), voy. Vignolles (Étienne de).
Hongrie. Roi, voy. Bourbon (Jacques de).
Huet (Jean), receveur de la Basse-Marche, II 69.
Hugon (Étienne), I 52.
Huntington (le comte de), I 142, 231, 249 ; II 116.

I

Ile-de-France, pays, II 156.
Issoire, *P.-de-D.* Abbé commandataire, voy. Dauphin (Robert). — Ville, I 35, 37, 44, 134, 136, 146, 184, 189, 196, 197, 201, 214, 218, 303 ; II 39, 43, 45, 249, 257.

J

JACQUES (le roi), voy. Bourbon (Jacques de).
Jalognes, *Cher.* Seigneur, voy. Culant (Philippe de).
Jarnage, *Cr.* Capitaine, voy. Villemoine (Guillaume de). — Châtelain, voy. Monamy (Guillaume). — Prieur, voy. Billon (Philippe). — Prieuré, I 31.
JEAN II, le Bon, roi de France, I 21, 22, 23.
JEHANNICOT, chevaucheur de l'écurie du comte de Montpensier, II 181.
JEUNE (Perrinet LE), écuyer, prisonnier des Anglais, I 143 ; II 84.

JOMELIÈRE (Regnault de LA), capitaine de gens d'armes, II 103.
JOSSE (Albert), procureur du sire d'Albret, puis procureur du roi en Limousin, I 52, 247, 252 ; II 84, 132.
*JUVENEL (Guillaume), I 202, 206, 239, 308, *333, 355, 356 ; II 139.
JUVENEL (Jacques), archevêque de Reims, puis évêque de Poitiers, I 159, 215, 238-239, 323 ; II 239, 253.
JUVENEL (Jean), doyen d'Arras, I 361.

L

Laguenne, voy. Guenne (La).
Laigle, *Orne.* Seigneur, voy. Bretagne (Jean de).
Laigné, lisez : Laigue, et voy. ce mot.
LAIGUE (le bâtard de), chef de routiers, I 317 ; II 66 ; *sans doute le même que le bâtard de Leau.*
*LALLIER (Guillaume), I 184, 300, *334.
Lamothe, voy. Mothe (La).
Langeac, *H.-L.* Seigneur, voy.

ci-dessous. — Ville, I 35;
II 257.

Langeac (Jean, seigneur de) et
de Brassac, sénéchal d'Auvergne, I 35, 48, 82, 83, 90,
91, 107, 127, 137, 145, 146,
147, 155, 159, 185, 186, 187,
191, 192, 193, 195, 196, 200,
202, 203, 204, 205, 210, 211,
212, 213, 216 ; II 22, 23, 39,
40, 60-61, 140, 169, 170, 218,
225, 227, 228, 229, 237, 247;
258, 262.

Languedoc. États, I 174, 244,
283, 292, 295, 322, 357. —
Monnaies, I 277. — Pays, I
152, 288, 289, 334, 335 ; II
50, 102, 120, 123, 129, 134,
163, 171. — Sel, I 137.

Languedoïl. Circonscription financière, I 71, 118, 119, 132,
152, 160, 161, 166, 196, 197,
198, 201, 202, 209, 212, 215,
216, 218, 220, 221, 222, 228,
229, 230, 232, 233, 236, 237,
238, 239, 248, 249 *et s.*, 257,
259, 261, 265, 266, 267, 268,
269, 270, 271, 273, 277, 288,
299, 315, 339, 340, 356 ; II 51,
86, 89, 93, 95, 123, 129, 134,
145, 150, 156, 163, 171, 189,
203, 209, 231, 233, 238, 247,
253. — États, I 92, 120, 132,
165, 226 ; II 80, 99, 121, 150 ; tenus à Clermont en 1421, I
55, 223, 280 ; à Bourges en
1423, I 55, 71, 125, 224, 225,
241, 261, 291, 313, 316 ; II
13, 15, 17, 19, 29 ; à Selles
en 1423, I 129, 185, 224, 241;
II 24 ; en 1424, I 186, 242
262, 297, 349, 353 ; II 31, 32 ;
à Riom en 1424, I 243, 262,
281, 297 · à Montluçon en
1426, I 130, 187, 188, 330 ; à
Chinon en 1428, I 263, 341 ;
à Tours en 1433, I 130, 193,
194, 226 ; en 1434, I 245,
264 ; II 54 ; à Poitiers en
1425, I 55, 71, 85-86, 129,
187, 243, 262, 281, 288, 304,
336 ; II 33, 35, 36, 37 ; en
1431, I 190, 243, 263, 361 ; II
48 ; en 1435, I 131, 265 ; en
1436, I 130, 131, 194, 195,
228, 247, 364 ; à Orléans en
1439, I 199, 266.

Lanne (Pierre), châtelain d'Aubusson et de Felletin, II 125.

Laon. Évêque, voy. Champeaux
(Guillaume de). — Ville, I
233, 251 ; 133, 198.

Larche, *Corr.* Ville, II 66.

Lascaux, *Corr.* Voy. Goulz (Las).

Lastic, *Cant.* Seigneur, voy.
ci-dessous.

Lastic (Draguinet, *alias* Dringonnet, seigneur de), I 33,
49, 71, 83, 96, 97, 127, 161,
173, 186, 190, 204, 205, 208,
210, 214, 215, 217 ; II 169,
170, 178, 182, 241, 252, 258.

Lastic (Pons de), chevalier, s^r de Montsuc, élu de Saint-Flour, I 212; II 182, 233.

Laubespin (James), receveur de la Haute et de la Basse-Auvergne, I 215; II 249.

Laurent (Pierre), écuyer, II 68.

Laurière, *H.-V.* Seigneur, I 34; II 106.

Laval, *Mayenne*. Siège, I 143, 244.

Laval (Jean), voy. Val (Jean La).

Lavoûte-Chilhac, voy. Voûte-Chilhac (La).

Leau ou Leaue (le bâtard de), chef de routiers, I 326; II 69.

Lebloy (Marsau), chevaucheur, II 107.

Legrand (Jean), receveur du Haut-Limousin, I 244.

Legrand (Jean), dit Canard, secrétaire du comte de la Marche, II 106, 126.

Lemovicensis..., voy. Limoges et Limousin.

Léodepat (Lambert de), élu sur le fait des aides en Berry, I 308.

Lespinaz (Guillon de), écuyer, II 102.

Lestranges, *Corr.* Seigneur, I 34; II 11.

Leuvette (Guillemin), procureur du seigneur de Laurière, II 68, 84-85, 158.

Leviste (Jean), voy. Viste (Jean Le).

Lewecte, voy. Leuvette.

Limeuil, *Dord.*, place forte occupée par les Anglais, I 144; II 114.

Limoges. Archiprêtré, I 179.
— Bailliage, I 139, 220, 223, 283, 291; II 3, 5. — Chapitre, I 31, 46; II 105.
— Diocèse, I 25; II 2 *et s.* — Doyen, I 46; II 69, 83. — Évêché, I 30. — Évêques, voy. Péruce (Ramnoux de), Montbrun (Pierre de) et Barton (Jean II). — Vicomté, I 19, 33, 34, 179, 243, 245, 246, 248, 249, 253, 254, 255; II 75, 76. — Vicomtes, voy. Bretagne (Olivier et Jean de). — Ville, I 40, 45, 46, 52, 53, 65, 132, 144, 230, 234, 240, 241, 248, 249, 253, 254, 257, 258, 309, 315, 342; II 29, 56, 69, 84, 99, 106, 107, 161, 165, 167, 265, 267.

Limousin. États, I 6, 23, 26, 38, 59, 87, 145, 173, 223, 224, 341; II 1 *et s.*, 29, 109 *et s.*, 121, 269. — Gouverneurs, voy. Sempy (Jean de), Armagnac (Bernard d'), Albret (Guillaume d'), Anjou (Charles d'). — Receveurs, voy. Barton (Jean), Morinaud (Pierre) et Henry (Nicolas). — Sénéchaux, voy. Mareuil (Geoffroi de), Escorailles (Louis d'), Naillac (Jean de), Brusac (Gautier de), Saintrailles (Potron de), Culant (Philippe de), Beaumont (Louis de), Mesnil-Simon (Jean du) et Péruce (Gautier de).

Limousin (Bas). Élus, I 167; II 271; voy. Baude (Henri), Gremont (Jean de) et Ville (Jacques de La). — États, I 10, 19, 24, 31, 33, 35, 39, 44, 45, 50 *et s.*, 56, 60, 66, 79 *et s.*, 83, 99, 102 *et s.*, 125, 132, 135, 139 *et s.*, 144, 148, 150-151, 167, 177, 225-239, 273, 281, 284, 292, 293, 299, 305, 306, 310 *et s.*, 327, 335, 347, 352, 363, 364; II 19, 71 *et s.*, 113-115, 134 *et s.*, 141 *et s.*, 167, 168, 183 *et s.*, 185 *et s.*, 191 *et s.*, 253, 271.—Receveurs, voy. Beaupoil (Jean) et Goignon (Guillaume).

Limousin (Haut). Élus, I 171. — États, I 10, 12, 19, 24, 25, 31, 34, 36, 39, 41, 44, 52, 53, 56, 60, 65, 71, 79 *et s.*, 83, 87, 98, 101, 104 *et s.*, 125, 132, 139 *et s.*, 143, 149-150, 155 *et s.*, 167, 178, 240-259,
273, 277, 281, 292, 300, 304, 310, 312, 316, 317, 321, 326, 328, 340, 344, 347 *et s.*, 352, 354, 363, 364, II 13, 15, 17, 35, 56, 62 *et s.*, 75, 78-79, 80 *et s.*, 129 *et s.*, 265, 271.— Receveurs, voy. Vousy (Jean), Père (Jean), Legrand (Jean), Beaucaire (Pierre de) et Goignon (Antoine).

Loches, *Indre-et-Loire*, I 289.

Loère (Jean de La), secrétaire du roi, I 237, 284; II 133, 166, 211, 216, 244, 254.

Loire, rivière, I 69, 202, 253, 254; II 139, 156, 161, 165, 203.

Lombardie, pays, II 38.

Lopbertes (Jean de), seigneur de Las Coulz, I 227.

Lopin (Guillaume), clerc, II 107.

Lorraine, pays, II 221.

Louis IX ou saint Louis, roi de France, I 135.

Louis XI, dauphin, I 121 *et s.*, 198, 200, 207, 209, 210, 234, 235, 252, 253, 268, 321, 251, 359; II 174, 176, 181, 183, 189, 203, 204, 210, 213, 216, 221. — Roi de France, I 134, 276, 294, 312, 341.

Loup (Blain), seigneur de Beauvoir et de Mérinchal, I 153.

Loup (Jacques), évêque de St-

Flour, I 33, 49, 97, 189, 190, 202, 203, 211, 217, 218; II 39, 178, 182, 231, 252, 260.

Loup (Théodory), secrétaire de l'évêque de Limoges. II 106.

Loupy-le-Château, *Meuse*, I 152, 154.

Lourent, voy. Laurent.

Louviers. *Eure*, 1 201, 202, 233, 251, 270; II 134, 139.

Lozière, voy. Laurière.

Lubersac, *Corr.* Archiprêtré, I 179.

Lubignac. Seigneur, I 285; voy. Barton (Jean).

Lucé (Guillaume de), évêque de Maillezais, I 334.

* Lucé (Thibaud de), I 65, 66, 141, 198, 208, 209, 211, 229, 237, 238, 274, 308, * 334-336, 347; II 109 *et s.*, 113-115, 171, 177, 207, 208, 209, 211, 216, 221, 253.

Lucz (Jean du), seigneur de Mensat, I 233.

Luette, voy. Leuvette.

Lur (Bertrandron de), écuyer, I 140; II 68, 84-85, 106.

Lusignan, *Vienne*, I 272.

Lyon. Archevêque, voy. Vassal (Geoffroy). — Ville, I 41, 42, 46, 61, 86, 129, 183, 289, 301, 331.

Lyonnais. États, I 41, 42, 62, 86, 331, 355. — Pays, I 129, 288, 333.

M

Macias (Jean), bourgeois de Saint-Junien, II 107.

Macon (Roulin de), procureur de la ville de Lyon, I 129.

Magnac-Laval, *H.-V.* Seigneur, I 34 ; voy. aussi Brachet (Jacques) et Saleignat (Guillaume de). — Ville, I 258.

Magnat-Létranges, *Cr.* Paroisse, I 343. — Seigneur, voy. Montvert (Audebert, seigneur de), et Montvert (Trolhart de).

Maguelonne, *Hérault*. Évêque, voy. Rouvre (Robert de).

Maigné (Le seigneur de), I 285.

Maillat (Jean de), clerc, II 206.

Maillé, *Indre-et-Loire*. Seigneur, I 43. — Ville, I 92, 238.

Maillerais, voy. Maillezais.

Maillezais, *Vendée*. Évêques, voy. Lucé (Thibaud et Guillaume de).

Maine. Comte, voy. Anjou (Charles d').

Mainsat, *Cr.*, I 177.

Maire (Jean Le), lieutenant de

Jacques Cœur dans l'office d'élu de Berry, I 309.
Malegat (Jean), II 186.
Malemort, *Corr.* Seigneur, I 34 ; II 11.
Malingre (Nicolas), II 187.
Malmont, voy. Maumont.
Mallière, secrétaire du roi, II 50.
Malval,*Cr.*Seigneurie, I 34,179.
Malval (Louis de), seigneur de Châtelus-Malvaleix, I 359.
Malval (Marguerite de), femme de Pierre de Brosse, I 298.
Mandonier (Antoine), clerc, II 229.
Mandonier (Pierre), receveur de la Basse-Auvergne, I 127, 155, 189, 191-217 *passim* ; II 43, 45, 60-61, 86-87, 140, 161, 162, 165, 189, 207, 214 *et s.*, 247.
Mandront, habitant de Lyon, I 86.
Mans (Le), Siège, I 258.
Marche. Chanceliers, voy. Barton (Jean, Pierre et Pierre II). — Comtes, voy. Bourbon (Jacques de) et Armagnac (Bernard d'). — Comtesse, voy. Bourbon (Éléonore de). — États, I 6, 10, 24, 31, 34, 36, 52, 56, 62, 66, 71, 78, 84, 99-100, 103, 109, 131 *et s.*, 148, 149, 167, 169, 171, 179, 261-272, 275, 277, 281, 293, 297, 300, 324, 340, 341, 350, 354 ; II 33, 37, 51 *et s.*, 54, 123 *et s.*, 154, 203 *et s.*, 265, 266, 267, 271. — Gardes, voy. Vourète (Jean), Piédieu (Jean) et Sainte-Feyre (Jean de). — Procureur, voy. Cedon (Jean). — Receveurs, voy. Ville (Jacques de La) et Alard (Antoine). — Sénéchaux, voy. Choulet (Gilles), Marche (Émeri de La), et Saint-Avit (Bertrand de). — Trésorier, voy. Ville (Jacques de La).
Marche (Basse). États, I 38. — Gouverneur, voy. Bourbon (Jacques de). — Procureur, voy. Père (Jean). — Receveur, voy. Huet (Jean). — Seigneurie, I 19, 24, 34, 179, 283, 254.
*Marche (Émery de La), I 262, *356-357 ; II 37.
Marche (Godefroy de La), père du précédent, I 337.
Marche (Jean, bâtard de La), I 265.
Marche (Louis de La), fils d'Émery, I 337.
Marcillac (Jean de), notaire, II 267.
Mareschal (Guillaume Le), I 63, 72, 195, 203, 220-223, 294, *337-338, 339 ; II 89-91, 156, 157, 159.

Mareschal (Jean Le), clerc, II, 107.

Mareuil, *Dord.* Château, I 139, 140, 246, 248; II 65, 67, 75, 82.
— Seigneur, voy. ci-dessous.

Mareuil (Geoffroy, seigneur de), sénéchal de Limousin, I 32, 140, 240, 247; II 82.

Marly-la-Ville, *Seine-et-Oise*, I 365.

Marsac, *P.-de-D.* Seigneurs, voy. Vissac (Dalmas de) et Chèze (François de La).

Martin (Colin), receveur de Saintonge, II, 265.

Marvejols, *Lozère*, I 284, 292.

Mas (Jean du), I 63, 72, 220, 221, *339; II 89-91.

Masseré, *male* Masseret, *Corr.* Capitaine, voy. Beaupoil (Julien).

Matros. Seigneur, voy. Montvert (Trolhart de).

Maulevrier, *Maine-et-Loire.* Seigneurie, voy. Montberon (François de).

Maumont, *Corr.* Seigneur, voy. ci-dessous.

Maumont (Bertrand de), évêque de Tulle, I 306.

Maumont (Guiot de), II 186.

Maumont (Nicolas de), seigneur dudit lieu, I 227.

Maupas, *Cher.* Seigneur, voy. Mesnil-Simon (Jean du).

Mauriac, *Cant.*, I 35.

Maurianges (Hugonot de), I 231.

Maurs. *Cant.* Abbaye, I 30.
— Abbé, I 56; II 180. —
Ville, I 35, 49, 56; II 180.

Maury (Pierre), écuyer, maître d'hôtel du bâtard d'Armagnac, II 169.

Mayennes (Évrard de), I 196.

Maynard (Jean), receveur de la Haute-Auvergne, I 188, 190, 191, 192; II 47.

Mazel (Jean du), I 162.

Mazères, *Ariège*, I 289.

Meaux, *Seine-et-Marne.* Bailli, voy. Barre (Nicole de La).
— Ville, I 319.

Mehun (Jean de), capitaine de gens d'armes, II 103.

Mehun-sur-Yèvre, *Cher*, I 244, 281, 288, 298, 318, 331; II 36.

Meilhars, *Corr.* Seigneurie, I 34.

Meillars, (Hugonot de), II 2 et s.

Melhars, voy. Meillars.

Melier (Raymond), bourgeois de Brive, II 2, 7.

Melle (Girard de), II 186.

Melun, I 304, 319.

Menat, *P.-de-D.* Abbaye, I 30.
— Abbé, voy. Montmorin (Godefroy de).

Mende. Diocèse, I 284.

Mensat. Seigneur, voy. Lucz (Jean du).

Mercœur, *H.-L.* Seigneur, voy. Dauphin (Robert).

Merdogne, commune de Joursac, *Cant.* Seigneur, voy. Tinière (Guillaume de).

Mérinchal, *Cr.* Seigneur, voy. Loup (Blain).

Mesnil-Simon (Le), *Eure-et-Loir.* Seigneur, voy. ci-dessous.

*Mesnil-Simon (Jean du), I 167, 238, 239, 258, 259, 271, 299, 305, *339-341, 348; II 187, 253.

Mesnil-Simon (Simon, seigneur du), père du précédent, I 339.

Meymac, *Corr.* Abbaye, I 31. — Abbé, I 51; II 9. — Ville, I 36, 52, 148, 227, 320; II 12.

Meyse (La), *H.-V.* Archiprêtré, I 179.

Milan (le duc de), I 353.

Mirabel, voy. Mirambel.

Mirambel, *Corr.* Seigneur, voy. ci-dessous.

Mirambel (Jean, seigneur de), I 34; II 2 et s.

Mire (Jean Le), clerc du seigneur de Gaucourt, II 224.

Mirebeau, *Vienne.* Capitaine, voy. Chaperon (Auvergnat). Église des cordeliers, I 358. — Ville, I 356.

Molceon (Jacques de), seigneur de Bar, II 9.

Monamy (Guillaume), châtellain de Jarnage, II 125.

Monbalat (Louis de), élu sur le fait des aides à Saint-Flour, I 96, 188, 191; II 43.

Monmaury, voy. Montmorin.

Monrodes, voy. Montrodeix.

Mouségur, *Lot-et-Garonne.* Seigneur, voy. Fumel (Tandonnet de).

Montaigu (Gui, seigneur de), I 33, 204, 207; II 189, 220.

Montaigu (Gui de), écuyer, fils du précédent, I 210; II 189.

Montaigu-le-Blanc, *Cr.* Seigneurie, I 34.

Montaigu-sur-Champeix, *P.-de-D.* Seigneur, voy. Montaigu (Gui, seigneur de).

Montaigut-en-Combraille, *P.-de-D.* Châtellenie, I 25, 179; II 33, 37, 54, 123, 151, 203.

Montagne (La), subdivision financière de la Marche, I 179.

Montal (Le). Seigneur, voy. ci-dessous.

Montal (Amauri, seigneur du), bailli royal de la Haute-Auvergne, I 33, 155, 202, 207, 210, 212, 214, 217; II 179, 235, 245.

Montargis, *Loiret,* I 217, 222, 294, 338.

Montargis, chevaucheur de l'écurie du roi, II 225.

Montauban, I 285.

Montault, voy. Montal.

Montbalat, voy. Monbalat.

Montbason, *Indre-et-Loire,* I 259.

Montberon (Andrée de), femme de Gautier de Péruce, I 348.

Montberon (François de), sr de Maulevrier et vicomte d'Aunay, I 43.

Montboissier, commune de Brousse, *P.-de-D.* Seigneur, voy. ci-dessous.

Montboissier (Jean, seigneur de), I 33, 192; II 39.

Montbrun (Jean de), écuyer, prisonnier des Anglais, I 144; II 132.

* Montbrun (Pierre de), I 87, 139, 140, 224, 228, 240, 244, 246, 247, 248, 250, 251, 252, 255, 257, 309, * 341-342 ; II 64, 83, 104, 132.

Monteil (Le), *Corr.* Seigneur, I 34 ; II 11.

Monteil-au-Vicomte, *Cr.* Seigneur, voy. Aubusson (Antoine d').

Montel-de-Gelat (Le), *P.-de-D.* Seigneur, voy. ci-dessous.

Montel-de-Gelat (Jacques, seigneur du), I 33; II 39, 57, 219.

Montereau-Faut-Yonne, *Seine-et-Marne,* I 197 ; II 92.

Montferrand, *P.-de-D.* Bailli, II 152. — Ville, I 35, 44, 49, 57, 70, 190, 199, 202, 203, 206, 216, 217 ; II 48, 49, 60, 139, 252, 255.

Montgascon. Seigneur, voy. Tour (Bertrand de La).

Montils-lez-Tours, *Loir-et-Cher,* I 236, 238, 257 ; II 184, 188, 253.

Montivilliers, *Seine-Inf.,* I 200.

Montjean, *Maine-et-Loire.* Seigneur, I 43.

Montluçon, *All.* États généraux, voy. Languedoïl.

Montmoret (Étienne de), prétendant à la trésorerie de l'église d'Angers, I 365.

Montmorillon, *Vienne.* Ressort, II 13.

Montmorin, *P.-de-D.* Seigneur, I 33, 89.

Montmorin (Godefroy de), abbé de Menat, I 193, 199, 202.

Montmorin (Jacques de), bailli de Saint-Pierre-le-Moutier, I 127, 195, 196, 207, 214, 215.

Montmorin (Jean de), commissaire pour réformer les abus en Poitou et en Saintonge, I 359.

Montpellier, I 283, 290, 353.

Montpensier, *P.-de-D.* Bailli, voy. Azenières (Léonel d'). — Comte, voy. Bourbon (Louis de). — Contesse, voy. Tour (Gabrielle de La).

Montreuil-sous-Bois, *Seine.* Seigneur, voy. Gousinot (Guillaume I).

Montrichard, *Loir-et-Cher*, I 319.

Montvert, *Cant.* Seigneur, voy. ci-dessous.

Montvert (Audebert, seigneur de) et de Magnat, père des suivants, I 342.

Montvert (Delphine de), épouse de Jean de Bonneval, I 342.

* Montvert (Trolhart de), I 33, 63, 72, 208, 220-223, 339, *342-343. II 57, 89-91, 156, 157, 159, 251.

Morant (Guillaume), capitaine de la Mothe, II 221, 223.

Morchesne (Eudes), secrétaire du roi, I 42.

Moriac (Antoine de), II 201.

Morinaud (Pierre), receveur du pays et sénéchaussée de Limousin, I 223.

Mortain, *Manche.* Comte, voy. Anjou (Charles d').

Mortemar, *H.-V.* Seigneur, voy. Rochechouart (Jean de),

Morvillier (Pierre de), conseiller du roi en parlement, I 136, 213, 294.

Mothe (La), *H.-L.* Capitaine, voy. Morant (Guillaume). — Vicomte, voy. Beaufort (Louis de).

Mothe (La), Seigneur, voy. Mareschal (Guillaume Le).

Mougent (Pierre), dit Grausle, chevaucheur, II 107.

*Moulin (Denis du), I 185, 230, *343,-344 ; II 26.

Moutiervilliers, voy. Moutivilliers.

Mozat, *P.-de D.* Abbaye, I 30. — Abbé, I 89; voy. aussi Banson (Louis de).

Murat, *Cant.* Baile, voy. Chaumeilh (Hugues). — Seigneur, voy. Armagnac (Bernard d'). — Seigneurie, I 33, 128; II 146.

Murat (Jean de), capitaine de Rochefort, I 192.

Murat (Jeanne de), femme de Jean, seigneur de Gimel, I 329.

*Naillac (Jean de), I 212, 214, 320, *344-345.

Najac, *Aveyron.* Capitaine,

voy. Genestet (Bernon de).
Nancy, 126, 211, 237, 277, 340; II, 221, 222, 223.
Naples. Roi, voy. Bourbon (Jacques de). — Ville, I 296.
Narbonne, *Aude*. Vicomte, voy. ci-dessous et Tinière (Guillaume de).
Narbonne (Guillaume, vicomte de), I 186.
Naves, *Corr.* Prévôté, I 31. — *Prévôt, voy. Champs (Jacques des).
Nemours, *Seine-et-Marne*, I 197; II 92.
*Nérement (Jean), I 205, *345.
Nesson (Barthélemy de), élu sur le fait des aides à Clermont, I 95, 172; II
Neuvic, *Corr.*, I 36, 52; II 12.
Nevers, I 120.
Nigault, chevaucheur, II 68-69.
Nîmes. Grènetier, voy. Rollot (Charlot de).
Nivernais, pays, II 225.
Noanin (Pierre), bourgeois de Bellac, II 68.
Noël (Gaillard), receveur d'Auvergne, II 41.
Nontron, *Dord.* Archiprêtré, I 179. — Ville, I 244.
Normandie, pays, I 200, 204, 234, 235, 251, 253, 266, 267, 276, 345; II 134, 156.

Norry (Jean de), archevêque de Vienne, I 194.

O

Obazine, *Corr.* Abbaye, I 31. — Abbé, I 51; II 9.
Ogier (Robin), chevaucheur de l'écurie du roi, I 39, II 181.
Oignon (maître), II 222.
Olliergues, *P.-de-D.* Seigneur, I 33; II 39, 220.
Olon, voy. Aulon.
Oriolle (Pierre d'), maire de la Rochelle, chancelier de France, I 276.
Orléans. États généraux, voy. Languedoïl. — Évêque, voy. Charrier (Guillaume). — Ville, I 129, 189, 249, 325; II 118.
Orléans (Charles, duc d'), I 143, 144, 204,
Orléans (Jean, bâtard d'), comte de Dunois, I 290.
Orlhac, voy. Aurillac.
Orval, *Cher.* Seigneur, voy. Albret (Amanieu et Guillaume d').
Oudier (Guinot), bourgeois de Limoges, II 107.

P

Pailleux (Bernard), receveur de la Haute-Auvergne, I 187; II 32.

Panot (Michel), capitaine de Guéret, I 148; II 126.

Pardiac, voy. Perdriac.

Parent (Joannes), II 133.

Paris. Châtelet, I 300, 316. — Célestins, I 393. — Conciergerie, I 286. — Doyen, voy. Tudert (Jean). — Évêque, voy. Moulin (Denis du). — Notre-Dame, I 365. — Saint-André-des-Arts, I 363. — Sainte-Chapelle, I 365. — Ville, I 69, 234, 252, 319, 327, 356; II 93, 143, 147.

Paris (Jean), écuyer, prisonnier des Anglais, I 143, II, 84; commissaire particulier de la châtellenie du Dognon, I 268.

Paulhac, commune de Saint-Étienne-de-Fursac, *Cr*. Commanderie, I 31; II 84. — Commandeur, II 105.

Pellevoisin (le bâtard de), occupe le château de Domme, I 335; II 110.

Pénicaille (Jean), sergent royal, II 75-76.

Penthièvre (le comte de), voy. Bretagne (Jean de).

Perdijon (Guillaume), chevaucheur, II 107.

Perdriac. Comte, voy. Armagnac (Bernard d').

Père (Jean), procureur de la Basse-Marche, receveur du Haut-Limousin, I 243; II 35, 36, 67, 83, 106, 132.

Périgord. États, I 132, 167, 271, 341. II — Pays, I 138, 142, 156, 225, 226, 229, 249, 254, 341, 348; II 2 *et s.*, 116. — Sénéchal, voy. Commarques (le seigneur de).

Perpirole (Jean de), châtelain de Chénerailles, II 125.

Perrol (Pierre de), I 89.

*Péruce (Audoin de), I 241, 345-346; II 2 *et s.*, 15.

*Péruce (Gautier de), I 60. 66, 141, 142, 156, 160, 228, 229, 230, 235, 239, 246, 247, 249, 250, 252, 253, 255, 256, 257, 258, 259, 325, 329, 335; II 65, 67, 80-81, 85, 106, 109 *et s.*, 113-115, 132.

Péruce (Ramnulphe ou Ramnoux de), père d'Audoin, I 348.

Péruce (Ramnoux de), évêque de Limoges, I 242, 244, 281, 318; II 35, 36.

Perusse, voy. Péruce *et* Peyrusse.

Peschier (Madeleine du), femme de Jean de Saint-Avit, I 353.
Petitpas (Herbelet), II 131.
Petragoricensis..., voy. Périgord.
Peyruce, voy. Péruce.
Peyrat-le-Château, *H-V.* Capitaine, II 68.
Peyrusse, commune de Châtelus-le-Marcheix, *Cr.* Château, I 346. — Dame, voy. Vendôme (Marie de). — Procureur, voy. Chault (Simon). — Seigneur, voy. Brachet (Jean).
Peyssaria (Jean La), I 51, 102, 139; II 4 *et s.*
Peyssieria (Jean), voy. Peyssaria (Jean La).
Pherlin (Alain), capitaine de gens d'armes, II 103.
Philippe IV dit le Bel, roi de France, I 20, 135.
Philippe VI, roi de France, I 21.
Picart (Jean Le), conseiller du roi, I 227, 229.
Picot (Jehan), I 21.
Piédefer (Robert), président en parlement, I 314.
Piedefer (N...), avocat en la cour des Aides, II 195.
*Piédieu (Guillaume), I 67, 250, 251, 262 *et s.*, 281, 285, 297, 336, *348-351, 353; II 37, 105, 124, 128, 132, 205.
Piédieu (Jean), clerc, père du précédent, I 349.
Piédieu (Jean de Sainte-Feyre, dit), voy. Sainte-Feyre (Jean de).
Pierre-Buffière, *H.-V.* Seigneur, voy. ci-dessous.
Pierre-Buffière (Jean, seigneur de), I 34, 259; II 67, 83, 105, 132.
Pierre-Buffière (Louis de), seigneur de Châteauneuf, I 34, 249, 250; II 67, 83, 104, 132.
Pierrefort, *Cant.* Seigneur, voy. ci-dessous. — Seigneurie, I 128; II 146.
Pierrefort (Bertrand, seigneur de), I 33, 186, 292; II 178 ?
Pierregort, voy. Périgord.
Pinot (Hugues), bourgeois de la Souterraine, II 107.
Pinot (Jean), bourgeois de la Souterraine, II 68.
Platenay (Perrinet), clerc de Jean Beaupoil, II 98, 136, 187, 197.
Poitiers. Bataille, I 26. — États généraux, voy. Languedoil. — Évêques, voy. Comborel (Hugues de) et Juvenel (Jacques). — Parlement, I 279, 282, 300, 329, 358, 360, 362, 364. — Saint-

Hilaire, voy. ce mot. — Ville, I 254, 265, 268, 282, 347, 360, 362 ; II 65, 149.

Poitiers (Jean de), secrétaire du dauphin (Louis XI). II 212, 214, 216.

Poitou, États, I 360. — Pays, I 98, 154, 178, 179, 240, 278, 298, 321, 340, 359. — Sel, I 137. — Sénéchaux, voy. Brezé (Pierre de), Roche (Jean de La) et Estissac (Amaury d').

Poler (Giraud), lieutenant du bailli de la Haute-Auvergne pour le roi, I 190.

Pollac, Pollat, voy. Paulhac.

Pompadour (Geoffroy de), évêque de Carcassonne, I 322.

Pons, *Charente-Inf.* Seigneur, II 64, 66.

Pont-du-Château, *P.-de-D.*, I 163.

Pontoise, *Seine-et-Oise*, I 202, 233, 251 ; II 139, 141.

Porcherie (La), *H.-V.* Archiprêtré, I 179.

Port-Dieu (Le), *Corr.* Prieuré, I 31. — Prieur, I 51, 81 ; II 9 : voy. Cueille (Jean de La).

Porte (Jean de La), écuyer, I 235 ; II 186.

Pouzoulx (Jean de), docteur en lois, II 221.

Praguerie (La), révolte, I 121, 199.

Précigny, *Indre-et-Loire.* Seigneur, voy. Beauveau (Bertrand de).

Prez (Robinet de), capitaine du Dorat, II 84, 106.

Prie (le seigneur de), I 325.

Puiseux, *Seine-et-Oise*, I 365.

Puy-en-Velay (Le), I 295, 298 ; II 221.

Q

Quadri, voy. Cars (les).

Quercy, pays, I 254.

Quiesdeville (Guillaume de), ambassadeur auprès du roi de Castille, I 306.

R

Rabateau (Jean), président en parlement, I 75, 195, 196, 206, 207, 230, 232 ; II 175, 176.

Rancon, *H.-V.* Archiprêtré, I 179. — Châtellenie, I 179.

Randan, *P.-de-D.* Seigneur, voy. Chalencon (Louis de).

Raoul (Jean), avocat du roi en Limousin, I 352.

*Raoul (Pierre), I 234, 252, 253, 254, 327, *352 ; II 132, 141.

Ravel, *P.-de-D.* Seigneur, voy. Châtillon (Jacques de).

Razillé, *Indre-et-Loire*, I 269.

Refuge (Raoul du), I 81.

Reginaldi (Joannes), voy. Reynal.

Regnault (Guillaume), dit de Cordebeuf, élu de Saint-Flour, I 203.

Reillac (Guillaume ou Guillemin de), secrétaire du comte de Montpensier, I 71, 201, 216 ; II 224, 228.

Reims, *Marne*. Archevêque, voy. Juvenel (Jacques). — Ville, I 289.

Rendas, voy. Randan.

René (le roi), voy. Anjou (René d').

Revel, voy. Ravel.

Reynal (Jean), bourgeois de Brive, II 2, 7.

Rhône, fleuve, I 361.

Richemont, *Corr.* Seigneur, voy. Roffignac (Jean de).

Riom, *P.-de-D.* États généraux, voy. Languedoïl. — Procureur, voy. Mareschal (Guillaume Le). — Ville, I 35, 44, 53, 57, 122, 123, 134, 187, 189, 205, 209, 211, 218, 219, 265, 308 ; II 39, 57, 208, 209 *et s.*, 231, 235, 256.

Ris-Chauveron (Le), commune d'Azat-le-Ris, *H.-V.* Seigneurie, I 34.

Riuf (Gonnot du), commandeur d'Erbois et des Bordes, I 136, 213.

Riuf (Guiot du), abbé d'Artonne, I 90, 91, 127, 137, 161, 196, 205, 209 ; II 140, 225, 237.

Rivière (Audet de), capitaine de Courbefy, I 149 ; II 66, 68, 70.

Rivière-de-Corps (La), *Aube*. Seigneurie, I 287.

Robastre (Guillaume), I 196.

Robinet, clerc de Poton de Saintrailles, II 103.

Roche (Jean de La), sénéchal de Poitou, I 140, 149, 227 ; II 64, 65, 66, 68, 75.

Roche (Philibert, seigneur de La), II 11, 191 *et s.*

Roche-Aymon (La), commune d'Évaux, *Cr.* Seigneur, voy. ci-dessous.

Roche-Aymon (Jean, seigneur de La), I 33, 222 ; II 57, 158.

Roche-Canillac (La), *Corr.* Châtellenie, I 178. — Seigneur, voy. Roche (Philibert, seigneur de La).

Rochechouart, *H.-V.* Ville, I 178.

Rochechouart (Jean de, seigneur de Mortemar, prisonnier des Anglais à la bataille de Verneuil, I 143, 244, 309.

Rochechouart (Philippe de), femme de Jean du Mesnil-Simon, I 340.

Rochedagoux (Hugues de), abbé d'Aurillac, I 201, 217 ; II 180.

Rochefort, commune de Sornac, *Corr.* Capitaine, voy. Grosboys (Guillon de). — Châtellenie, I 25, 179, 230, 234, 236.

Rochefort, *P.-de-D.* Capitaine, voy. Murat (Jean de).

Rochefort (Frénot de), seigneur de Saint-Angel, I 33, 34, 227, 231 ; II 2 *et s*, 158.

Rochefort (Guillaume de), seigneur de Saint-Martial-le-Vieux, I 231 ; II 201.

Rochefort (Louis de), écuyer, I 196.

Rochefort (Poncet de), écuyer, I 191.

Rochelle (La). Maire, voy. Oriolle (Pierre d').

Roches (Guillaume des), lieutenant des élus de Saint-Flour, II 181.

Rochette (La), *Cr.* Dame, voy. Saint-Marc (Jacqueline de).

Rochette (Jean de La), I 100 ; II 126.

Rochette, (Louis de La),
maître d'hôtel du roi, I 217.

Rocque (Jeannet de La), dit Archambaut, bailli de la Haute-Auvergne pour le duc de Bourbon I 203, 210.

Rodez, héraut, II 223, 228.

Rodigo, Rodrigues, voy. Villandrando.

Roe (La), voy. Roue (La).

Roffignac (Jean de), seigneur de Richemont, I 34, 90, 228 ; II 97.

Rolant (Adam), secrétaire du roi, II 180.

Rolland (Gonnin), écuyer, I 90, 191, 193.

Rolland (Hugues), I 146 ; II 41.

Rollot (Charlot de), grènetier de Nîmes, commissaire en Auvergne sur le fait du sel, I 137 ; II 223.

Romanet (Jean), bourgeois d'Eymoutiers, II 107.

Romans, *Isère,* I 361.

Roquecourbe, *Tarn.* Château, I 263.

Rosnivinen (Guillaume de), capitaine de gens d'armes, I 153.

Rossart (Guillemin), chevaucheur de l'écurie du roi, II 137.

Rouchete (Jean de La), voy. Rochette.

Roue (La), commune de Saint-Anthème, *P.-de-D.* Seigneur, voy. ci-dessous.

Roue (Armand, seigneur de La), I 33, 193, 195, 202, 203; II 220.

Rouen. Bailli, voy. Cousinot (Guillaume II). — Ville, I 143.

Rouergue. États, I 284, 293, 357. — Juge-mage, voy. Capdenac (Pierre de). — Pays, I 282 ; II 184.

Rougnat, *Cr.*, I 343.

Roussac, *H.-V.* Prévôt, voy. Chauvet (Hélias).

Roussel (Henri Le), clerc, II 229.

Rousselot (Pierre), clerc, II 206.

Rouvre (Robert de), évêque de Maguelonne, I 234, 252, 310 ; II 67, 130, 253.

Roux (Martin), receveur de la Haute-Auvergne, I 71, 112, 126, 127, 159 · II 161, 162, 165, 169, 175 *et s.*, 231, 233, 235, 245, 258.

Royère, près Saint-Léonard, *H.-V.* Seigneur, voy. ci-dessous.

Royère (Jean, seigneur de), I 34, 243 ; II 84, 132.

Royère (Pierre de), écuyer, I 99, 102, 141, 156, 227, 256 ; II 72, 73, 74, 105, 115, 186.

Roze (Jeanne), femme de Guillaume Le Tur, I 360.

Ruines, *Cant.* Capitaine, voy. Brosse.

Rupes-in-Lemovicino, voy. Roche-Canilhac (la).

S

Saige (Pierre), I 99 ; II 98, 186.

Saignet (Guillaume), I 224.

Sailhens (Antoine de), bailli d'Allègre, I 191, 192, 199, 210.

Sailhens (Falque de), prieur de Sauxillanges, I 202.

Saillant (Le), commune de Voutezac, *Corr.* Seigneurie, I 34.

Saillant (Bertrand du), fait prisonnier par les Anglais, maître de Limeuil, I 143 ; II 114.

Saillant (Guillaume du), II 2 *et s.*

*Saincoins (Jean de), I 238, 257, 258, 269, 299, 350, *352-353 ; II 130, 135, 156, 163, 166, 215, 226.

Saint-Affeiran (Jean de), voy. Sainte-Feyre (Jean de).

Saint-Aignan (Béraud de), seigneur de La Gastine et de Confolens, I 233; II 39 ?

Saint-Amant, voy. Saint-Chamans.

Saint-André-de-Gouffier, près Falaise, *Calvados*, I 259.

Saint-André-des-Arts, église de Paris, I 363.

Saint-André-lez-Avignon, *alias* Villeneuve, *Gard*. Garde de la monnaie, voy. Ferron (Étienne).

Saint-Angel, *Corr*. Prieuré, I 31. — Prieur, I 51; II 9. — Seigneur, voy. Rochefort (Frénot de).

Saint-Aon, *alias* Saint-Haon, *Loire*, I 60, 220, 228, 247, 310.

Saint-Augustin de Limoges. Abbaye, I 31. — Abbé, II 106; voy. aussi Montbrun (Pierre de).

Saint-Avit-le-Pauvre, *Cr*. Seigneurie, I 353.

Saint-Avit (Antoine de), fils du suivant, I 354.

*Saint-Avit (Bertrand de), I 66, 250, 253, 262 *et s*. 281, 285, 297, 299, 336, 350, *353-354, 356; II 37, 105, 124, 128, 205.

Saint-Avit (Jacques de), fils du précédent, I 354.

Saint-Avit (Jean de), père de Bertrand, I 353.

Saint-Bauzire (Bertrand de), abbé d'Aurillac, I 186.

Saint-Chamans, *Corr*. Château, II 195. — Seigneur, voy. ci-dessous.

Saint-Chamans (Gui ou Guinot de), I 31, 81, 232; II 2 *et s*., 194.

Saint-Exupéry, *Corr*. Archiprêtré, I 178. — Ville, I 149, 227; II 65.

Saint-Flour, *Cant*. Bailli, voy. Auvergne (Haute). — Élus, I 86, 97, 155, 163, 172; II 163, 178, 181; voy. Bar (Tachon de), Lastic (Pons de), Monbalat (Louis de) et Regnault (Guillaume). — Évêché, I 30. — Évêque, voy. Loup (Jacques). — Ville, I 35, 49, 108, 188, 209, 212, 216, 217; II 179, 182, 252.

Saint-Georges (Guillaume de), écuyer, prisonnier des Anglais, I 144, 251; II 182.

Saint-Georges (Olivier, seigneur de), I 261.

Saint-Georges-la-Pouge, *Cr*. Seigneur, voy. ci-dessus.

Saint-Germain-Beaupré, *Cr*. Seigneur, voy. Foucaud (Aubert).

Saint-Germain-Lembron, *P.-de-D.*, I 35; II 257.

Saint-Germain-sur-Vienne, *Vienne*. Châtellenie, I 179.

Saint-Haon, voy. Saint-Aon.
Saint-Hilaire de Poitiers, I 362. — Trésorier, voy. Étampes (Jean d').
Saint - Jal, *Corr.* Seigneur, voy. Gimel (Louis de).
Saint - Jean d'Angély, *Charente - Inférieure.* Abbé, I 85.
Saint-Junien *H.-V.* Archiprêtré, I 179. — Collégiale, I 31. — Prévôt, voy. Ermite (Guillaume de L'). — Ville, I 29, 36, 242 ; II 68, 107.
Saint-Léonard, *H.-V.*, I 44, 244, 251, 273, 292 ; II 129.
Saint-Marc (Jacqueline de), femme de Gautier de Péruce, I 346.
Saint-Marc - à - Frongier, *Cr.* Dame, voy. ci-dessus. — Seigneur, voy. Péruce (Gautier de'.
Saint-Martial de Limoges. Abbaye, I 31. — Église, I 52.
Saint-Martial - le - Vieux, *Cr.* Seigneur, voy. Rochefort (Guillaume de).
Saint-Martin-de-Limoges. Abbaye, I 31. — Abbé, II 66.
Saint-Nectaire, *P.-de-D.* Seigneur, I 33.
Saint-Papoul, *Aude.* Évêque, voy. Bar (Denis de).
Saint-Paul, *H.-V.* Archiprêtré, I 179.

Saint-Pierre-le-Moutier, *Nièvre.* Bailli, II 152 ; voy. aussi Montmorin (Jacques de).
Saint-Pourçain, *Allier*, I 35, 122 ; II 256.
Saint-Romain (Jean de), général des aides, I 355.
Saint-Sauve, *P.-de-D.*, I 163, 193.
Saint-Sébastien (Jacques de), I 281.
Saint-Sébastien (Pierre de), I 281.
Saint-Superii, voy. Saint-Exupéry.
Saint-Vaury, *Cr.* I 178.
Saint-Yrieix-le-Déjalat, *Corr.* Seigneur, I 34 ; II 11.
Sainte-Feyre, canton de Guéret, *Cr.*, I 349. — Seigneur, voy. Piédieu (Guillaume).
Sainte-Feyre (Jean de), dit Piédieu, garde de la Marche, I 351.
Sainte-Fortunade, *Corr.* Seigneur, voy. Fouchier (Pierre).
Sainte-Sévère, *Indre.* Seigneur, voy. Brosse (Jean de).
Saintonge. États, I 336. — Pays, I 38, 321, 340, 356 ; II 65. — Sénéchal, voy. Estissac (Amaury d').
Saintoux (Jean de), capitaine de Courbefy, I 83, 150 ; II 99, 102.
Saintrailles (Poton de), capi-

taine de Chalusset, puis sénéchal de Limousin et bailli de Berry, I 150, 247, 250, 253, 254, 326 ; II 82, 103.

Saintrie (La), circonscription du Bas-Limousin, I 173.

SAISSET (Pierre), lieutenant des élus de Saint - Flour, II 181.

Salagnac, commune du Grand-Bourg - de - Salagnac, *Cr.* Seigneurie appartenant à Poton de Saintrailles, I 247, 253, 254.

SALAZAR, seigneur de Chaudesaigues, II 179.

SALEIGNAT (Guillaume de), seigneur de Magnac, II 84.

Salers, *Cant.*, I 85, 142.

Salhens, voy. Saillens.

Sallezart, voy. Salazar.

Salvert, commune de Fontanière, *Cr.* Seigneur, I 33 ; II 57.

Sancerre, *Cher.* Comte, voy. Bourbon (Louis de).

Sanctus-Amancius, voy. Saint-Chamans.

SANDELESSES (Pierre de), châtellain de Crozant, II 125.

SANDELLES (Jean de), bourgeois de Limoges, I 156, 256.

SARREBRUCK (Robert de), seigneur de Commercy, I 325.

Saumur, *Maine-et-Loire,* I 252.

SAUVAIGE (Robert), écuyer, II 181.

Sauvetat (La), *P.-de-D.*, I 200, 205.

Sauxillanges, *P.-de-D.* Prieur, voy. Sailhens (Falque de). — Prieuré, I 30.

SAVOIE (Amédée VIII, duc de), I 287, 298, 357.

SEGUIN (Robinet), consul de Billom, II 257.

Ségur, *Corr.* Château, I 23, 232, 329, 328, 335.

Seine, rivière, I 189, 249, 265 ; II 45, 56, 154, 156, 161, 165.

Selle (La). Prieur, I 88.

Selles, *Loire-et-Cher.* États généraux, voy. Languedoil.

SEMPY (Jean de), gouverneur de Limousin, I 24.

SENICORT (Jeannin de), sergent royal de Limoges, II 56-59.

Senlis, *Oise.* Bailli, voy. Troissy (Jean de).

Sens, *Yonne.* Bailli, voy. Juvenel (Guillaume).

Serry, voy. Sery.

Servière, *Corr.* Capitaine, voy. Vigier (Jean).

Séry, *Ardennes,* I 255.

Sicile. Reine, voy. Aragon (Yolande d'). — Roi, voy. Anjou (René d').

Solignac, *H.-V.*, I 257, 258.

Somme (des villes de la), I 357.

Sorrias (Martin de), bourgeois de Tulle, I 102, 141, 227; II 3 *et s.*, 72, 73, 74, 186.

Souliers, commune de Janaillac, *Cr.* Seigneur, voy. Ermite (Jean de L').

Souterraine (La), *Cr.* Prévôt, voy. Formier (Mathieu). — Prévôté, I 282. — Ville, I 36, 44, 47, 79, 140, 244, 245, 251, 258, 364; II 68, 107.

Sully-sur-Loire, *Loiret,* I 231, 289.

T

Talbot, capitaine anglais, I 143, 244.

Tarneau (Géraud), notaire de Pierre-Buffière, I 243, 244; II 102.

Tartas, *Landes,* I 83, 150, 206, 234, 252; II 157, 160, 169.

*Taumier, (Jean), I 202, 333, *354-355, 356; II 130, 135, 139.

Tétenoire (Jacques), I 202.

Texier (Jean), clerc de Louis de Bueil, II 103.

Thenon, *Dord.* Place forte, I 60, 142, 231, 249, 325, 347; II 116 *et s.*

Thiart, voy. Thiers.

Thiboust (Robert), conseiller du roi, I 357.

Thierry (Jean), secrétaire du roi, II 211, 216.

Thiers, *P.-de-D.,* I 44, 207; II 177, 189.

Thoront, voy. Touron.

Tinière (Guillaume de), vicomte de Narbonne, seigneur d'Apchon et de Merdogne, I 33, 188, 190, 195, 196, 200, 205, 207; II 39.

Tinière (Jean de), seigneur du Val, I 82, 185; II 23.

Tinière (le seigneur de), I 33; II 57.

Toulouse. Archevêque, voy. Moulin (Denis du). — Parlement, I 292. — Sénéchal, voy. Chabannes (Jacques de). — Ville, I 205, 292; II 163, 166.

Tour (Aimé de La), Comte de Ventadour, I 239.

Tour (Bertrand VI, seigneur de La), plus tard comte de Boulogne et d'Auvergne, I 33, 48, 71, 82, 107, 122, 123, 145, 146, 147, 184, 185, 186, 192, 193, 195, 196, 197, 198, 202, 203, 204, 208; II 22, 23, 31, 39, 40, 42, 60-61, 86-88, 218, 229, 241, 249.

Tour (Bertrand de La), seigneur de Montgascon, fils du précédent, I 198 ; II 219.

Tour (Gabrielle de La), fille de Bertrand VI, comtesse de Montpensier, I 211 ; II 218.

Tour (Louis de La), I 196.

Touraine. Bailli, voy. Aubusson (Antoine d') et Bar (Jean de). — Pays, I 129, 319.

Tournoël, près de Volvic, *P.-de-D.* Seigneur, I 33 ; II 39.

Tournoel (Antoine de), seigneur de Châteauneuf, I 33, 193, 196, 198, 204, 215 ; II 39, 219.

Touron, *H.-V.* Seigneur, I 34 ; II 67, 84.

Tours. Archidiacre, voy. Bernard (Gui). — États généraux, voy. Languedoïl. — Capitaine, voy. *Bar (Jean de). — Ville, I 45, 77, 87, 101, 132, 161, 209, 227, 236, 258, 269, 326, 347 ; II 28, 64, 65, 74, 78, 172.

Trainel, *Aube.* Seigneur, voy. Juvenel (Guillaume).

Trancheserf (Perceval), II 67,

Treignac. *Corr.* Seigneurie, I 178. — Seigneur, voy. Comborn (Jean, vicomte de).

Trémoille (Georges, sire de La), I 231, 208.

*Troissy (Jean de), I 185, 343, * 355, 359 ; II 26.

*Tudert (Jean), I 202, 269, 284, 333, 355, *356-358, 363 ; II 139.

Tudert (Jean), doyen de Paris, évêque de Châlons, oncle du précédent, I 356.

Tudert (Olivier), frère du précédent, I 356.

Tuillières (Pierre de), I 236, 268, 355, 358-360.

Tulle. Diocèse, I 51 ; II 3 *et s.* — Évêché, I 31, 178. — Évêques, voy. Aubusson (Hugues et Louis d'), Bar (Denis de), Cluys (Jean de) et Maumont (Bertrand de). — Ville, I 26, 36, 39, 44, 51, 53, 139, 141, 145, 225, 228, 230, 232, 233, 306, 329, 363 ; II 1 *et s.*, 167, 168.

*Tur (Guillaume Le), I 70, 187, 190, 289, 304, * 360-362 ; II 48.

Tur (Guillaume II Le), fils du précédent, évêque de Châlons, I 360, 362.

Tur (Simon Le), président en parlement, I 188.

Turenne, *Corr.* Vicomté, I 133, 177, 230 ; II 168. — Vicomte, voy. Beaufort (Pierre de). — Ville, I 232 ; II 168.

Turribus (Charlot de), II 191 *et s.*

Tutella, voy. Tulle.

U

Userche, *Corr.* Abbaye, I 31.
— Abbé, voy. Gui, et Comborn (Guichard de). — Bailliage, 139, 228; II 3, 5. — Ville, I 36, 44, 140, 226, 229, 335, 364 ; II 71, 167.

Ussel, *Corr.*, I 35, 44, 52, 148, 227, 233, 274, 292, 320; II 11, 134, 167.

Ussel (Jacques d'), écuyer, prisonnier des Anglais, I 144, 208, 209.

Ussoyre, voy. Issoire.

Uzès, *Gard.* Élus du diocèse, I 94.

V

Vaily (Jean de), président au parlement de Poitiers, I 279.

Vaily (Jeanne de), fille du précédent, femme de Nicole de La Barre, I 279.

Val (Le). Seigneurs, voy. Chèze (François de La) et Tinière (Jean de).

Val (Jean de La), Joannes de Valle, notaire, II 8.

Val (Jean La), juge du s' de Treignac, I 99; II 97, 115, 187.

Valence. Diocèse, I 337.

Valette, commune d'Auriac, *Corr.* Abbaye, I 31. — Abbé, I 51 ; II 9. — Prévôt, voy. Arnal (Jean). — Prévôté, I 31.

Valori (Anne), femme d'Auvergnat Chaperon, I 303.

Valpargue, voy. Valpergue.

Valpergue (Théau ou Théode de), capitaine de gens d'armes, chambellan du roi, I 62, 263 ; II 37.

Varenne (La), *Maine-et-Loire.* Seigneur, voy. Brezé (Pierre de).

Vassal (Geoffroy), archevêque de Vienne, près de Lyon, I 235, 237, 254, 310; II 67, 106, 114.

Vaux (Martin de), prêtre, I 55.

Velay, pays, I 82, 163, 197; II 87, 221, 228.

Vendat (Isabeau de), comtesse de Ventadour, I 227.

Vendôme (Marie de), dame de Peyrusse, II 105.

Vendôme. *Loir-et-Cher.* Comte, I 43.

Ventadour, commune de Moustier-Ventadour, *Corr.* Château, I 234. — Comtes, voy.

ci-dessous et Tour (Aimé de La). — Comtesse, voy. Vendat (Isabeau de).

VENTADOUR (Charles, comte de), I 142, 227, 230, 231, 232, 234, 235, 237, 249, 325 ; II 97, 185, 191 *et s.*

VENTADOUR (Jacques, comte de), I 138 ; II 2, 4, 11.

Venthodorensis comes, voy. Ventadour.

Verneuil, *Eure-et-Loire.* Bataille, I 143, 244.

VERNY, procureur du roi sur le fait des aides à Saint-Flour, II 180.

Vervy, commune de Fresselines, *Cr.* Seigneur, voy. Marche (Émery de La).

*VIC (Guillaume de), I 232, 248, 250, 286 * 362-363 ; II 92, 100, 104, 108, 120.

VIC (Guillemette de), sœur du précédent, femme de Jean Avin, I 363.

VIC (Hugues de), frère de Guillaume, I 363.

VIC (Regnaud de), fils du précédent, I 363.

Vienne, *Isère.* Archevêques, voy. Norry (Jean de), Vassal (Geoffroy) et Girard (Jean). — Diocèse, I 337.

Vigeois, *Corr.* Abbaye, I 31. — Abbé, I 51 ; II 9. — Archiprêtré, I 178.

VIGIER (Jean), capitaine de Servière, I 230 ; II 186.

VIGNOLLES (Étienne de), dit La Hire, capitaine de gens d'armes, I 143, 290 ; II 82-83.

VILATE, écuyer, conseiller du sire d'Albret, II 102.

Villac, *Dord.* Seigneur, voy. Helias (Gouffier). — Ville, I 282.

VILLANDRANDO (Rodrigue de), capitaine de gens d'armes, I 82, 148, 151, 163, 191, 195, 197, 227, 281, 320 ; II 86-87, 97.

Villate (La), Seigneur, voy. Fourmier (Jourdain).

VILLE (Jacques de LA), trésorier et receveur de la Marche, élu en Bas-Limousin, I 44, 52, 167, 250, 261 *et s.*, 285, 324, 350 ; II 33, 37, 53, 54, 105, 154, 205.

Villedieu-de-Comblé, *Deux-Sèvres*, I 166.

Villemesnard. Seigneur, voy. Bar (Pion de).

VILLEMOINE (Guillaume de), capitaine de Jarnage, I 148, 264 ; II 126.

VILLEMONNEIX (Marguerite de), femme de Guillaume Piédieu, I 351.

Villeneuve-lez-Avignon, voy. Saint-André-lez-Avignon.

VILLENEUVE (André de), receveur de la Basse-Auvergne, I 186, 187 ; II 31.

VIOLLE, avocat en la cour des Aides, II 191.

VISSAC (Antoine de), sʳ d'Arlanc, I 199 ; II 39.

VISSAC (Claude de), sʳ d'Arlanc, I 203, 211 ; II 219.

VISSAC (Dalmas de), seigneur de Marsac, I 33, 82, 185 ; II 23.

VISTE (Jean Le), lieutenant du sénéchal d'Auvergne, I 71, 137, 204, 214 ; II 223.

VISTE (Morelet Le), commissaire en Auvergne sur le fait du sel, I 137 ; II 223.

Vitry, *Seine*, I 361, 365.

VITRY (Gilles de), I 365.

VITRY (Guillaume de), fils du précédent, I 365.

VITRY (Jean de), conseiller en parlement, I 364.

*VITRY (Thibaud de), 105, 226, 227, 246, 247, * 364-365 ; II 62, 63, 64, 70, 79.

Viviers, *Ardèche*. Diocèse, I 337.

Vollore, *P.-de-D.* Seigneur, voy. Chazeron (Jean, seigneur de).

Vouhet, commune de Dunet, *Indre*, I 179.

VOULPILHÈRE (Pierre), écuyer, maître d'hôtel du comte de Montpensier, I 90, 91, 127, 155, 199, 204, 209, 215, 217 ; II 140, 225, 228, 237.

VOURÈTE (Jean), garde de la Marche, I 349.

VOUSY (Jean), receveur du Haut-Limousin, I 242, 243.

VOUSY (Ydier), conseiller en parlement, I 216.

Voute - Chilhac (La), *H.-L.* Prieuré, I 38. — Prieur, I 146, voy. (Farge Barthélemy de La).

X

Xaincoins, voy. Saincoins.
Xaintrailles, voy. Saintrailles.
Xaintrie, voy. Saintrie.
Xantoux, voy. Saintoux.

Y

Yssandonnois, circonscription autour d'Yssandon, *Corr.*, I 178.

Le Puy, imp. MARCHESSOU FILS, boulevard Saint-Laurent, 23.

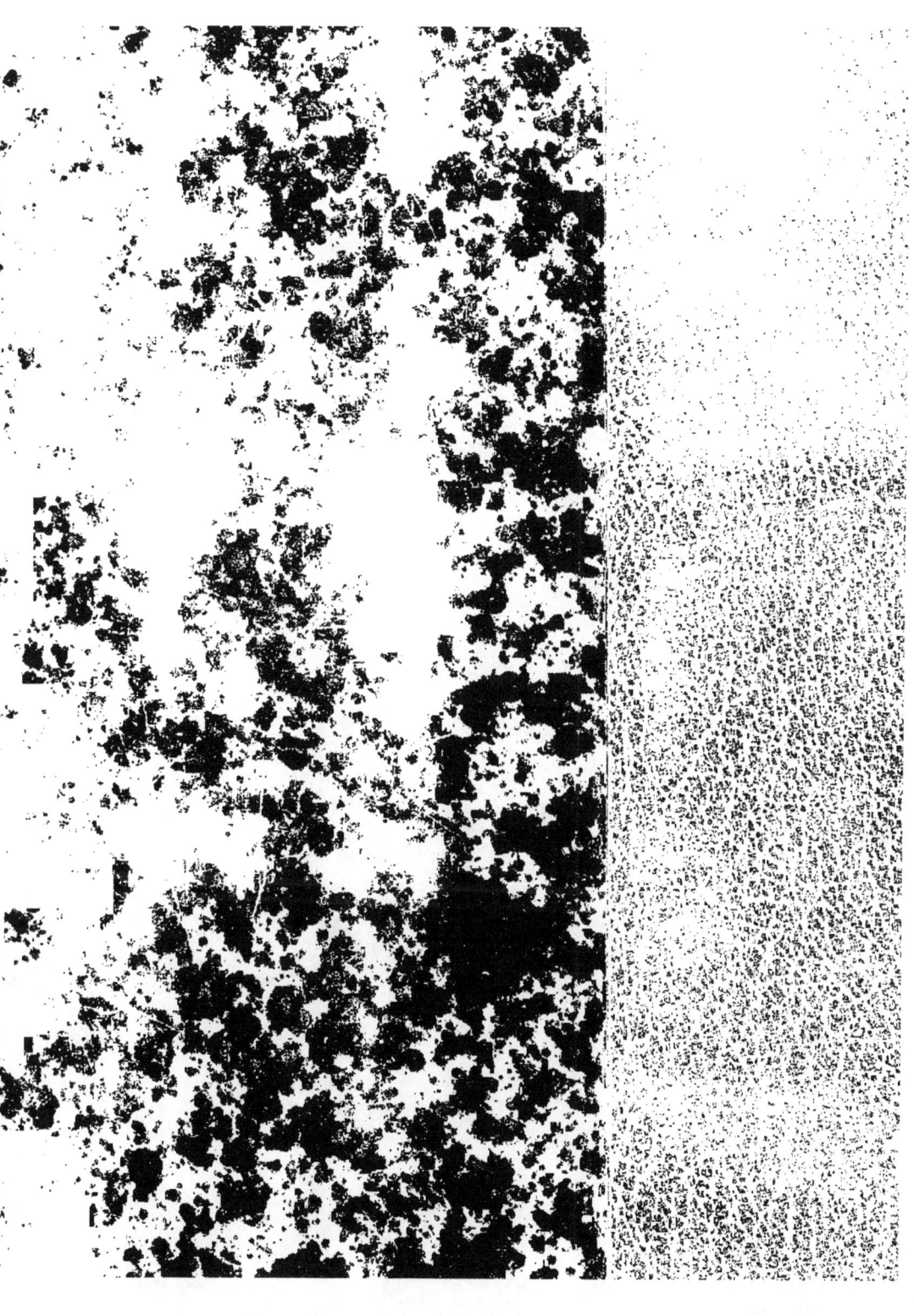

www.ingramcontent.com/pod-product-compliance
Lightning Source LLC
Chambersburg PA
CBHW060512170426
43199CB00011B/1417